THE ACTUAL USE OF
CORPORATE INTELLECTUAL
PROPERTY CASES

企业知识产权运用实战百例

孔军民 ◉ 编著

GOLDEN STRUCTURE OF
INTELLECTUAL PROPERTY

知识产权黄金屋

知识产权出版社
全国百佳图书出版单位

图书在版编目（CIP）数据

企业知识产权运用实战百例/孔军民编著 .—北京：知识产权出版社，2016.3
（知识产权黄金屋）
ISBN 978-7-5130-4071-6

Ⅰ. ①企… Ⅱ. ①孔… Ⅲ. ①企业—知识产权—研究—中国 Ⅳ. ①D923.404

中国版本图书馆 CIP 数据核字（2016）第 036173 号

责任编辑：石陇辉　　　　　　　　　　责任校对：谷　洋
封面设计：胡小利　索晓青　　　　　　责任出版：刘译文

知识产权黄金屋

企业知识产权运用实战百例

孔军民　编著

出版发行：	知识产权出版社 有限责任公司	网　　址：	http://www.ipph.cn
社　　址：	北京市海淀区西外太平庄 55 号	天猫旗舰店：	http://zscqcbs.tmall.com
责编电话：	010-82000860 转 8175	责编邮箱：	shilonghui@cnipr.com
发行电话：	010-82000860 转 8101/8102	发行传真：	010-82000893/82005070/82000270
印　　刷：	保定市中画美凯印刷有限公司	经　　销：	各大网上书店、新华书店及相关专业书店
开　　本：	787mm×1092mm　1/16	印　　张：	19.75
版　　次：	2016 年 3 月第 1 版	印　　次：	2016 年 3 月第 1 次印刷
字　　数：	332 千字	定　　价：	58.00 元
ISBN 978-7-5130-4071-6			

出版权专有　侵权必究
如有印装质量问题，本社负责调换。

总　序

　　财富有德方为道！

　　中国古代经济思想非常重视伦理道德，在商业经营中更是加以践行。孔子强调"富而有德"："道之以德，齐之以礼，有耻且格"。《孟子》中记载："从许子之道，则市贾不贰，国中无伪；虽使五尺之童适市，莫之或欺。"西方也不例外，亚当·斯密在其著作《道德情操论》中，从人类的情感和同情心出发，讨论了善恶、美丑、正义、责任等一系列概念，进而揭示出人类社会赖以维系、和谐发展的秘密，也为市场经济良性运行提出了一个根本性原则——道德。可见道德是人类对经商的基本要求。但是在崇尚利益的年代，"劣币驱逐良币"现象随处可见，道德并不像思想家们设想的那样可靠，这时，法律才是企业更重要的保障。

　　知识产权的出现，是在法律的保障之下，人们寻求更加有秩序的市场竞争规则的过程。

　　知识产权作为知识经济时代最重要的表征物之一，它既是知识与产业的结合，也是文化与市场的结合，同时又是技术与资本的结合。市场上有一种说法：三流的企业做产品，二流的企业做品牌，一流的企业做标准。所谓标准，就是游戏规则，即话语权。全球经济话语权的竞争其实就是谁来制定世界贸易的游戏规则。正如国际标准化组织（ISO）主席张晓刚所说，ISO涉及两万多个大标准，依据不同类别，细分多个委员会进行标准的制定，每年会议多达600~700场。然而，在这两万多个大标准的制定中，有中国参与的不足1%，这跟中国现在世界第二大经济体的地位极不相称。[1] 深究窘境，不得不反思过去几个世纪以来，中国没有及时赶上工业经济的步伐，尤其在科技、发明等关键点上落后太多，从而错失了与美、日、欧诸强国同掌经济话语权的机会。

　　值得庆幸的是，三十多年的改革开放让我们大大地缩短了与他国的差距，国人看到了与发达国家齐头并进和超越的希望。更值得期待的是，工业经济时

---

[1] 国际标准化组织主席：中国企业应积极参与国际标准制定［EB/OL］. 人民网, http://world.people.com.cn/n/2015/0318/c157278-26709973.html, 2015-03-18.

代即将过去，世界迎来知识经济时代，这也有可能是中国在世界经济版图中重新走向巅峰的时代。那么，我们靠什么完成如此重任？答案也许在许多有识之士心中已有分晓：知识产权。

知识产权一直是发达国家"掠夺"市场的武器。在许许多多跨国企业的身上，我们都看到它们抢起知识产权的大棒，在市场上肆意挥舞。无论是代表传统产业的通用、摩托罗拉、IBM、3M、索尼、丰田、诺基亚、惠普、飞利浦、西门子、耐克、沃尔玛，还是代表新经济的谷歌、雅虎、微软、脸谱、亚马逊、苹果、三星、甲骨文，它们都体现出了曾经、现在和未来一段时间惊人的市场控制力，也几乎都有相似的策略：以优质产品打开市场，以品牌文化影响消费者，以知识产权来掌握话语权。在运用知识产权时，它们或者单独出招，或者合纵连横，攻击、恫吓、掠夺、挤压和狙击竞争对手，以此获得持续的高额利润。中国一直是这方面的"受害者"。

变化在悄然发生。首先，在国家战略层面，改革开放、加入WTO、参与国际气候谈判、参加众多的国际组织，让中国企业有机会与众多跨国企业同台竞争，虽然基础不如人，但信息获得的机会日趋均等化，从而点燃了希望。三十年多年来，我们采取"以市场换技术"的方式，产业技术水平和自主创新能力提升明显，实质性参与国际标准化活动的能力和水平普遍提高，高铁、电信、软件、光伏、物流采购、重装设备、家电等一批中国技术和标准成功走向世界。

其次，在市场层面，2015世界500强企业名单，中国企业占了106席，体现了集团军式的整体进步趋势，更多"灰姑娘"式的故事在不断上演。华为于2014年取代爱立信成为世界最大的电信设备供应商；格力空调的低频控制技术、超高效定速压缩机、高效离心式冷水机组等核心技术世界领先；中车的高铁设备正阔步走向海外市场，其技术被普遍认为"成熟、安全"，成为许多国家的首选。如果这些只代表制造业的技术突破，仍不足以令人兴奋的话，那么朗科的USB技术专利被全球认可，中国美术学院建筑艺术学院院长王澍荣获普利兹克建筑奖，莫言获得诺贝尔文学奖，科幻作家刘慈欣获得"雨果奖"最佳长篇小说奖等，这些均是中国知识产权所取得的荣耀，也进一步说明我们已经具备与国际主流知识产权控制者同台竞技的能力。

但是这样就足够了吗？显然不是。如今在"实现中华民族伟大复兴的中国梦"的大国策略下，在"一带一路""中国制造2025""互联网+""建设金砖银行和亚投行"的战略路径下，与发达国家同台竞技只是基础，更重要的是如何实现超越，让领先成为常态。然而实现超越谈何容易！我们在进步，别人也没有停下；我们在努力突破，别人也在设法堵截。路在何方？仔细想来，比单个领域的零散突破和某些发明创造更加重要的是道路自信、文化自信，只有找到自己的"根"、找到属于自己的"土壤"，大规模的突破和超越才可以成为常态。两千多年前，"丝绸之路"开始出现，开启了古代中国的"智慧之路"。历史终有轮回，如今我们也提出建设"新丝绸之路"，让东方文化思想再次闪耀世界。企业要实现超越，除了汲取中华民族数千年文化积淀的养分之外，似乎并没有更好的办法。因此，中华文化便是企业发明与创新的"根"。许许多多善用中华文化前行的知识经济明星企业，如华为、海尔、联想、"BAT"等，都取得了辉煌的战绩。它们的文化思想也照耀着神州大地，带动一大批新兴产业蓬勃兴起，一大批传统品牌焕发新机。

作为产业新军中一颗冉冉升起的明星，中细软集团始终以提升中国企业知识产权管理整体水平为己任，站在知识经济时代的风口，站在产业的最前端，致力于为企业提供知识产权全流程服务；为企业提供具有国际标准的、符合新经济特征的服务；为中国创新提供系统的全平台解决方案与信息服务。中细软集团清醒地认识到：当今的中国企业，掌握和运用知识产权比以往任何时候都显得重要，自己要做的，就是为企业创新加油，为中国创新加油！

由中细软知识产权研究院编撰的"知识产权黄金屋"丛书，取"书中自有黄金屋"之名、"知识堪比黄金贵"之意，从"根"出发，遵从"道生一，一生二，二生三，三生万物""四时运转、五行化合"的中华文化辩思，从"天、地、人"的关系和"道、法、术"层面分析，对知识产权强国、强企之路展开战略分析，在知识产权的建设、管理、运用、资本运作等层面仔细剖析、总结经验，提出工具模型和解决方案。这套丛书力争做到既富有思想价值，又有实战指引意义，以资公共部门、企业、非营利性研究机构和国民分享。

路漫漫其修远兮，吾将上下而求索！我们衷心希望这套丛书的出版，能让大家静心思考，明白事理，驾驭趋势，优化战术，知人善任，继而把握现在，开创未来，促进事业奋发，共商富民强国之道！

2015年9月5日

前　言

过去的三十多年，中国企业向国外企业学习到很多实用管理知识。进入新世纪以来，尤其是互联网经济盛行以来，知识产权管理得到了中国企业的日益重视。

企业知识产权管理的目标在于"促进企业创新、掌握知识产权和创造知识产权价值"。[1] 知识经济的活动包括知识创造、知识流通与知识价值三部分。这三个部分都可以见到知识产权的"身影"。因此，可以说知识产权是知识经济活动的伴生物，并肩负串联的重任，让知识经济活动的前后环节得以顺利关联。在知识经济时代，企业无法忽视知识产权，知识产权是企业发展战略的重要组成部分。在如何实施知识产权战略方面，不同的学者专家提供了各种理论，我们主张站在"大众创业、万众创新"和"互联网＋"的前沿，把"三变"，即变市场为技术、变竞争为提升、变趋势为优势，作为知识产权管理实践的决策依据。

如何理解知识产权的运用

知识产权是指"权利人对其所创作的智力劳动成果所享有的财产权利"，一般只在有限时间内有效。知识产权的类别包括商业秘密、版权、专利、商标、商号、原产地名称、制止不正当竞争，以及植物新品种权、工业设计和集成电路布图设计专有权等。

"知识产权"是一个合成词，包括"知识"和"产权"两个词素。从逻辑关系上看，"知识产权"既是一种特定的法律词汇，又是经济学术语。在物质生产和消费高度发展的情况下，知识产权不仅表示人类在社会实践中创造的智力劳动成果的专有权利，还在商业竞争中体现有关参与人的软实力和竞争力。"知识"是名词性定语，表明知识产权是关于人类智力劳动成果的产物，它说明知识产权不是物质类的产权，而是一种以智力取得的、无形的，但是又明显

---

[1] 袁建中. 企业知识产权管理理论与实务 [M]. 北京：知识产权出版社，2011.

具有价值而需要法律认可的权利。"产权"是中心语，表明知识产权有其适格主体，可以是人或组织，其中组织可能是企业或研究机构。主体依法享有其精神方面和经济方面的独享权利。

我们经过分析认为，知识产权的经营活动存在有三个必要的客观条件。一是产权的载体。对于专利来说，载体是技术发明；对于商标来说，载体是图形符号；对于版权来说，载体则是文字创作。载体均具有知识创造的特性，不一定是固定的、有形的，比如商业秘密，但是它一定是客观存在的。这些载体可以统称为"产品"。试想一下，如果没有"产品"，所谓的知识产权利用、保护与申诉就会变得滑稽。

二是市场流通和市场竞争。知识产权是市场经济的产物。在一定程度上可以这么理解，如果没有商业的需要，知识产权就变得毫无价值。市场竞争使得智力劳动变得有价值，而这种价值反映到知识产权则可以最大化。一个有知识的人，比如爱迪生，他终身领取的劳动报酬，远不及其发明专利权的收益。

三是法律的认定。知识产权与智力成果不能等同，它具有依法确认的特点。确权后的知识产权的利用、管理和保护都受到法律规范。正是由于受到法律的规范和约束，使得"产权"得以形成，不至于被人混淆视听和有浑水摸鱼的机会。由于知识产权被纳入国际保护体系，使得国际贸易有了秩序上的彻底保障。实际上，知识产权越来越多地成为各国企业开展市场竞争的武器，成为国家博弈的重要砝码，才让我们比以往任何时候都更加关注它。

有了上述三个条件，相关的知识产权经营活动才得以展开。三个条件是相辅相成、缺一不可的：有了"产品"，就获得掌握知识产权的动机，一切创新活动才赖以展开；有了市场流通和市场竞争，知识产权才有获益、获利的机会，法律的保障才有意义；有了法律的保障，知识产权才可以获利、增值，成为财富的源泉。

变市场为技术

知识产权的出发点是保护智力成果的权利，但它所产生的最大结果却是创新。

知识产权推动创新的作用并不复杂。市场竞争力的组成因素是多样性的，既有有形的资产和资源，也有无形的技术和管理等。企业为了获得良好的竞争力，必须有好的产品质量和良好的信誉。在无形资产的竞争力塑造方面，最高的追求莫过于成为标准的制定者，或者是行业的代言人。无论是当年的吉普（Jeep）、施乐（Xerox）、利乐包（Tetra Pak），还是今天的苹果平板（iPad），它们的商标成为其所在领域产品的直接符号。企业为了维持其所在领域的领先地位，就必须保持不断的技术创新和在新领域的探索，否则很容易被滚滚而来的竞争浪潮掀翻。诺基亚手机就是一个很好的案例。它在达到如日中天之际，因没有把握准手机应用系统的发展趋势，溃不成军。早在 2000 年，诺基亚就设计出了一款只有一个按键的触屏智能手机，具备收发电子邮件和玩游戏的功能，这是触屏智能手机的雏形。而苹果在 7 年后才推出第一款 iPhone。❶ 显然诺基亚的先知先觉没有延续坚持到技术创新中去，没有在智能触摸手机的各项技术上开拓创新。最终的结局令人嗟叹，诺基亚因无法适应智能手机时代而不断衰退，最终放弃了手机业务，于 2013 年 9 月将手机业务和一箩筐专利作价 54.4 亿欧元卖给了微软。诺基亚的残酷经历告诉人们，领先后仍然要保持警惕。

那些追赶行业领先者的企业，为了实现赶超目标，会加大研发力度，使得自己在产品技术上不至于落后，挖空心思开拓产品的新应用，甚至"明修栈道，暗度陈仓"，在本领域研发新产品，在新产品的专利技术方面形成自己的藩篱，以此逼迫或超越对手。华为是这方面的出色实践者，大量的研发投入结出累累硕果，成功登顶世界电信设备制造领域。华为的手段算不得高明，但是却非常实用。过去十多年来，华为每年投入的研发费用都是业界中比重最高的。聚沙成塔、集腋成裘，努力没有白费。根据华为的数据统计，截至 2014 年 9 月底，华为累计向 3GPP（基于 3G 标准的第三代合作伙伴计划）提交 15360 篇 LTE/EPC 提案，其中 2010 年以来的 LTE（长期演进路线，是 4G 标准之一）核心标准的提案通过数为 569 件，占全球总数的 25%，位居业界第一。❷ 这表明，在 3GPP 的系统架构和网络设备技术研究和标准制定中，华为在 LTE、LTE-A 等标准的制定和发展中发挥重要作用，这为华为的赶超奠定了坚实基础。

当行业领先者发现追赶者的意图时，也会赶紧查找内部缺漏，加大研发投入以固筑既有阵地，同时布局新的机会点。而追赶者更加不敢懈怠，继续加大

---

❶ 许正. 诺基亚不是被乔布斯击败的 [EB/OL]. 新浪科技，http://tech.sina.com.cn/t/2014-06-06/17289421945.shtml，2014-06-06.

❷ 华为：一年交 3 亿美元专利费划算 [EB/OL]. 财新网，http://companies.caixin.com/2014-12-22/100766619.html，2014-12-22.

投入。这样，追赶者和领先者交替寻觅机会，形成你追我赶的创新竞争局面。而这一切，均得益于知识产权保护。发明创造的成果得到有效保护，使得知识产权有了创造价值的可能，极大地刺激了创新行动。在知识产权保护下，这些不间断的创新竞争促进了产业发展和社会进步。我们发现，在"互联网+"的时代，产业发展的方式有了明显的变化，呈现平台化和细分化的倾向。市场的逐步细分，使得创新的方向明确起来，某一单项技术就可能获得一个细分市场。同样的道理，某一细分市场的"独占术"就是一个技术而已。于是，拿下一个细分市场所需要的技术，便是企业技术创新的方向。这种变市场为技术的能力，对新创企业尤其重要。

变竞争为提升

除了创新作用外，知识产权还有另外一大功能，那就是创造价值。企业普遍都面临着激烈的市场竞争，特别是进入既有市场的新创企业，想要在众多巨头当中分得一杯羹尤其困难，但也不是一点机会都没有。对于以技术见长的企业，以专利盈利的商业模式是企业赢得生机的妙招，创业板上市公司朗科便是其中一例。朗科是一家做闪存技术和产品的公司，以闪存盘及其诸边应用技术为核心，通过专利授权以及起诉侵权者收取"专利许可费"。该专利技术价值很高，朗科以其为优先权在美国、日本、欧洲等国家和地区积极开展专利布局，所形成的专利族在全球范围内被苹果、谷歌、英特尔、IBM、微软、三星、东芝、闪迪、日立、中兴通讯等70家国内外顶尖机构和个人引用130次，对闪存应用领域的技术创新具有深远影响。同时，该专利经济效益显著，朗科与包括金士顿、东芝、必恩威等在内的12家公司签订了专利许可协议，2006~2014年该专利为朗科带来了总计约1.7亿元的许可费收入，平均每年专利许可收入1887万元，专利许可利润占朗科主营业务税前利润的比重达32.8%。[1]

在资金实力稍弱的情况下，创新型公司开发产品相对单一、规模小、抗风险能力较差。朗科的案例告诉我们：面对大公司的压制时，要巧妙避免正面作战，在某一局域突破，变正面针锋相对的竞争为自我突破提升，这时候，知识产权的保护是企业的生命线。

---

[1] 朗科：专利更强，发展之路才更宽 [EB/OL]. 国家知识产权局，http://www.sipo.gov.cn/wqyz/dsj/201507/t20150723_1149116.html, 2015-07-23.

变竞争为提升还有另一层意义。专利权除了以获取许可金和权利金来创造价值外，还具备了比较大的攻击性。但攻击并不是最好的策略，毕竟商业竞争并不是你死我活的游戏，创造双赢的形式、减轻竞争压力，才是企业经营得更好的策略。苹果与思科共同推出 iPhone 便是一个极好的例子，苹果在手机端的专利和思科在电信端的专利，彼此交互许可，形成产业联盟。类似的例子举不胜举，在美国，专利诉讼和解比例高达九成以上，共赢已经成为共识。

中国的企业也不例外。美国《基督教科学箴言报》网站发表了题为《中国公司要什么：知识产权保护》的文章，其主要意思是，随着中国创新者开始看到保护自己的知识产权有钱可赚，他们越来越愿意与外国大公司合作。这个事实说明，中国企业对于知识产权态度的变化已经引起国际上的重视。前述华为的案例中，华为通过和其他国际巨头的互相许可，节约了大量的专利许可购买费用。这是化被动为主动、减轻竞争烈度，获得变竞争为提升、合作共赢的佳果。

变趋势为优势

知识产权还带来另外一个结果，那就是"知本意识"。"知本意识"被当作当代企业必备的十大意识之一，这是因为在 21 世纪，人类从"资本主导"进入"知本主导"的全新的经济时代。[1] 知识和信息将成为最重要的生产要素，在经济发展中起着越来越重要甚至是决定性的作用。企业要在这样一个高速发展与瞬息万变的时代获得发展，必须仰仗和发挥人力资源与知识资本优势，使之成为企业重要的核心技能。与此同时，经济的一体化，迫使企业必须面对来自全球的诸如信息网络化的力量、知识创新的力量、顾客的力量、投资者的力量、组织的速度与变革的力量等各种因素的挑战和冲击。因而知识产权管理反映新经济时代游戏规则的基本要求，这种趋势需要被广大企业所认知和重视。

知识产权并非大企业的"专属产品"。随着时代的演进，市场生产饱和甚至过剩，商品琳琅满目，市场运作产生了变化，由产品导向逐渐转向顾客需求导向，过去一味追求生产效率而忽视顾客需求的管理模式遭受严峻的挑战。尤

---

[1] 龚文波.《任正非如是说》对知识的尊重和回报［EB/OL］. http：//lz.book.sohu.com/chapter-625614.html，2015-07-30.

其是互联网时代的来临，个性化、定制产品越来越受到顾客的欢迎，使得这种转向变得更加迅速。"为顾客创造价值"是企业的核心追求。换句话说，不能满足顾客需求的企业，已经毫无存在的意义。鉴于顾客的需求已经越来越多元化，顾客群体也一再细分，为了满足"为顾客创造价值"的条件，企业必将更加重视创新行动和使用创新技术，如搭建平台和提供免费服务模式，使用大数据分析来满足不断小众化的消费需求，等等。此时，原有格局的市场供给已经跟不上了，这给新创企业或积极转型企业带来巨大的商机。小米、陌陌、超级课程表、苏宁等，均是这类企业中的佼佼者。

新创企业或转型企业此时应该明白，时代给了它们机会，但是不会一直给它们好运。企业继续成功的关键在于持续不断的创新。创新行动不仅限于提供产品和服务，还在于治理的创新和管理的创新。在治理的创新方面，随着合伙制、众筹、创投等形式不断涌现，使得企业的决策需要更加科学化，注重人本思想、注重企业文化显得比以往更加重要。在管理的创新方面，企业的知识产权战略必须提升到决定生死存亡的高度。因此，如何理解新经济下的知识产权，制定与"企业发展、产品和服务"相适应的知识产权战略，是新创企业和转型企业面对未来挑战的重要环节，决定了企业变趋势为优势的能力水平。

100个知识产权运用实践案例的启示

时至今日，我国已经成为全球专利申请最多的国家，成为知识产权大国。这表明我国的知识产权事业确实步入了一个新的时代，这是值得欣喜的事。我国企业知识产权管理水平参差不齐，但其中也不乏极具眼光的企业。大而不强、量多质低，是我国知识产权管理整体印象。就知识产权运用而言，许多企业还不够重视，甚至知之甚少，这种现象值得我们深思。

本书从知识产权运用实践的角度，选取了近年来发生在我们身边的众多案例，统一汇编呈现出来。我们不想做学院派式的说教，而是希望人们通过对案例的阅读，了解知识产权的一般性原理以及运用规则。通过这些案例，窥一斑而见全豹，了解我国知识产权管理和运用的整体水平，从中思考企业自身的知识产权战略是否存在改进和提升的空间。如能悟出更深的道理、闪烁出新的创意，那我们更是乐观其成。鉴于我国知识产权运用历史并不长，各式各样的问题层出不穷，本书也是为了方便更多的知识产权管理者集中阅读、查找相关案例，对标解决本企业的问题。

本书分为十章，共 100 个关于知识产权的实战案例和新闻综合报道。这些案例、报道都是我们相关研究人员精心挑选出来的，其主体对象选择的范围甚广，既有机构，也有企业；既有跨国企业，也有国内企业；既有老牌企业，也有新创企业。涉及 37 个行业，既有传统行业的剪影，也有新产业的轮廓。此外，也涉及知识产权的运营托管问题，因而具有广泛的参考价值。

集百家之言，聚众人之力。这些实战案例具有很强的故事性，阅读起来比较有趣味。同时，为了方便初入门读者理解，我们还在许多案例后面加注点评。受限于研究水平，我们的点评或许不够精妙，或许不够到位，但只要有助于增强一点点对案例的理解，我们也就有莫大的欣喜了。至于案例中提及的企业，我们的评述如有错漏或不足之处，请读者不吝赐教。有任何意见或建议，欢迎发邮件至 gujinyan@ iprun. com。

目 录

总　序

前　言

第一章　自主知识产权创造　/ 1

1　王永民：中国本不该错失的"比尔·盖茨"　/ 4

2　花甲爷爷的发明路：专利申请保护方能筑梦　/ 7

3　迷失的"微信之父"：专利剑指产品方能淘金　/ 9

4　打造优质专利，新颖性不可忽视　/ 12

5　声音商标可注册，化身企业品牌推广助推器　/ 14

6　"最好语文书"惹官司，原来汇编作品有版权　/ 16

7　抄袭or模仿？安全行在创新路上　/ 18

8　一条微博引发的高考试题版权争议　/ 22

9　"世界那么大，我想去看看"：商业跟风算侵权么？　/ 24

10　井柏然一字值千金，字库版权或被看重　/ 27

第二章　创新创业中的知识产权策略　/ 31

11　发明专利撬动小作坊，华丽变身3.5亿名企　/ 34

12　企业核心技术：申请专利VS秘密保护　/ 36

13　专利组合助创业一臂之力　/ 38

14　专利产出多转化少，"产学研"破难题　/ 41

15　善用商标，用无形资产破资金难题　/ 44

16　商标撤销：助力"大象"快速奔跑　/ 47

17　侵权不实，"友阿"反遭注销危机，商标多用方能保全　/ 49

18　《春天里》遭禁唱，商业维权正名翻唱侵权　/ 51

19　商业临摹：创作已死，侵权坐实　/ 53

20　创业过热，商业秘密陷阱亟待规避　/ 55

第三章　企业发展中的知识产权运用　/ 59

21　华为：构建知识产权帝国，重视研发一马当先　/ 62

22　围魏救赵：一场打印机引发的专利战　/ 65

23　专利评估质量过硬，融资瓶颈易解决　/ 67

24　名企柯达陨落，唯有创新才能重铸辉煌　/ 70

25　机器人大战：苹果狠揪专利书质量，小企业遗憾落败　/ 72

26　九阳豆浆机：专利诉讼完胜的秘诀　/ 75

27　诺基亚：品牌知识产权支撑起没落的余辉　/ 78

28　湘鄂情作别餐饮巨鳄，狂甩商标作价2.3亿元以自救　/ 81

29　"王老吉"纷争不断，"加多宝"为他人作嫁衣　/ 83

30　隆力奇：天价商标质押得益于品牌影响力　/ 86

31　奇瑞：从山寨到品牌的华丽蜕变　/ 88

32　有一种争夺叫共赢——缘起"稻香村"　/ 90

33　商标注册注重显著性，巧妙规避主品牌风险　/ 92

34　驰名商标与通用商标名称背后的博弈　/ 94

35　脱离了作品，标题竟不受著作权保护　/ 98

36　杨丽萍用版权玩转资本，艺术创富不再是梦　/ 100

第四章　企业上市中的知识产权风险　/ 103

37　富士康VS比亚迪：上市波折源起商业秘密　/ 106

38　科学专利预警：企业生存的攸关所在　/ 109

39　专利购买：海外上市免诉讼的"门道"　/ 111

40　"高通"惹人垂涎，跨境企业中英文商标同样重要　/ 113

41　自主品牌"北汽"上市的噩梦源头　/ 116

42　商标抢注：倒逼企业重视知识产权的那些事儿　/ 118

43　转型未成功让唯冠的iPad"少"了一个零　/ 120

44　乔丹体育：民族品牌深陷危机何解　/ 122

45　千万学费贵不贵？《刀塔传奇》陷国际巨头围猎　/ 124

46　企业上市，知识产权风险应提前防范　/ 127

第五章　企业国际化中的知识产权运营　/ 131

47　特斯拉：专利"开放"是心怀天下，还是意在"标准"　/ 135

48　苹果专利布局：先申请后发明未尝不可　/ 137

49 小米：面对专利壁垒，唯快才能破局 / 140

50 专利卡位布局，打破授权费壁垒 / 142

51 企业并购：专利储备的"造血"新招 / 145

52 专利悬崖壁垒两重天，创新研发反侵权势在必行 / 147

53 面对"专利流氓"的诉讼，企业该如何应对 / 150

54 知识产权"真金白银"：解中国企业"走出去"困局 / 152

55 伊利上演知名品牌变形计，商标品牌管理是关键 / 156

56 "王致和"遭恶意抢注，海外抢滩维权注册应先行一步 / 159

57 大品牌盯上侵权小商户，甘做"提款机"还是合法营商 / 162

58 宝洁：用品牌战略征服天下的商业帝国 / 164

59 颜色组合商标稀缺，挖掘保护至关重要 / 166

60 《百年孤独》，为何历经30年才真正走进中国？ / 168

61 优质作品＋IP成就海外市场神话 / 170

第六章 企业联盟中的知识产权管理 / 173

62 "裸奔"的DVD产业，专利之痛后的觉醒 / 176

63 LED：直面国际专利壁垒，构筑专利战略联盟 / 179

64 "战略性"交叉许可，阴谋还是阳谋？ / 182

65 不做待宰肥羊，专利联盟还击对抗专利鲨鱼 / 185

66 专利的积累，"质"与"量"应同步 / 188

67 企业抱团出海商标先行，品牌国际化任重道远 / 191

68 知识产权联盟：助企业创新，破维权软肋 / 194

第七章 互联网产业的知识产权新问题 / 197

69 大小公司PK，手握专利让得大于失 / 201

70 "双十一"营销战之外的法律暗战 / 203

71 同名歌莉娅乱入迷人眼，电商合法商标也需善用 / 205

72 电商商标侵权白热化，品牌全类保护免入窘境 / 208

73 被"惯坏"的独家版权，好声音或遇新瓶颈 / 212

74 游戏侵权肆意，维权策略审慎抉择 / 215

75 理清职务软件著作权归属，维权不侵权 / 217

76 知识产权成反垄断"狼牙棒"，企业自律共赢过阶梯 / 220

第八章　新兴产业的知识产权发展　/ 223

77　"高通"：从专利到专利标准，从小微到霸主　/ 227
78　小米进军汽车领域，兵马未动专利储备先行　/ 230
79　洞悉苹果赚钱之道，不靠暴利靠专利　/ 233
80　一场商标案，特斯拉竟以著作权逆袭　/ 236
81　大品牌跨界，新旧商标如何布局至关重要　/ 238
82　暴风影音先著名商标布局，后 DT 转型谋发展新局　/ 243
83　免费奶酪不再，网络音乐无版权禁传播　/ 245
84　微信试测"打赏"，开启内容变版权新风　/ 247
85　"小时代"引爆版权全产业时代　/ 249
86　数字出版：从致富到制胜新版权运营　/ 251

第九章　新经济时代的知识产权服务　/ 255

87　专利书写不当痛失良机，专业机构为"独创"护航　/ 258
88　雷士军：专利孵化很重要，交易平台促产业化　/ 260
89　知库宝：开启商标管理智能时代　/ 263
90　"领头鸭"变驰名招致侵权不断，联盟"执法"为维权兜底　/ 265
91　企业商标商号之争，吴良材如何巧遏痛点　/ 268
92　版权质押，文创企业的绿色通道　/ 270
93　IBM：有效的管理，运营出强大的知识产权能力　/ 273

第十章　知识产权管理创新　/ 275

94　政府"知产"托管大采购，助力企业发展新途径　/ 279
95　"德化经验"见证版权的力量　/ 281
96　政企市场三联动，70% 企业专利空白待填补　/ 283
97　数字化转型唤醒"沉睡"的文化版权资产　/ 286
98　电视台紧握版权，以便全媒体时代突围　/ 289
99　大学校名 PK 不断，IP 保商业也护智慧　/ 291
100　名人书信拍卖：当著作权遭遇物权和隐私　/ 293

结　语　/ 296

第一章 自主知识产权创造

高掌远蹠

出自《文选·张衡〈西京赋〉》:"缀以二华,巨灵赑屃,高掌远蹠,以流河曲。"薛综注:"河水过之而曲行,河之神以手擘开其上,足蹋离其下,中分为二,以通河流,手足之迹,于今尚在。"后用以比喻开拓,开辟。

- 王永民：中国本不该错失的"比尔·盖茨"
- 花甲爷爷的发明路：专利申请保护方能筑梦
- 迷失的"微信之父"：专利剑指产品方能淘金
- 打造优质专利，新颖性不可忽视
- 声音商标可注册，化身企业品牌推广助推器
- "最好语文书"惹官司，原来汇编作品有版权
- 抄袭or模仿？ 安全行在创新路上
- 一条微博引发的高考试题版权争议
- "世界那么大,我想去看看"：商业跟风算侵权么？
- 井柏然一字值千金，字库版权或被看重

创新是国家生存和发展的必然选择。振兴经济、强国富民，就需要做实、做好、做强创新工作。只有创造属于自己的知识产权，积累更多的核心技术，我们才能在国际竞争中占据有利地位。在市场经济中，知识产权具有三种属性：商品的属性、财富的属性、高附加值的属性。一般来说，企业的研发设计、品牌营销都跟知识产权有密切的关系。自主知识产权是自主创新的基础和衡量指标，是市场竞争的重要手段。技术创新最后都要落实到产品或者制造工艺上。涉及制度的是管理创新，它也有一些落脚点。知识产权是创新的前提，一开始是无形的东西，先通过人的创造性的智力活动创造出来了，下一步才考虑通过生产、实践把它变成有形物，最后再把它推向市场，这是创新的全过程。

产权化的知识在自主创新中构成了非常重要的要素。自主知识产权是自主创新的重要环节。自主知识产权是指主要以自行研发、委托研发、合作研发等原始取得的方式获得的知识产权。但是什么才是具有自主知识产权的产品呢？

我们常常认为自行研发的新产品就是具有自主知识产权的产品。实际上，只有通过申请专利并获得专利权，设计的软件等取得了版权（著作权）保护，使智力成果以法律形式明确为自己所有，拥有者可以对其进行支配而不受任何人干涉，这样的产品才能称为具有自主知识产权的产品。与此相反，如果没有取得专利权、版权（著作权）等的知识产权，智力成果的归属关系没有依法确定，这样的新产品则不能说是具有自主知识产权。也可以更加广泛地认为，人们可以通过支付费用等形式买断他人的专利等知识产权，对其购得的智力成果享有自由支配和处分的权利，而不受原权利人的干涉，由此而生产的新产品，也可以称为具有自主知识产权。

自主知识产权是对人们创新活动的肯定。在国家推行"大众创业、万众创新"的战略下，只有不断创新才是最大的动力。新产品＋老市场、新市场＋老方法、新方法＋新市场，处处都有创新创业的机会。国家期望所有人都能参与进来，无论是个人、企业还是科研机构，都能够高瞻远瞩，站在自主创新的潮头。

1 王永民：中国本不该错失的"比尔·盖茨"

20世纪90年代，有一家新加坡媒体，想当然地把王永民——五笔字型的发明人——称为"中国首富"，可算作中国的"比尔·盖茨"。

因为这家不甚了解中国的媒体认为：五笔字型神奇地使古老的汉字重新焕发光彩，真正使中国无缝接入信息时代，中国上亿台计算机都在用五笔字型，一度延伸到海外华人甚至联合国。试算，如果针对一台计算机征收十元的专利费，光中国的使用量所产生的专利费就是十多亿元。而且专利费年年如此产生，这将是多大的收益！因此，新加坡这家媒体把王永民比喻为像在美国开发出世界通用的Windows操作系统一样的世界首富比尔·盖茨貌似也不为过，王永民因五笔字型在整个华文世界的通用成为中国首富似乎也不太遥远。

然而，媒体观察视角很美好，但现实却很无情。五笔字型申请过中国、英国、美国三国专利，国外的企业都付费，但在主要市场的中国，基本没有什么收入。王永民没有因五笔字型成为中国首富，更没有得到外界想象中的巨额利润，甚至，还无奈地为正当权益一直奔走在维权的路上，一场长达8年的知识产权诉讼也让王永民耗尽了心力。

诉讼的焦点是五笔字型第3版的专利权能不能覆盖五笔字型的第4版。王永民发明的五笔字型只有第3版获得国家专利，但是，在社会上流行和使用的是五笔字型第4版。

1992年，北京市中级人民法院知识产权庭一审判决王永民胜诉，宣布五笔字型第3版专利权覆盖第4版，侵权者应赔偿王码公司。

此案最终判决如何？当时，全世界所有生产计算机厂商、中国本土汉卡制造商们都在关注，因为全世界使用中文的计算机和汉卡都要安装五笔字型软件。

第一章
自主知识产权创造

如果王永民胜诉，全世界使用五笔字型的企业都要向王永民支付大笔专利使用费。如果王永民败诉，这些企业将像免费享用阳光、空气一样，无偿使用五笔字型。

知识产权界和法学界也在关注。参与《中华人民共和国专利法》起草的所有八名专家，在"五笔字型第4版该不该受到保护"这个问题上，联合上书给相关部门，呼吁维护五笔字型的专利权，保护知识产权。他们说五笔字型作为一项有重大科学意义和国内影响力的原创性重大发明，不应该因为实施过程中某个实施例的局部差异，就判定为是与那个原创性的发明无关的另外一项发明。他们认为，如果这个案子要判决五笔字型因版本（实施例）差异而不受保护，必将在国内产生极坏的影响，在国际知识产权界也将被引为笑谈。[1]

1997年，北京市高级人民法院宣布了二审判决，结果竟是王永民败诉，五笔字型第3版的专利权不能覆盖五笔字型第4版。此案，犹如一记耳光，打在当年每位发明创新人的心头，更是中国知识产权界的耻辱！

美籍华人律师黄坤嘉曾在《光明日报》发表文章评述此案，列举国际上著名的案例，说明把一项重要的发明"稍加改动"仍然不能成为"新发明"，仍然要判决侵权的法理。对于这样简单的道理，在现实的中国司法诉讼中，竟不被保护。该律师最后痛感："看来中国的知识产权保护还有很长的路要走"。[2]

由于败诉，五笔字型专利无法得到保护，软件被大量盗版，王码公司无法得到利润，没有足够的资金使其他多项有前景的专利技术形成产业，更无力后续再创新。这对汉字文化的伟大复兴也是极大的损失。

【细软说法】

当下，美国的苹果凭着专利的保护，在中国每日吸金几亿元。相比之下，五笔字型在信息互联时代，在自己国家被正大光明广泛地免费使用，甚至被改头换面为"某某五笔"等，想想，真是心痛！我们已产生了"中国的比尔·盖茨"，但没有适合"中国的比尔·盖茨"发展、成长的土壤。希望五笔字型

---

[1] 更多详情请参见：王永民是"中国的比尔·盖茨"吗？[EB/OL]. http：//www.wangma.com.cn/wym_disp.asp？id=55，2002-09-17.

[2] 王永民："五笔之父"[EB/OL]. 中国网，http：//www.china.com.cn/economic/zhuanti/xzgjjl-sn/2009-07/24/content_18200617.htm，2009-07-24.

这桩知识产权界的"冤案"不再发生！❶❷

　　原始性创新是一个民族的灵魂、一个国家兴旺的动力。在"大众创业、万众创新"已成潮流的今天，希望全社会一起，创建良好的知识产权生态环境，真正调动起广大创新创业者的激情和活力，让中国的"比尔·盖茨"们不再悲情、不再落寞。

　　2015年年初，国家发布《深入实施国家知识产权战略行动计划（2014—2020年）》，要求加强知识产权运用，促进经济提质增效升级。此表明国家支持创新驱动、发展知识产权强国的决心。

　　五笔字型案，至今仍是对企业和国家的一个警示。现在，国与国的竞争，越来越体现在企业之间的较量，而企业间竞争的核心是知识产权。企业要真正发展壮大、走向国际，最关键的是企业既要提前布局好知识产权战略，又需要有一个良好的知识产权社会生态环境，企业才能从中真正获得续存的土壤和养分。

---

❶ "中国第一软件"王码五笔专利败诉内幕［EB/OL］．网易，http：//tech.163.com/07/0813/14/3LPKELQ6000915BD.html，2007-08-13.

❷ 王永民．劫难重重的"五笔字型"——"五笔字型"诉讼案引发的启示［EB/OL］．http：//www.wangma.com.cn/wym_disp.asp?id=75，2005.

2 花甲爷爷的发明路：专利申请保护方能筑梦

相信大多数人很难把专利申请和农民联系起来。唐志国，一位老农民，过了花甲之年，竟有专利申请获得授权了！

心中有个发明梦

虽然是农民，但是唐志国却从来没有停止过对发明梦想的追求。他希望自己可以研发出真正属于自己的技术，活出自己的人生价值。虽然他文化不高，可是他在年轻时就喜欢研究，读各种有关电力、机器方面的书籍。那个坚定的信念在他的内心早已扎根发芽。

改革开放以后，唐志国开始学着修车，后来年岁大了转向专查汽车电路，从此开始与电瓶和充电机打交道。一开始，他用的充电机变压器是自己缠的，包括整流器都是自己根据经验找旧件组装的。关于电瓶修复机，多年前他就已研发成功，只是当时人们多使用汽车，电瓶车的使用还不是特别广泛，再加上其他种种原因，申报专利的想法就放下了。

然而，当初的梦想就像长了翅膀，在一次偶然的机会唐志国接触了电动三轮车电瓶，隐藏于内心深处的想法被放进现实。于是，他不分昼夜地实验组装，最终得以完成。

家人的不理解是他心中最大的伤

由于对申报专利不了解，再加上在农村申报专利的人甚少，又考虑到家庭经济的原因，只要唐志国一提申请专利，他一家人就像炸锅似地全都反对。此次申请专利，他是瞒着全家人的情况下，委托北京细软智谷知识产权代理有限责任公司申报的。

敢于突发奇想是发明的关键

几个月后，唐志国得知他自己的专利被授权了，激动的心情是没办法用语言来形容的。他在信中这样写道，有人把别人的成功看得挺简单，道理一说开马上就懂了。殊不知，一件平常的事和物要想从根本上了解清楚，本身就不是件容易的事。你一说我就懂，那是学习；你不说我就懂，这是知识。只有把学习来的东西吸收融入自己已有的知识当中去，这才是自己的知识。知识都得有一定的理论支持。组织几种理论和技术解决一件问题，这就是发明。发明是灵感的发现、自己的努力和知识的结晶。有人一辈子搞发明，最后落得倾家荡产，但还是一事无成。执着的追求固然值得肯定，但知识的缺乏注定不能成功，这是不争的事实。敢于肯定或否定突发奇想或灵感是缘于知识的支撑，是发明少走弯路的基石，是成功的关键。

（本案例出自中技细软（北京）知识产权代理有限公司）

【细软说法】

发明并不难，每个有心人都有可能作出发明创造。形成发明后，成功申请专利保护更为关键。专利申请是一个法律程序，建议最好委托专业人士（如专利代理人）进行相关操作。好的发明是申请专利的前提，专利授权是发明最终得到保护和产生社会经济效益的基础。

3 迷失的"微信之父":专利剑指产品方能淘金

随着微信、WhatsApp、Line、Kik 等基于通信录的移动即时通信应用在全球的火热发展,让类似于"微信"的专利方案也进入人们探讨的视野。2014年2月19日,当全球最大的社交网络脸谱(Facebook)宣布以190亿美元现金加股票的方式收购移动即时通信应用公司 WhatsApp 时,在芝加哥伊利诺伊大学攻读 MBA 的赵建文,对于9年前申请一件专利到后来的转让经历,仍痛彻心扉。因为是自己最早提出微信类解决方案,也是微信类专利的拥有者,然而如今微信类产品大放异彩和财富几何式增长都已与他无关,他只是那个"坐看观景的闲人和失意之人"。

2005年之前,赵建文以自学的计算机基础技术入行,参与主管过第九城市无线技术的团队和平台,包括凯利网、彩信、短信、WAP 和 KJAVA 等产品。2005年,移动即时通信新产品的创意也慢慢出现在了赵建文的脑中,他想做的就是拿到一笔好的资本投入,做好国内外专利池布局,完善产品,提高用户体验度,迅速推向市场,一定会让其他行业巨头们措手不及。2006年9月28日,赵建文将自己的构想进一步梳理,发明通信录移动即时通信应用的技术,并向国家知识产权局申请了专利——"一种基于或囊括手机电话本的即时通讯方法和系统"(授权公告号为 CN 101155324B),该专利申请于2008年4月2日予以公开。但是也正是这个专利让他尝尽了创业之苦和被人拒之门外之痛。❶

类似赵建文专利中的技术的最早应用出现在2009年2月上线的 WhatsApp

---

❶ 更多详情请参见:赵建文.差点就当了"微信之父"[EB/OL].四月网,http://news.m4.cn/tech/2014-04/1228298.shtml,2014-04-11.

上。随后，2010 年 10 月，加拿大的 Kik 在苹果 App Store 上线，短短 15 天内注册用户迅速突破百万，全球吸睛度空前。2010 年 12 月，小米推出了米聊，也将这一技术应用带到了国内。2011 年 1 月，腾讯微信进入了用户的手机，同时 Line 进驻了日本，而 TalkBox 也成为中国香港的座上客。而所有这些大家耳熟能详的应用都涉及赵建文提出的这一根本性的技术原理，也让赵建文的这一技术专利成为活生生的现实样例。而随着 WhatsApp、Line、微信的用户发展到几亿，影响力几乎覆盖整个市场的情况下，赵建文的心更是在滴血。谁也不曾想到他与这件专利有着怎样千丝万缕和失之交臂的心痛故事。❶

对于手中这件专利，赵建文并不是没有打算去好好利用。2007 年，赵建文和自己的"虚拟团队"作出了基于自己申请专利的产品的小样，开始了艰难地寻觅投资人之旅。对于形形色色的投资人，不是提出要求大部分控股，就是签署了一些所谓的备忘录和意向书，然后要求赵建文对产品进一步进行改进和可行性研发。创业之路总有太多偶然和不确定性。2008 年，金融危机让赵建文费尽千辛万苦争取到的投资意向变成泡影，而赵建文的执着坚持并没能维持这个"虚拟团队"的战斗力，赵建文也在多次碰壁和失败之后开始蛰伏。创业之心不死、崛起之心不灭，赵建文随后通过各种途径做过一些努力。他曾尝试联系很多人，李彦宏、周鸿祎、飞信团队、吴鹰、李开复等都是他想联系的对象。然而，最终都是因为各种各样的阻力不了了之，而本以为对自己最有意向的小米也因律师的不建议购买再次落空。2012 年 4 月 4 日，赵建文将手中这份自己一直珍视的专利转让给了腾讯。从此，微信类行业的各种风云变幻、潮起潮落与这个曾经一心想要趟出一条康庄大道的信仰者渐行渐远。

在赵建文的一路跌跌撞撞中，其实有人会说他完全可以拿起法律武器保护自己的合法权益。但从赵建文当初被众多投资人拒绝的理由中我们不难发现：赵建文基于专利开发的产品一旦进入市场会因其简单和不够成熟被成熟的研发商和市场复制，并且在大公司手中会变得越来越超越，无形中就为他人作嫁衣了，而在中国当初专利尚未形成壁垒的情况下，赵建文的专利也变得势单力薄，即使动用法律程序，最多也只可能得到 100 万元人民币的赔偿，而且取证难、申诉时间长也让赵建文在这场挣扎中彻底败下阵来。

---

❶ 微信基础技术发明者：八年前的专利已转让　曾找小米雷军［EB/OL］．云商网，http：//www.ytmer.com/xinwen/1952.html，2014 - 03 - 19.

第一章
自主知识产权创造

【细软说法】

　　创新经济已经成为时代不可逆转的事实，在我们惋惜赵建文与成为"微信之父"失之交臂、感叹190亿美元流失在外时，我们更多地是要提醒更多企业，好创意不等于好产品，而好专利也不等于好市场。加强专利布局和专利价值转化，形成企业发展的支撑内核，加强技术原始创新将为企业在激烈的竞争之潮中提供更多获利的砝码。

　　好的技术应用一定要加强知识产权的保护，尤其是对原始创新技术。但是好专利很多时候只是提供通向成功的一条路径，更多时候需要企业在这个已经预设好的路径中趟出一条真正以过硬产品撬动市场的创新之路。未来，创新者得天下！

4 打造优质专利，新颖性不可忽视

专利是企业拥有垄断竞争优势的重要手段。因为具有排他性，企业可以利用专利获取市场竞争优势。但申请一个高质量的专利并不容易，专利申请的每个步骤都要准确无误，才可能得到授权。当然专利在面对诉讼时还需经得起专利无效的考验。在阻碍企业打造高质量专利的诸多原因中，因疏忽大意破坏自己发明创造的新颖性，而导致发明创造不被授权或者获得授权后又被宣布无效的失误，最让人痛心。

几乎翻版的侵权，竟无法将之告倒

德国的尼欧普兰公司就曾因这种低级错误而付出过沉重的代价。2005年，它们生产并销售了"欧洲星航线"系列客车，并对其外观设计申请了专利。正当它们要大力推广这一系列车型时，却发现盐城中威客车有限公司、中大工业集团公司生产和销售的 A9 系列客车与它们推出的"欧洲星航线"系列客车有着惊人的相似外观。

于是，尼欧普兰公司毫不犹豫地将盐城中威客车有限公司和中大工业集团公司以侵犯其"星航线Ⅱ"客车的外观设计专利权为由诉至北京市第一中级人民法院，请求判令两被告停止生产、销售涉案客车，并赔偿其经济损失4000万元及合理支出137万元。为了打赢这场官司，尼欧普兰公司还豪气地买了一辆被告生产的客车，作为呈堂证供。

通过对比，法院发现盐城中威客车有限公司制造的 A9 系列客车与"欧洲星航线"客车的外观确实有着众多相同的设计，而这些设计基本构成了客车的整体外观。因此，北京市第一中级人民法院就该案作出一审判决，判令两被告立即停止生产和销售涉案客车,并赔偿原告经济损失 2000 万元及合理支出 116 万元。两被告不服一审判决结果,向北京市高级人民法院提起了上诉。

令所有人大跌眼镜的是,北京市高级人民法院的二审判决结果竟然发生了大逆转。2012 年 8 月,北京市高级人民法院作出终审判决,撤销了要求两被告停止侵权并赔偿尼欧普兰公司 2116 万元的一审判决结果。审判结果之所以发生逆转,是因为尼欧普兰公司的涉案专利在 2010 年的时候被国家知识产权局专利复审委员会宣告无效。涉案专利一旦被宣告无效,就将被视为不存在,也意味着原告失去了诉讼的依托,被告自然就不会被判侵权。❶

提早暴露信息,导致专利无效

导致原告专利失效的关键性证据,竟是两本杂志。一本是 2004 年第 9 期的《今日客车》,另一本是 2004 年第 9 期的《客车杂志》。这两本杂志均刊登了尼欧普兰公司涉案专利产品的外观设计。因为这两本杂志出版的时间分别为 2004 年 9 月 17 日和 2004 年 9 月 6 日,均早于涉案专利的申请日 2004 年 9 月 23 日,这直接破坏了涉案专利的新颖性。产品的外观设计之所以提早被杂志披露,就是因为尼欧普兰公司大意地将涉案专利的客车模型展示在 2004 年 8 月 24 日召开的新闻发布会上。真是一失足成千古恨!❷

【细软说法】

细软专家提醒,若发明人不想让自己的发明失去新颖性导致申请专利失败,就一定要注意,在申请专利前,尽量避免将发明暴露于公众面前。有些发明者可能会因在讲课、经验交流会等场合披露自己的发明,而导致无法获得专利授权,或者是在获取专利授权后被宣告无效。对于种种"无心之失",企业还是要防微杜渐为好。

---

❶ 更多详情请参见:中威客车等 3 公司抄袭尼欧普兰外观设计赔 2 千万 [EB/OL]. 三秦车网, http://www.sanqinche.com/bendi/2009012144295.html, 2009 - 01 - 21.

❷ 祝文明. "客车侵权第一案"大逆转的背后 [EB/OL]. 龙格知识产权, http://www.longercn.com/case_Detail.asp? ID = 88, 2009 - 08 - 26.

5 声音商标可注册，化身企业品牌推广助推器

传统商标种类繁多，文字、图形已经见怪不怪。而随着传统商标资源的减少，更多具有新颖性、显著性的商标形式不断被挖掘出来，颜色组合商标、声音商标更是当下之热。随着企业商标意识的提升和商标重要性的凸显，各种特色类型的商标将得到更大范围的挖掘和推广，也将在企业中发挥更为重要的作用和功能。

申请声音商标的不乏很多知名企业。如美国米高梅电影公司在电影播放时出现的狮吼声、诺基亚手机特有的铃声、恒源祥广告中"恒源祥，羊羊羊"的声音、美国第一个获得注册的声音商标"全国广播公司"（NBC）的三声钟声、啤酒注册的狼嚎叫声、为娱乐服务注册的猫叫声、著名的人猿泰山的叫声、银行倒金币的声音等都让大家无比熟悉。这些具有极强的显著特征的声音作为商标，也让受众在某种程度上更好地记住了这个品牌，也形成了这个品牌特有的特质。[1]

据统计，世界上很多国家和地区已经对声音商标作出规定，美国、澳大利亚、韩国、印度和欧盟等都已将声音商标纳入立法，特别是一些电子科技类产品，如苹果手机铃声、诺基亚手机铃声等这些具有鲜明声音特征的品牌。诺基亚、Intel 等国际知名企业率先成功注册了声音商标也昭示着声音商标或许将来会成为商标领域的一个新的分水岭。

在我国，2013 年修订后的《中华人民共和国商标法》的颁布使得声音作为一种非可视性商标也可以进行注册了。中国国际广播电台申请注册的中国国

---

[1] 更多详情请参见：声音商标将成为知识产权的新蛋糕 [J/OL]. 经济参考报, http://jjckb.xinhuanet.com/2013-01/31/content_426899.htm, 2013-01-31.

际广播电台"开始曲"为国内首例声音商标。虽然目前声音商标已被纳入立法规范，但是由于与传统商标的差异，在申请、注册、保护以及侵权处理等方面还将面临更多挑战。相信今后越来越多具有显著识别性的软件程序、歌曲、音节、旋律等都可以成为声音商标得到保护和更大范围的运用。当然也需要企业具有商标意识，多采用多种类型的商标，加强自身企业商标全类保护，从而建立起企业知识产权尤其是商标方面的保护壁垒。

国内声音商标的立法体现了国家对商标行业的重视，也成为促进商标注册行业继续发展的一个重大举措。声音商标的立法可以对企业的商标进行更加全面的保护，也可以对声音产权进行更加有效的保护。可能存在的服务机构不规范、企业商标意识提升也将是整个行业的问题，亟待大家共同努力来推进产业的发展和进步。[1]

【细软说法】

我国在2013年修改《中华人民共和国商标法》时，将声音商标纳入可注册范围，其第8条规定："任何能够将自然人、法人或者其他组织的商品与他人的商品区别开的标志，包括文字、图形、字母、数字、三维标志、颜色组合和声音等，以及上述要素的组合，均可以作为商标申请注册。"[2]

在传统商标已经得到充分保护的基础上，再申请声音商标，将成为企业构建更完善的品牌体系的有效举措，也能让企业整体的品牌推广显得更为立体、丰富、完善。

声音商标虽已立法，但其整体不够完善，注册、申请、保护等相关程序的管理和监察也有待进一步提高。在此需要提醒各个企业的是，经营者未经许可擅自使用具有标识性的声音等，造成消费者混淆的，被侵权者也可以通过《中华人民共和国反不正当竞争法》来保护合法权益。

---

[1] 声音商标可注册引发行业新变革［EB/OL］.国家知识产权局，http：//www.sipo.gov.cn/wqyz/dsj/201310/t20131025_862508.html，2013-10-25.

[2] 声音商标：企业品牌发展的有效路径［EB/OL］.光明网，http：//news.gmw.cn/2014-02/06/content_10288259.htm，2014-02-06.

6 "最好语文书"惹官司,原来汇编作品有版权

2014年,由作家叶开编著的"这才是中国最好的语文书"丛书一经江苏文艺出版社出版,好评不断,成为不少读者心中最好的语文书。同年4月,上海译文出版社发现这套丛书中《这才是中国最好的语文书(小说分册)》《这才是中国最好的语文书(综合分册)》,未经许可,擅自收录上海译文出版社多部拥有专有出版权或著作权的图书的部分篇章。❶

上海译文出版社副总编辑吴洪表示,由江苏文艺出版社出版的"最好语文书"中有9篇文章分别来自 E. B. 怀特的《夏洛的网》和《吹小号的天鹅》、格拉斯·亚当斯的《银河系搭车客指南》和《宇宙尽头的餐馆》,以及中国台湾作家朱天文的《炎夏之都》。上海译文出版社拥有这5本书在中国大陆地区的专有翻译出版权,且目前都在授权期限内。❷

与涉事方交涉未果,上海译文出版社将出版单位江苏文艺出版社、策划人凤凰出版集团和销售商新华传媒一并告上了法庭。对此,江苏文艺出版社的回应是,因无法联系到作者,稿酬交由中国文字著作权协会(以下简称"文著协")转付。

文著协总干事张洪波认为,在作者不明或难以联系的情况下,即使出版社或文化公司委托文著协向作者转付稿酬,也并不代表已获得使用授权,出版单位仍然要承担未授权使用的风险。

2015年7月,上海市知识产权法院作出终审判决,判决江苏文艺出版社侵权,赔偿上海译文出版社人民币20万元经济损失及诉讼合理支出24540元。

---

❶ 更多详情请参见:"最好的语文书"侵权案审结 上海译文获赔20万 [EB/OL]. 中国江苏网, http://cul.jschina.com.cn/system/2015/07/14/025466569.shtml, 2015-07-14.

❷ "最好语文书"惹上版权官司 [EB/OL]. 国家知识产权局, http://www.sipo.gov.cn/mtjj/2014/201407/t20140718_981591.html, 2014-07-18.

【细软说法】

　　围绕"这才是中国最好的语文书"丛书侵权的司法纠纷，上海译文出版社副总编辑吴洪表示，这次判决的意义在于，出版机构在出版编选图书时，不能以找不到权益人为借口直接向文著协转付稿费而规避责任。文著协并非版权代理机构，其职责也很明确，就是帮助出版机构找到权益人。在没有找到权益人之前，出版机构还是有违法的风险存在，比如在"这才是中国最好的语文书"案例中，被侵权的著作权益人是可以通过上海译文出版社找到的。此外，在吴洪看来，出版机构在出版编著时，需要意识到编著出版的版权风险，而编著者也需要清楚告知编选内容的版权状况。

　　汇编作品的授权工作相当复杂，但不能因为授权困难就侵权使用。在汇编作品前，一定要确认每篇作品的版权情况。

7 抄袭 or 模仿？安全行在创新路上

进入移动互联时代后，海量信息唾手可得，复制粘贴十分便捷，而抄袭似乎也已经成为一种习惯和常态。互联网时代的抄袭便利，对于一些无心原创、以抄袭为生的人来说，就是天堂。

国家版权局发布通知，2015年7月31日前将未经授权的音乐作品全部下线，音乐作品版权现在已得到了保护。一直是重灾区的文字作品何时才能摆脱侵权、受到保护，创作者又如何才能安全行在创新的路上呢？❶

琼瑶诉于正案：抄袭就是侵权

2014年5月28日，台湾著名女作家琼瑶将于正和其编剧的电视剧《宫锁连城》相关的湖南经视、万达影视等四家公司告上法庭，索赔金额高达2000万元。琼瑶方面认为，于正的《宫锁连城》与自己的小说《梅花烙》有21处剧情雷同。北京市第三中级人民法院最终判决于正等五名被告构成共同侵权，认定于正的《宫锁连城》"实质性使用了《梅花烙》小说及剧本的人物设置、人物关系、具有较强独创性的情节以及故事情节的串联整体，上述行为超出了合理借鉴的边界，构成对原告作品的改编"，停止电视剧《宫锁连城》的复制、发行和传播，于正公开向琼瑶道歉，五名被告共计赔偿原告经济损失500万元。❷

---

❶ 更多详情请参见：音乐作品版权受保护 文字作品何时走出侵权重灾区？[EB/OL]. 解放日报，http：//www.tmvan.com/news/2744.html，2015-07-30.

❷ 希望真成里程碑 [EB/OL]. 王玉麟亦的博客，http：//blog.sina.com.cn/s/blog_478e85c40102vk69.html，2014-12-28.

琼瑶起诉于正侵权案的宣判再次宣告：抄袭就是侵权，改编不等于合理使用。

译者胜诉的华而不实将致侵权不断

2013年，"哈利·波特"系列的译者、著名翻译家马爱农，发现新世界出版社出版的十几本与她完全无关的外国文学名著，编译署名竟是"马爱侬"，混淆读者的视觉。另外，中国妇女出版社出版的小说《绿山墙的安妮》，译者署名周黎的版本，与马爱农的翻译作品雷同处超过90%。不满自己的权益被侵犯，马爱农分别以"剽窃"和"不正当竞争"为由将两家出版社诉至北京市朝阳区人民法院。

两个案子最终胜诉了，但马爱农无法开心。中国妇女出版社出版的《绿山墙的安妮》，抄袭超过97%，竟只赔偿3万元，除去律师费和其他费用，还不算诉讼的时间和精力成本，作为权益受害方只获得几千元。另一个案子最后也仅赔偿10万元。侵权方曾在上法庭前说："你们不就是要一点钱吗？"

马爱农说，此案不仅对自己而且对翻译界同行都是一个沉重的打击。花费如此大的时间和精力维权，虽然赢了，但惩罚力度太低，侵权者意识不到侵权的危害，更认为花点钱就可以解决侵权，将导致侵权者更加肆无忌惮。❶

抄袭外国作品不算侵权？

从地域角度说，琼瑶诉于正案属于国内侵权事件，那抄袭外国的作品算不算侵权呢？例如，张艺谋、冯小刚曾经拍摄的电影《满城尽带黄金甲》和《夜宴》，前者借鉴曹禺的《雷雨》，后者则借鉴莎士比亚的名著《哈姆雷特》。再看动画作品，这种现象尤为突出，例如，《巴拉巴拉小魔仙》借鉴《美少女战士》，《铠甲勇士》借鉴《奥特曼》，等等。

虽然借鉴那些外国经典在法律上可能算不得抄袭，但是从作品的成功程度和中国影视作品发展的前景来看，坚持自己的原创，无疑是不侵权、安全行在创作康庄大道的制胜法宝。

---

❶ 翻译行业乱象丛生 "哈利·波特" 译者马爱农维权 [EB/OL]. 新浪读书, http://book.sina.com.cn/news/c/2013-07-25/1734508829.shtml, 2013-07-25.

什么是侵权行为？

《中华人民共和国著作权法》第35条明确规定："出版改编、翻译、注释、整理、汇编已有作品而产生的作品，应当取得改编、翻译、注释、整理、汇编作品的著作权人和原作品的著作权人许可，并支付报酬。"❶

以于正的编剧作品为例，《宫锁心玉》抄袭《步步惊心》，《王的女人》抄袭《楚汉之争》，翻拍《笑傲江湖》。这些作品如果和原著作权人谈妥版权，购买、转让或授权等，就不算侵权。否则，就是侵权。

当前"大众创业，万众创新"已成潮流，文创产业创新更是非常活跃，一些新的创新形态和模式不断出现。但是，如何正确把握创新的内涵呢？这是每位致力于创新的有心人在创新之前首先要了解的。唯有知道创新和侵权的边界在哪里，才能正确行在创新的大路上。

对于抄袭，法律力量要加强，加大惩罚力度，提高侵权人的盗版成本。另外，通过切实的版权保护，明确生产者、传播者的法律权利和义务，使二者之间实现共赢。整个社会要形成共识，尊重版权，让侵权成为过街的老鼠，"人人喊打"。

抄袭者的走红和不断涌现，表明我国对著作权的保护力度仍不够，造假者的成本太低。当抄袭变为常态，剽窃者变为成功人士，越来越多的人都会选择不劳而获。如果抄袭者的"天堂"形成，相信不会有人再像曹雪芹一样饿着肚子写巨著了。人们将在各种各样的文创作品中看到相同的面孔，文化产业杂草泛滥，届时，心灵的空虚和荒芜如何再荡涤？

鲁迅先生说："本来没有路，走的人多了，也就成了路。"正如公民社会的形成，在于每一位公民积极地参与公众事务，在于每一位被损害、被侵犯、被抄袭的原创者提高版权意识，站出来捍卫自己的权利，勇敢地拿起法律武器，让抄袭者不再有天堂。

【细软说法】

文字作品长期被侵权，由于无法获得合理的市场回报，一些文字作品生产

---

❶ 著作权法释义：第三十五条 [EB/OL]．法律教育网，http://www.chinalawedu.com/web/21608/li2014010908593117602245.shtml，2014-01-09．

单位、创作者难以为继，无法再创新。这从源头上削减了文字作品的生产能力，导致知识和信息生产传播能力的整体萎缩。

琼瑶诉于正案的胜诉，是一个好的开端，抄袭不等于拥有，拥有不等于占有，抄袭者请休矣！

了解什么是抄袭、仿照和创新，才能避免侵权，才能安全行在创新的大路上。无论抄袭，还是仿照，不是自己的东西，最终是要归还的，甚至会因此惹上官司，陷于无休止的纠纷和难堪。更可怕的是，抄袭成惯性了，将无法再有创新的再生力了。为什么不把用来钻营抄袭的时间沉淀下来，创作出属于自己的东西呢？

8　一条微博引发的高考试题版权争议

2015年高考，草根网友的微博、知名作家的散文都成了试卷考题，高考试卷采用他人作品引发的版权问题在社会各界引起广泛的关注和争议，尤其是全国各省市语文考试作文题更是热议的焦点。2013年，网民"竹林潇潇82"在微博上发布了一个亲身经历的故事，讲述了一个小男孩要求公交车司机等会儿他的妈妈引发的一个误解。令该网友没想到的是，她的这篇微博竟然成为2015年重庆市高考作文题的资料。

人们在赞叹高考题"接地气"的同时，法律界人士却在关注，高考试卷使用他人作品是否为合理使用？❶重庆市教育考试院会不会与原创者联系解决相关版权问题？重庆市教育考试院相关工作人员认为，高考试卷使用作品是非营利性的，不用联系作者，也无须付费。重庆市高考语文试卷是否存在版权问题目前尚无定论，但类似情况引发的版权之争并不少见，"高考试卷使用他人作品，不打招呼、不付酬、不署名的情况很多"。

获得第四届世界知识产权组织版权金奖的著名作家张抗抗表示，自己的一篇散文被某省的高考试卷使用，至今还没有得到使用方的通知。她对《中国知识产权报》表示："高考试卷使用作品涉及保密，事前不打招呼可以理解，但事后该不该打招呼、给予奖励或付费？这是一个新问题，希望能够引起业界的关注。"❷文著协总干事张洪波也谈道，目前国内高考试卷使用作品的情况比较混乱，急需统一使用规则，并表明态度："高考试卷不管哪种形式的使用，都应遵守法律规定，尊重作者的著作权，为作者署名，并注明作品的出处。"❸

---

❶❷❸ 更多详情参见：高考试卷还须答好"版权题"[EB/OL]. 国家知识产权局，http：//www.sipo.gov.cn/mtjj/2015/201506/t20150612_ 1130342.html, 2015-06-12.

当然，高考试卷使用作品版权做得比较好的也不乏例子。如漫画家罗琪的漫画《取之不尽》被2007年普通高等学校招生全国统一考试（广东卷）的政治试卷选用，不但署名，还得到了广东省教育厅的事后电话通知和荣誉证书。❶

对于重庆市高考作文题使用微博内容，中国政法大学知识产权研究中心特约研究员李俊慧认为，微博虽短，但并不妨碍作者对其具有独创性的作品享有著作权。高考试题，不仅有试题的大量印刷，还有后期的试题汇编、真题出版发行，这已经涉及对他人作品的规模化使用了。他认为，根据现行的《中华人民共和国著作权法》，高考试卷材料对特定作品的使用方式并不完全符合"可以不经著作权人许可，不向其支付报酬"的几种合理使用常见情形。

美国对试卷版权的保护做得很严密、周到。1976年美国颁布的《著作权法》第102条规定："为作者所创作并固定于有形媒介——不论现有的或者今后发明的——从而可以借助于机械装置被感知、复制或者以其他方式传播的作品，依法予以保护。"依此，美国把考试试卷视为作品，纳入《著作权法》保护的范围。❷

【细软说法】

《中国合伙人》中就有一幕"试题受版权保护"的真实写照。高考试题完全符合《中华人民共和国著作权法》第3条关于作品的定义，它是一种职务作品。从《中华人民共和国著作权法》对作品的适用和不适用两方面条款来看，高考试卷都是适用于该法。高考试卷既是对全国学子的"大考"，同时也是教育领域尊重版权的重要展现。

版权无小事。小到一条微博，大到全民重视的高考，凝结智力劳动的原创作品，就享有版权。自媒体时代，稍不留意，你的创作也许就进入了高考试卷。恭喜你的同时，维护自己的知识产权权益也同样重要！

---

❶ 更多详情参见：高考试卷还须答好"版权题"[EB/OL]. 国家知识产权局，http://www.sipo.gov.cn/mtjj/2015/201506/t20150612_1130342.html，2015-06-12.

❷ 腾讯网. 吸取别人长处 高考试卷应列入版权重点保护[EB/OL]. 知识产权报. http://edu.qq.com/a/20071127/000069.htm，2007-11-27.

9 "世界那么大，我想去看看"：商业跟风算侵权么？

"世界那么大，我想去看看。"2015年4月，郑州的中学女教师顾少强因为一封被赞为"史上最具情怀辞职信"而爆红网络。探其缘由，其辞职信言简意赅，但却表达出许多人隐藏心底的声音，也契合了大家都想有一场说走就走的旅行的梦想。此信一出，引出了许多人的共鸣，大家对这种洒脱的辞职方式欣赏之余，各种效仿纷纷出炉。在几乎全民大喊"世界那么大，我想去看看"的同时，各种商业模式也从中嗅到商机，迅速涌现。

各大企业品牌官微第一时间对"世界那么大，我想去看看"作出回应。

- 人人网：去远方游，找同学接驾，懂你的人，在人人；
- 百度卫士：建议走之前用百度卫士扫描下电脑；
- 优酷出品：留下影像，守住梦想；
- 百度贴吧：一个人太孤单，有朋友才快乐！上贴吧，组织陪你一起去；
- QQ音乐：边走边看，音乐一路陪伴；
- 58同城：世界那么大，我想去看看。反正回来找工作，我能上58！
- 世纪佳缘：找个男朋友，不要自己走。

《世界那么大，我想去看看》同名神曲也诞生了，甚至多个同名版本都宣称自己是最全新的单曲。

十字辞职信，让全民豪情四起，也激发了音乐创作人彭三的创作激情，仅用两天时间完成了《世界那么大，我想去看看》的歌曲创作，2015年4月24日在线首发。"世界那么大，我想去看看，别让我的人生，就地打转转。我要带着你，你要带着钱，我们一起手牵手，幸福万万年……"歌曲首发当日的

第一章
自主知识产权创造

点击量就突破百万大关。❶

另由张国强、卢宏飞作词，冯雪刚作曲，鸿飞演唱，联合创作的《世界这么大，我想去看看》歌曲也引发网友热议，掀起网络风潮，在微信圈被迅速转发点赞，网上转发超过 500 万次。作曲家、歌唱家孟文豪 2015《世界那么大，我想去看看》也在震撼发行。

《世界那么大，我想去看看》同名书也出版了，由九夜茴、林特特、韩梅梅等著，江苏凤凰文艺出版社出版的同名书在当当、京东、亚马逊等网上书店火热销售。

"世界那么大，我想去看看"甚至入选试题。2015 年 5 月 1 日在中山大学举办的第十届全国中小学生创新作文大赛中，高中组语文试卷的作文是要结合热点事例——河南女教师"世界那么大，我想去看看"的辞职信，请考生以"现实与理想"为话题写作文，讲述与现实、理想相关的故事。

那么问题来了。这些各种跟风模仿的商业行为，对原创者顾少强老师算是侵权么？毕竟，"世界这么大，我想去看看"是她最先创作出来的、最先使用的。

首先来看什么是版权？版权是指作者及其他著作权人对文学、艺术和科学作品依法享有的各种专有权利。针对单独一句话，国家版权局早在 1999 年的一个复函里就指出："以小说和诗歌的对比为例，一般来说，小说中的某个句子可能仅仅是一句普通的日常对话，虽然这句普通对话式的句子也表现了作者的思想，但是得不到著作权的保护。因为这种日常式的对话虽然也反映了作者的思想，但是不具备作者独立创作的特点，也不是作者创作整部小说的实质部分。只有当句子和句子之间的关联能够反映出作者所要表达的全部思想或者思想的实质部分，并且能够反映作者独创的特点时，才能够得到著作权保护。"❷

单独的一个句子，一般因为太短，不太具有原创性，很难获得著作权的保护。因为太短的表达形式很可能是一种大家经常要用的形式，如果赋予著作权，则对思想的传播非常不利，因为人们要花心思小心翼翼地避开这种表达。

如果句子挺长，又具有独创性，那肯定能获得著作权保护，比如一个有独创性的段落。针对"世界这么大，我想去看看"，如果原创者想保护自己的原

---

❶ 更多详情请参见：《世界那么大，我想去看看》神曲诞生［EB/OL］. 凤凰娱乐，http：//ent.ifeng.com/a/20150424/42384587_0.shtml，2015-04-24.

❷ 微时代：版权保护是个大问题［EB/OL］. 检察日报，http：//newspaper.jcrb.com/html/2015-04/24/content_184924.htm，2015-04-24.

创权益，可以到国家版权局确定其是否具有独创性，如具有独创性即可申请著作权登记。即使不能申请著作权登记，还可以设计和创意，当作美术作品申请。另可以注册商标进行保护。

以此来看，"世界那么大，我想去看看"，如果原创者没有提前进行商标注册或版权登记保护，各种商业模仿和跟进就很难被视为侵权。

随着数字技术的发展，每一个公民都能通过互联网自由地表达自己的心声，并且这种"心声"又可以在瞬间传递到世界的各个角落。现在，"微时代"来了，微博、微信、微视频无时无刻不在影响着我们的生活。然而，这一切来得太快，以至于人们还没有反应过来该如何处理微时代引发的知识产权纠纷。

在微时代，快餐文化充斥着人们的阅读习惯，人们更热衷于阅读言简意赅的作品。然而，如此简短的文字，或是一段对话，抑或是一段语音留言，是否也享有版权呢？

显然，微作品能否受到版权法保护，关键不在于其字数的多少，主要取决于其"独创性"的特征。1996年我国就曾判定用于古桥空调产品的广告语"横跨冬夏、直抵春秋"属于《中华人民共和国著作权法》保护的作品，后来的司法实践也出现了不少广告短语受到著作权保护的案例。❶

所以，如果创作出具有"独创性"的金句，要记住第一时间进行版权登记和商标注册等知识产权布局，真正实现金句知识产权的无形价值。

【细软说法】

在微时代，微作品的版权问题特别凸显。原创者通过此案例要明白，想保护自己的原创权益，第一时间进行相关的知识产权登记、管理是非常必要的。版权虽然自作品完成之日起自动产生，但版权登记后更容易进行版权许可和维权事宜。

"世界那么大，我想去看看"，梦想很丰满，还需要知识产权的全面运用来为梦想的真正实现助力！

---

❶ 微时代：版权保护是个大问题［EB/OL］. 法律教育网，http://www.chinalawedu.com/web/5300/wl1507142442.shtml, 2015-07-14.

10　井柏然一字值千金，字库版权或被看重

井柏然现在更火了！不是拼颜值或比演技，这次更"高大上"——拼版权了！

2014年5月2日，井柏然开始用"手写微博"的方式记录生活中的感悟，并称之为"笔尖上的躁动"。原本"圈地自萌"的爱好，因其明星魅力，再加之清秀的字体如书写人般俊秀，引得众人围观和惊叹，在大家纷纷惊奇"井宝的字为什么这么好、萌萌达"时，有心的机构在这里嗅到了商机。

2015年5月，井柏然的手写字体被某知名字库买断，目前双方正在协议洽谈中，据悉，字体版权至少价值300万元。若按井柏然最少写3000个常用汉字来算，每个字将是1000元，一字值千金的现实版真实上演！这不禁让人惊呼：原来写字写得好也是可以挣钱的，甚至可以卖到大价钱，而且可以拥有版权。

7月，游戏公司巨人移动也出手了！巨人移动要买井柏然的字体，开价甚至可能是一字10万元，井柏然手写字体将用在该公司刚推出《新古龙群侠传》手游里。游戏公司买断井柏然新古龙体版权，更是为游戏宣传增添了许多娱乐化话题。

据了解，中国明星字体入库，井柏然已不是首例。早在2007年4月27日，方正电子根据徐静蕾的手写字体为其量身定做，宣布徐静蕾字体入库方正字库，并命名为"方正静蕾简体"。用户下载安装此款字体后，可能像使用其他字体一样使用徐静蕾"手写体"。

2015年4月29日，郭敬明的手写体也进入"汉仪字库"。字库中小四的字体大约近7000个字，其中郭敬明只亲手写了786个字，其他的字按照样字范本交给软件——手写字体生成技术来完成，经过计算机分析扩展以及人工修

订和微调,郭敬明字体便扩充到 GB 2312 的字库标准,也就是 6763 个汉字。

"天王"刘德华的字,坊间流传一字价值 3 万港元。早在 2006 年,他曾为自己主演、张之亮执导的电影《墨攻》书写片名。2014 年 8 月他还曾在官方网站贴出一张亲笔手写的心经。看来,"天王"不仅演技厉害,书法也价值万金!

娱乐圈中韩寒、钟汉良、陈道明、周杰伦、孙俪写的字也自成一派,将来说不定某日也会入库,拥有自己的版权。

相比明星的一字千金,普通人写字也能拥有版权。"粉笔奇人"崔显仁因意外双手和脸部严重烧伤,酷爱写字的他开始用残手练习粉笔书法,苦练 10 年后开始流浪卖艺,成了大家关注的焦点。方正字库为其独创的字体折服,2013 年 10 月,方正电子推出首款出自于民间艺人的中文字库——"方正显仁简体"。协议约定:字体开发上市后 50 年内全部利润所得均归崔显仁所有,方正字库还提前支付了 5 万元改善其创作期间的生活条件。

一直以来,人们对汉字、字体、计算机字库几个概念混淆不清,普遍认为字体是老祖宗流传下来的共有财产,对计算机中文字库这一新兴客体,相关法律也缺少保护细则。

目前,中国大陆有一定规模的字体设计生产企业仅剩几家,并且大多处于勉强维持状态。2011 年调查数据显示,同样使用汉字的日本等国家都有公司在开发新字库,日本有 2973 款字体。作为世界上最大的汉字使用区,中国大陆字体款数仅为 421 款,远远落后于邻国日本。

中国中文信息学会副理事长兼秘书长孙乐忧虑:"由于中文字体知识产权缺乏保护,有朝一日,外国字体字库厂商势必会纷纷进驻中国大陆市场,那么中国本土的字库企业只能面临被挤压和被吞并两种局面,中国人或中国企业甚至还要向外国字库商购买中文字库。"❶

对此,中国科学院倪光南院士指出,中文字库当属计算机软件的范畴,应该得到《中华人民共和国著作权法》的保护。❷

国外关于保护字库版权的法规已经比较健全了。例如,《日本著作权法》规定,字库是作为一种软件程序受到严格保护的,在《日本防止不正当竞争法》中也有保护字库生产商产品的相关规定。日本字库的销售途径,除了直

---

❶ 更多详情请参见:中国字体产业危机重重 打破僵局立法是关键 [EB/OL]. 大公网, http://www.takungpao.com/mainland/content/2012-04/28/content_61531.htm, 2012-04-28.

❷ 从井柏然手写字体被 300 万收购看字体版权 [EB/OL]. 搜狐媒体平台, http://mt.sohu.com/20150618/n415268106.shtml, 2015-06-18.

接与客户签订合同直销外,还可以跟普通计算机软件一样摆在电器店里销售。❶

据统计,日本森泽公司字库年收入超过1亿元人民币;韩国字库行业年收入3000万美元;美国字库企业蒙纳公司已在纳斯达克上市,年收入超过1亿美元。❷

【细软说法】

现在,中国的字体版权法规尚不太健全,业界一直呼吁国家出台更好的相关法规来保护字库版权。井柏然"一字值千金"的明星效应,希望引起全社会关注版权,重视字体版权法规的完善和健全。

一旦法规健全,人们有了购买字体的意识,字库的未来将潜力无穷。字体将与市场接轨,中国现处困难期的字库企业也将迎来勃发的曙光。

喜爱书法的个人可以不断坚持练字,说不定将来你也可以有一款自己的字体库,拥有版权,爱好变价值,实现财务自由!

对字库行业前景有信心的企业,须多留心法规政策和行业动向,做好准备,择时进入字库行业,无论是入股字库公司、创造开发字库还是买断字库版权,抑或做其他字库相关的生意,都有可能靠着版权带来滚滚财源。

---

❶❷ 从井柏然手写字体被300万收购看字体版权 [EB/OL]. 搜狐媒体平台, http://mt.sohu.com/20150618/n415268106.shtml, 2015-06-18.

第二章 创新创业中的知识产权策略

未雨绸缪

出自《诗·豳风·鸱鸮》："迨天之未阴雨，彻彼桑土，绸缪牖户。"《朱子家训》："宜未雨而绸缪，毋临渴而掘井。"比喻事先做好预防、准备工作。

- 发明专利撬动小作坊，华丽变身3.5亿名企
- 企业核心技术：申请专利VS秘密保护
- 专利组合助创业一臂之力
- 专利产出多转化少，"产学研"破难题
- 善用商标，用无形资产破资金难题
- 商标撤销：助力"大象"快速奔跑
- 侵权不实，"友阿"反遭注销危机，商标多用方能保全
- 《春天里》遭禁唱，商业维权正名翻唱侵权
- 商业临摹：创作已死，侵权坐实
- 创业过热，商业秘密陷阱亟待规避

创业团队往往需要面临投资者诸如此类的提问：
- 这些产品是你自己开发的吗？
- 你的产品是否申请了专利，申请了哪些类型？
- 你所使用的这些技术是否获得授权？

创业公司的产品技术是否原创、所应用的软件是否正版购买而来，抑或只是借用和窃取别人的知识成果，这不是一个简单的问题。正因如此，我们才看到许多投资的失败。不幸的是，很少创业公司对此问题加以重视。其实，许许多多的创业公司并不是不知道商标、专利的重要性，而是它们确实无暇顾及。也许，不到头痛的那一天，它们面临的还只是生存的问题。相对而言，那些对于注重用户体验、产品开发速度和用户量增长的创业企业，由于对技术的要求不高，短期内也不会遭遇技术垄断，因此从专利战略的角度来说暂时不需要考虑申请专利似乎也能说得过去。

然而，对于技术领域要求较高或者有自主发明的企业来说，则可以通过申请专利的方式获得小范围内的技术垄断，使竞争对手无法使用自己的发明，或者被迫痛苦地绕开自己的专有技术，这也使得企业在市场中具有了更强的竞争力。

知识产权的本质是无形资产，作为企业，要用一些具体的努力把这些无形资产固定为自己的权利。具体而言，初创企业就算申请专利、注册商标和进行著作权登记，之于不同的初创企业，申请知识产权的重点类型都是不同的。企业可以分为研发型企业、生产型企业、销售型企业和服务型企业，其对于需要重点保护的知识产权种类也各不相同。作为企业的当家人，要保护自己的知识产权，必须先想一下自己的核心竞争优势是什么，然后针对核心知识产权对症下药。具有远见的创业公司应该设立一套规范流程，让公司内部最了解研发的团队（如工程师），去挖掘最值得专利保护的公司创新并申请专利，从而形成一整套有效的专利组合。[1] 此外，在具体的技术人员雇用和管理方面，初创企业也要对职务成果归属协议、保密协议、竞业限制协议特别留意。

如果在创业阶段就未雨绸缪，考虑知识产权的布局，创业的结果或许并不一样。本章所选取的案例，对于许多激情澎湃的创业团队来说，或许是一剂良药，或许是一面镜子。

---

[1] 游云庭. 创业公司保护知识产权要内外双修［EB/OL］. 新浪专栏，http：//tech.sina.com.cn/zl/post/detail/it/2015－05－29/pid_ 8479667.htm，2015－05－29.

11　发明专利撬动小作坊，华丽变身 3.5 亿名企

2013 年，对于邹振可这位有着 30 多年基层牧畜经验的兽医来说，感慨良多。回想公司从一个小作坊到一个产值超过 3.5 亿元的科技型企业的转变，不禁让人感叹是何触动小小作坊发生如此大的巨变？

1997 年，邹振可注册了一家位于开县的饲料生产企业——重庆开洲牧业开发有限公司，2000 年获得饲料生产许可证，开始进行饲料生产。这家位于开县县城内、占地只有大约 3 亩的小公司，和众多饲料生产企业一样，靠着在饲料中添加允许使用的抗生素药物来提高畜禽对疫病的抵抗力，作为自己的经营核心。在市场激烈的竞争中，企业产值较差，但邹振并没灰心，一直坚持着。

后来，邹振可想到了以技术突破来促进企业发展。在他看来，也只有技术突破和产品创新才能救活企业，让企业营业额获得新的增长点。2002 年，凭着敏锐的市场嗅觉和对行业的透彻了解，邹振可认为中草药饲料能有效促进企业发展。因为中草药代替抗生素作为饲料添加剂，不仅避免抗生素残留、产生耐药性的风险，还可以从源头上切断餐桌污染，更符合人们对健康和环保的诉求。于是，他开始了漫长的中草药饲料添加剂配方研制之路。

任何一个创新和变革都不是一帆风顺的。在研制过程中，邹振可同样遇到很多想不到的困难：研发投入大、一次次研发失败，再加上这中间的企业销量下滑、员工大量流失等，甚至一度遭遇亲友对研制的质疑，劝其放弃。虽然研发配方历经百次实验失败，但这一切都不能动摇邹振可研发出中草药添加剂配方的决心。

随着不断地试错和创新，2009 年，邹振可终于成功研制出中草药添加剂配方。随后一年内，邹振可连续申请了 12 件发明专利，而正是这 12 件专利让他的企业开始走向壮大、实现走向成功的华丽蜕变。

2010年4月，邹振可的公司搬进开县工业园区赵家轻工食品产业园，占地规模从3亩扩大到50亩。对于邹振可来说，最骄傲和自豪的不是中草药饲料配方的研发，而是自己对技术的执着和对专利的用心布局。"技术+专利"成为邹振可发展企业的有力大棒，让曾经的小作坊摇身一变成为科技型创新企业，年产值高达3000多万元。

2012年10月，国内饲料行业著名大企业主动向邹振可所在的企业伸出了橄榄枝，与其签订战略合作协议并就中草药饲料和饲料添加剂生产开始联姻，还以邹振可所申请的12件专利作价投资2000万元。这也成为邹振可在实施技术突破和专利申请后得到的第一桶金。

经过双方深度合作和企业自身的大力发展，如今，邹振可的开洲九鼎牧业科技开发有限公司已经建立了1条10万吨的饲料生产线和1条2万吨的饲料添加剂生产线，产品已销售到四川、湖北、陕西、山西等地。企业已累计申请了17件发明专利，其中11件获得授权；还申请了14件实用新型专利，16件外观设计专利。

专利的力量，让一个几年前的小作坊华丽转变为一家产值超过3.5亿元的科技型企业。❶❷

【细软说法】

思路决定出路，邹振可用中草药代替抗生素作为饲料添加剂配方的研发和对技术突破之路的坚持，让这个企业经历从小到大、从弱到强的华丽转身。其对技术研发的执着和专利用心的布局，也让这个企业在发展洪流中迎来了用专利创造财富的完美契机。12件专利作价2000万元出资，既盘活了无形资产，又为企业发展壮大和对外合作插入腾飞的翅膀。

在当今创新决定企业发展高度的潮流中，企业要发展壮大必须依靠核心技术力量的支撑。同时，也要加强知识产权的运用和保护，尤其是专利方面的申请和战略布局，从而应对企业发展中可能出现的潜在风险，用专利撬动企业发展、财富积累，实现企业提质增效的跨越式发展。

---

❶ 12个专利 小作坊变大企业的华丽转身 [EB/OL]．汇桔网，http：//www.wtoip.com/news/a/20131209/3015.html，2003-12-09．

❷ 小作坊"逆袭"创12项发明专利 科技经让企业挖来真金 [EB/OL]．华夏经纬网，http：//www.huaxia.com/mlcq/zqsy/bysk/2013/12/3652517.html，2013-12-09．

12　企业核心技术：申请专利 VS 秘密保护

一些初创型企业开发出新技术时，往往不确定哪种方法更利于保护自身的技术成果，究竟是申请专利，还是作为商业秘密进行保护。大多数情况下，申请专利的保护方法还是要优于商业秘密的办法。商业秘密的涵盖面很广，而且没有证书，一旦被侵权，维权的难度很大。

商业秘密可能被"反向工程"

山东新发药业公司（以下简称"新发药业"）和浙江杭州鑫富药业股份有限公司（以下简称"鑫富药业"）关于维生素 B_5 的生产工艺和方法的知识产权纠纷之所以棘手难断，就是因为这是一场关于商业秘密的知识产权纠纷。

鑫富药业是一家生产维生素 B_5 的药品生产商。为了防止旗下维生素 B_5 的生产工艺和方法被人窃取，鑫富药业一直将其作为商业秘密来保护。尽管如此，这一成果还是被新发药业得到了。于是，2008 年鑫富药业以新发药业采用不正当手段获取了其商业秘密为由，将新发药业告上了法庭。

面对诉讼，新发药业并不慌张：鑫富药业并不能举证新发药业窃取并使用其商业秘密。商业秘密和专利的区别在于：专利必须符合《中华人民共和国专利法》规定的新颖性、创造性和实用性；商业秘密则须符合不为公众所知、权利人采取了保密措施。"商业秘密的认定方法非常复杂：首先看有没有采取特殊的保护措施；其次，就算采取保护措施，也有可能是公知技术。公知技术意味着任何人想得到就能得到，来源可以是专利文献等。"

相关专家也不看好鑫富药业。❶

若鑫富药业在最初将维生素 B_5 的生产工艺和方法作为专利进行保护，就可以免去现在这场纷争。因为用商业秘密的方法进行技术方案的保护是有风险的，技术比较容易因人员流动而泄露；另外技术很容易被"反向工程"方法破解，商业秘密被破解后，容易被竞争对手抢先进行专利申请。❷

【细软说法】

技术型的创业公司，针对自己的技术成果最好选用专利的办法将其进行保护，特别是"基础性的"，并能影响行业格局、能不断改进的技术。因为这样的专利技术，可能是企业将来收取专利授权费用的筹码。

另外，将技术申请了专利也并不意味着技术方案就完全地、全部地公开了。企业在申请专利时，可以利用专利申请和撰写的技巧将技术方案用公开申请和部分保密相结合的方法进行保护。比如，某公司将不同比例的 A 材料和 B 材料，利用特殊的化工方法，制成了具备某项功能的产品 C。如果只想对这项技术申请专利，但又不想公开核心的商业秘密，只须在专利说明书中公开到技术人员能够实施的程度，同时要满足《中华人民共和国专利法》中对新颖性、创造性和实用性的授权要求即可。对于可能有的不便公开的某些特定技术特征，亦可酌情以技术秘密加以保护。

---

❶ 更多详情请参见："商业秘密"还是"公开专利"？[EB/OL]. 科易网, http://www.1633.com/news/html/201301/news_ 2991185_ 1. html, 2013 - 01 - 15.
❷ 技术型创业公司应该在什么阶段开始申请第一份专利？[EB/OL]. 知乎网, http://www.zhihu.com/question/19843234, 2013 - 08 - 23.

13　专利组合助创业一臂之力

2015 年度政府工作报告发布之后,"大众创业、万众创新"让本就火热的创业势头持续升温,无数创业者怀揣着"改变自己,改变世界"的梦想投入到了如火如荼的创业大潮中。"互联网+"概念的提出,更为众多创业者指明了前行的方向。❶

但创业并非易事,在瞬息万变的互联网领域更是如此。连互联网大佬阿里巴巴、小米都遭遇过知识产权诉讼,首次试水互联网的创业者更要时刻提防专利诉讼的风险。

一些初创企业担心自家的技术被模仿、专利申请流程烦琐、申请费用高昂等,不愿申请专利,致使自家技术被抢先申请,最终陷入侵犯他人专利的困境。长久的专利拉锯战不仅拖垮了创业者的资金链、消磨了创业信心,创业梦也可能因此戛然而止。

对于创业者来说,想要有效规避创业过程中面临的专利诉讼风险,最有效的途径就是"专利抱团"形成专利组合,消除单打独斗的孤独感。专利组合是指单个企业或者多个企业为了发挥单个专利不能或很难发挥的效应,而将相互联系又存在显著区别的多个专利进行有效组合而形成的一个专利集合体。专利组合利用的就是"团结就是力量"的原理。

那么如何组建自己的专利组合呢?

第一,专利组合一定要完整覆盖企业的核心技术和外围技术。这是因为核心技术是一个初创企业的神经中枢,是立足之本;外围技术是企业的神经末

---

❶ 更多详情请参见:李琳. 向互联网创业者致敬 专利组合助创业者一臂之力 [EB/OL]. 中华商标超市网, http://news.gbicom.cn/wz/137878.html.

梢，稍有不慎，也可能导致创业者满盘皆输。

第二，专利组合还要覆盖竞争对手的部分技术和产品。纵观"享誉国际"的专利战的双方，无一不是同行业的竞争对手，专利战早已演变成竞争对手"厮杀"的武器。想要在应对专利战时镇定自若，拥有竞争对手部分技术和产品的专利十分必要。❶

举个简单的例子，创业者有一个成熟的搜索引擎技术，梦想成为下一个谷歌或百度。要实现这个梦想，首先要将自己核心的搜索引擎技术申请发明专利，同时还要了解该行业的相关专利有哪些，可以通过专利授权、许可、买卖等方式组建专利组合，形成自己的专利屏障，做到有备无患，在专利战中掌握主动权和话语权。

专利申请，时间很重要

关于专利申请，创业公司还需要注意的一个问题，就是申请专利的时间。企业应该在产品公开上线之前就将其核心发明，以及与核心发明相关的技术进行系统的专利申请，维护自己产品的竞争优势。

专利挖掘，应建立鼓励机制

关于如何挖掘产品专利，初创公司应在专利管理中建立一套规范的鼓励机制，鼓励最了解技术的研发人员去挖掘可以被申请为专利的技术，集众人之力去挖掘最值得进行专利保护的技术创新，进行专利申请，从而形成一套有价值的专利组合。

【细软说法】

一个"mini公司"发展到一家成熟的企业，知识产权已经成为公司发展的标配。

在这个世界上，唯一不变的，是永远不停的改变。企业的产品和技术是不断更新的，专利组合也要与时俱进，持续更新。这就要求企业根据产业的发展

---

❶ 更多详情请参见：李琳. 向互联网创业者致敬 专利组合助创业者一臂之力［EB/OL］. 中华商标超市网，http://news.gbicom.cn/wz/137878.html，2015 – 07 – 29.

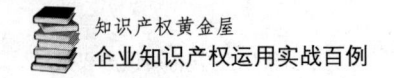

和技术的进步,在原有专利组合的基础上进行持续的改进和优化,在降低成本、优化产品结构、简化生产环节等方面不断申请专利,牢固控制市场,引导行业技术发展。同时不忘时刻关注竞争对手,"笼络"相关专利,最终形成一个巨大的、有经济价值的、具有旺盛生命力的动态发展的专利组合!

14 专利产出多转化少,"产学研"破难题

现全民奔创业、忙创新,高校师生也不例外,高校各种有关科研立项和专利申请的数量也是逐年增长。从数量来看,仅 2012 年国内高校发明专利拥有量就高达 9.7 万件,成为仅次于企业的第二专利主体。相较高校专利井喷,专利质量和经济效益相对较低,高校专利成果转化率极低,大量的专利因无转化途径或者转化成果不佳而最终都被束之高阁。❶

高校专利哥的专利转化难题

理工男小李大三时已申请了 3 件专利,另因"红外线红绿灯预警系统"这件专利得到了学校的表彰。每次专利申请成功后,他满怀期待自己的发明能变成产品,真正被人们使用。事实却是专利变为证书压了箱底,找不到转化的途径。开始,他还努力与相关企业联系,争取专利的转化和开发。但得到的反馈是转化成本高、周期长等婉拒。最后,小李失望了,甚至不想继续后期的专利维护了。小李这种情况,在大学里还是很多的。不只是大学生,高校里的部分科研人员,在获得专利授权后,难以将其转化为市场产品,只能将其当作获得职称的工具,导致大量专利就此"埋没"。

郑清源,重庆大学创新实验学院 2001 级电气班学员,拥有的 4 件专利为他的升学增值不少,郑清源被保送到清华大学直接攻读博士学位;求职时,简历上的专利证书也增强了入职的砝码。

---

❶ 更多详情请参见:高校专利转化难 如何让专利走出"象牙塔"[EB/OL]. 应届毕业生网, http://www.yjbys.com/bbs/891188.html, 2015 – 02 – 20.

在郑清源看来，高校学生有专利不足为奇，徒有专利成果无法转化，最初创新的喜悦就会化为英雄无用武之地的无力感。郑清源就其在2015年与其他两名同学共同研发的专利成果——"新型建筑宽频动力吸震系统"与一家建筑公司达成初步合作意向。他在兴奋之余，意识到自己只是一个幸运儿，高校师生的专利成果大多都"冷宫深藏"。❶❷

专利虽好还需与时代需求紧结合

不光是我国大学生科研成果转化率低，历史上也曾有很多技术专利刚开始备受冷落。有时是因为技术创造者的意识太超前，尚不能与当时的社会需求相结合，但有价值的技术总能等到它们的时代。

美国苹果公司全球热卖的多媒体播放器iPod，真正的发明者是英国人克雷默。1979年，当时23岁的克雷默发明了IXI数码音乐播放器，此款播放器可以将3分半钟的音乐压缩在一个小的芯片里。由于当时无法找到转化渠道，又因克雷默资金短缺无力缴付专利费用，因而令其成为公有财产。好技术不会在时间的流逝中被遗忘，30年后，乔布斯让这项发明成为家喻户晓的iPod。纳米技术在刚被发现时也无用武之地，直到10年之后，1993年，NEC和IBM的科学家分别发现了单壁碳纳米管及用金属催化剂生产它们的方法，纳米技术也被进一步投入了商业应用中。❸

高校专利转化难，路在何方？

综合来看，高校师生专利成果转化低有着深刻的原因。高校师生身处象牙塔，与市场和企业需求对接不紧密，产生的专利科技含量相对较低。寻求一种好的"产学研"孵化机制和加强专利质量对接市场需求将成为企业、高校和社会应该共同努力研究的问题。

---

❶ 大学生"专利哥"为何难过成果坎？[EB/OL]. 人民网, http://ip.people.com.cn/n/2015/0630/c136655-27230458.html, 2015-06-30.

❷ 各高校也频现"专利哥"大学生专利为何难找"婆家"[EB/OL]. 华龙网, http://cqkp.cqnews.net/html/2015-07/01/content_34638106.htm, 2015-07-01.

❸ 苹果承认iPod发明者为一失学英国青年[EB/OL]. 传媒网, http://www.dvod.com.cn/documentory/news/other/2008-9-11/1359457264839.shtml, 2008-09-01.

那么如何将高校这块专利资源盘活，真正让专利走出象牙塔，面向社会形成产出呢？

首先，可以通过校企合作强化专利转化渠道，搭建专利孵化的"产学研"合作平台，研发时紧跟企业发展的实际需求，接触到真实的市场数据进行研发，避免"闭门造车"。符合市场产出的科研成果会更容易被转化成产品。

其次，配套的高校专利费支持和孵化平台强强聚集，将会为专利转化在支撑和路径上提供动力。

最后，亟待形成成熟的专利权转让和交易渠道。专利市场前景再好，也需要生产经营与流通领域的人去开拓。这样可以避免一些专利权人通常不愿意以技术入股的形式与企业共担风险，自己又没有能力去进行市场推广，只是苦等商家高昂的转让费用，往往把好专利等成了明日黄花。例如，日本拥有强大的专利数据库，可以供企业检索到世界各地的专利。目前中国也有相对专业的专利交换平台，如中细软专利交易平台等。

不管发明专利者做何选择，在拥有专利而无法转化时，切莫让专利沉睡，要积极寻找多种途径促进专利转化，借助专利交易平台，将自己的专利推荐给需求企业，真正实现专利的最大社会价值化。

【细软说法】

高校的专利成果之所以在质量上难以满足市场和企业应用需求，是由于割裂的"独立自主"研发使得需求和供给断层，如何加强高校与企业、社会的"产学研"技术要素结合，将是加强高校专利转化的一个技术难关，也是一个重要突破口。专利质量"接地气"和"落地"，与企业的契合度和对接产业化都是专利转化要解决的核心问题。只有溯本清源才能真正解决高校专利转化难的路径问题。而配套的高校专利费支持和孵化平台的强强聚集，将会为专利转化在支撑和路径上提供动力。

专利转化难，尤其是高校的专利转化难问题已经迫在眉睫，亟须解决。如何发挥高校专利效能，实现闲置专利和资源的最佳配置，寻求一种好的"产学研"转化机制，加强专利质量对接市场需求将成为企业、高校和社会应该共同努力研究的问题。

15 善用商标，用无形资产破资金难题

在品牌深入人心的今天，商标之于企业，不仅是名正言顺地推广品牌、创出市场的一个标志，更是一种看似无形、实则有价的重要资产。尤其对于中小企业来说，往往具有实物资产少、缺少质押物、专业化集中度高等特征，极容易在发展中遇到资金问题。这时如果善用商标，它将变为创造财富的秘密武器。

商标质押助企业融资难题

2015年1月，杭州金利丝业有限公司成功申请了商标质押贷款，这是余杭区利用商标专用权获得的首笔质押贷款，此举也为余杭区的中小企业解决融资难题开辟了新的渠道。

作为一家主要生产白厂丝和丝绵被的余杭知名龙头企业，杭州金利丝业有限公司为了确保企业正常生产，加强原材料储备，需用大量资金收购正值旺季的秋茧。然而企业自有资金不足，又缺少有效资产抵押，最后，杭州金利丝业有限公司与余杭区市场监管局建立了联系并表明了融资需求。考虑到杭州金利丝业有限公司的"中强"注册商标是浙江省著名商标，可以以"中强"商标质押的形式进行贷款申请。

随后，在第三方机构评估该商标价值近1200万元之后，杭州金利丝业有限公司在三个月内取得了国家工商行政管理总局商标局商标专用权质押登记，并由余杭农商银行完成了450万元贷款的发放，企业解了燃眉之急。❶

---

❶ 一个商标"赢得"450万融资［EB/OL］. 中国知识产权资讯网, http://www.iprchn.com/Index_NewsContent.aspx?newsId=80857, 2015-01-16.

善用商标抵押缓解企业资金困境的并非只有杭州金利丝业有限公司一家。

2013年，湖北襄阳市工商局、交通银行襄阳分行联手开展企业商标专用权质押融资活动，襄阳十家拥有中国驰名商标和湖北著名商标的企业分别获得了交通银行襄阳分行的1000万元贷款。

2014年，安徽省工商局积极协调金融机构开展商标质押贷款业务，上半年共办理商标质押贷款38件，贷款总金额达2.77亿元。❶

随着政府和金融机构对商标质押贷款服务制度的不断完善，商标专用权、商标质押贷款等将成为今后企业解决融资的又一利好手段。

草根夫妇从商标转让开始的创业之路

如何活化商标、挖掘商标的最大价值助企业发展？也许这个问题，许多企业从没思考过，但有一对"80后"的创业夫妇充分利用商标转让的策略，成功以1800元的商标换回来20万元，开始了创业之路。❷

2006年，"80后"的刘立开、郝亚亭夫妇，回乡开始创业，成立了南京几亩田农业发展有限公司，并以1800元注册了"土而奇"这一农产品商标。经过几年的用心经营和推广，"土而奇"商标得到了许多用户的认可，逐渐知名。2013年4月，他们突然得知一家大型的四川龙头企业看中了自家的"土而奇"商标，并对其发起了商标撤销诉求，提出"土而奇"商标因3年未使用属于闲置商标应予以撤销。

自己的商标6年多来都在使用，怎么会是属于闲置商标呢？突如其来的商标争夺，夫妇俩百思不得其解，同时决定为已经投入许多资金和精力的自家商标抗争。经了解，他们发现，该四川企业没有注册过禽蛋类的商标，其企业农副产品的包装盒上却印有"土而奇"。焦急中他们看到了曙光，遂以该四川企业对"土而奇"商标专用权侵权为切入点，对其还击进行侵权举报。后经多方协调，四川企业表示愿意收购刘家夫妇手中的"土而奇"商标，经刘家夫妇的再三考虑，最终将"土而奇"商标以20万元的价格转让给了该四

---

❶ 安徽上半年办理商标质押贷款38件 融资2.77亿元 [EB/OL]. 中国知识产权资讯网, http://www.iprchn.com/Index_NewsContent.aspx?newsId=76916, 2014-09-15.

❷ 1800元注册的商标20万元转让 [EB/OL]. 中国知识产权资讯网, http://www.iprchn.com/Index_NewsContent.aspx?newsId=78854, 2014-11-25.

川企业。❶

　　1800元注册的商标转让费竟达20万元，夫妇深刻认识到商标不仅要注册，还要会用、用好。小型企业想要在激烈的竞争中拥有一席之地，拥有一个出色的商标和强有力的企业品牌更是必需的。

【细软说法】

　　企业面临资金缺口和周转困境似乎已经成为常态，如何进行融资成为企业的难题。商标转让、抵押有助于轻资产或缺乏不动产担保但拥有优势品牌商标、前景良好的企业，实现无形资产增值，提高企业商标品牌应用率，为小微企业输送新的发展动力。同时，通过善用商标促进企业对商标品牌价值的直观了解，提高企业争创品牌和积累无形资产的意识，推动建立知识产权向现实资本转化的长效机制，服务小微企业的稳定健康发展。

　　商标是企业和个人的无形资产，蕴含着无限的增值空间。企业不仅需要有形资产的有力支撑，在创新驱动发展的今天，无形资产将会构建企业强大发展的隐形天桥，企业应及早从商标入手，真正用品牌意识、商标力量构建提质增效的企业软生态。

---

　　❶ 商标投资：1800元申请的商标卖了20万［EB/OL］．尚标网，http://www.86sb.com/news-info-3447.html，2014-09-27．

16　商标撤销：助力"大象"快速奔跑

刘克楠和赵川这俩"90后"小伙想以"大象"这个名字进行创业。经营的产品很特别，是安全套。在将这项产品推向市场之前，这对小伙深入地了解了用户的需求，并以此完善其产品的功能，在产品中融入诸多创新技术和工艺。

正当他们要将自己完美打造的"大象"安全套推向市场时，他们却遇到了一个大的难题——"大象"商标已经被注册，连"大象笨""大象白"都被注册了。当时，他们觉得必须放弃"大象"这个品牌了。

而"大象"这个品牌名称对于他们来说也更加具有产品冲击力。由于不想放弃"大象"这个商标名称，他们四处找代理机构问询，得到的反馈却是"我们可以帮忙解决你们的疑难商标注册案件，但需要20万元。"与此同时，一家商标投资公司也想趁机牟利："你们出20万元，我们将商标转让给你们。"

"一个商标20万元对于我们初创企业来说，算是天价了。"他们当时一筹莫展，但好在他们最终还是没有放弃。他们又找了几家商标代理机构，认真分析了"大象"商标当时的状态，发现相关品类的"大象"及"大象"近似商标虽均已被注册，但并没有正式使用。

根据《中华人民共和国商标法》第49条的规定，无正当理由连续3年不使用的商标，任何单位或个人可以申请撤销该注册商标。通晓了这条法规后，他们如获至宝，火速找了几家可靠的代理机构，并亲自跑去商标局，几经周折，终于让商标局撤销了已经申请注册过但一直未使用的该类别"大象"及近似"大象"的商标。从开始申请商标算起，历时一年零一个月，他们终于拿到了"大象"商标。

以"大象"为商标，这俩"90后"小伙的创新公司销量达到1000多万元。如果他们当时选择放弃，就不会有"大象"今天的成功了。未来他们还会不断进行产品升级，以安全套为切入口，发展给身体提供全方位护理的产品组合。关于新产品的设计和研发，他们表示会继续引入或研发新技术，让产品更加满足用户的贴身需求，"大象"将以它特有的姿态继续奔跑。

（本案例出自中技细软（北京）知识产权代理有限公司）

【细软说法】

对于闲置的商标，尤其是对企业有重大影响和作用的商标，企业可以通过程序，申请其撤销，从而赢得商标重新注册的商机。而针对自己已有的商标，为防止闲置不用而遭到他人申请撤销，建议企业还是对于已注册商标多多加以利用，让商标真正发挥其价值。

17 侵权不实,"友阿"反遭注销危机,商标多用方能保全

商标侵权无处不在。只要有企业的地方就有竞争,有市场的地方就会有争夺,商标侵权之争实为市场利益之争。"友阿"商标的持有者就因其自身商标专用权受到侵犯而对友谊阿波罗商业股份有限公司提起了诉讼。然而法定判决结果却未如预期所料,侵权之争尚未坐实,自己拥有的商标反遭撤销的风险,实在是得不偿失。

2000年,湖南省长沙市两家知名商业企业——湖南长沙友谊(集团)有限公司和长沙阿波罗商业集团合并组建公司,主营商业零售,并将"友谊阿波罗"作为其商号。当时政府机构和《湖南日报》《长沙晚报》等媒体已在相关公文和新闻报道中将该公司简称为"友阿"。

2004年6月7日,湖南友谊阿波罗商业股份有限公司先后承继了其控股公司的全部百货零售门店及控股公司的百货零售品牌,使得公众对零售门店与"友谊阿波罗""友阿"百货零售品牌之间的关联得到很好延续,也成为友谊阿波罗商业股份有限公司作证自己对"友阿"使用正当和合理的有力说明。❶

2006年12月,索俪榕注册"友阿"商标,核定使用的服务项目为第35类"推销(替他人)",面对友谊阿波罗商业股份有限公司在其旗下多个商场使用"友阿"商标,索俪榕认为该公司侵犯了自己的注册商标专用权,一场商标之争由此而来。

2014年6月30日,长沙市中级人民法院作出一审判决,驳回了索俪榕请求判令湖南友谊阿波罗商业股份有限公司立即停止侵权,立即拆除其店面中带

---

❶ 更多详情请参见:"友阿"商标纠纷案宣判 不构成侵权驳回原告诉讼请求[EB/OL]. 红网,http://news.xinhuanet.com/yzyd/local/20140703/c_1111439883.htm, 2014-07-03.

有原告注册商标的标识、销毁其侵犯商标专用权的包装及宣传，立即停止"友阿"用于网络购物、股票简称及广告宣传活动，承担其为制止侵权行为所支付的合理费用8000元，并承担诉讼费用的诉求。❶

然而，索俪榕再度提起上诉。2014年12月10日，湖南高级人民法院依法对案件进行了二审公开开庭审理。法院认为友谊阿波罗商业股份有限公司讼争的"友阿百货""友阿春天"等均是将"友阿"文字与经营类型、经营模式或经营门店名称组合使用，其具有合理承继的在先权利，并在主观上无利用索俪榕"友阿"注册商标声誉的意图，也没有造成消费者混淆、误认的故意。其因在先、诚信使用商业标识所形成的稳定的市场格局，加之"友阿"商标本身知名度使得友谊阿波罗商业股份有限公司并未构成对索俪榕"友阿"注册商标专用权的侵害。❷

侵权之事未坐实，反而使得友谊阿波罗商业股份有限公司以索俪榕三年未使用"友阿"商标为理由，向国家工商行政管理总局商标局申请撤销索俪榕注册的"友阿"商标，同时申请注册"友阿"商标。目前，相关部门已经受理并已进入相关流程中。

【细软说法】

索俪榕商标维权的失败，给我们的启示不再只是对商标保护意识的重视，更多的是应该对商标的合理运用。因商标三年不用而使得友谊阿波罗商业股份有限公司反而提请撤销自己商标也给了索俪榕一记响亮的耳光。友谊阿波罗商业股份有限公司率先使用"友阿"标识，并使其已具有一定知名度和影响力，这也为其赢得了更多的争辩话语权。

企业商标意识的提升无可厚非，而在更多诉讼和争辩的背后是要全面了解引起争端的原因，从而从源头上规避企业可能遇到的知识产权风险。索俪榕注册了商标不善加利用，反而被人提请撤销并被对方注册的教训也应该成为企业最大的借鉴。企业对商标等知识产权不仅要保护，而且要做保护、运用、管理等全方面的保护，以维护自己的合理利益。

---

❶ "友阿"商标专用权纠纷案二审维持原判［EB/OL］. 中国法院网，http：//www.chinacourt.org/article/detail/2015/02/id/1552309.shtml，2015-02-07.

❷ "友阿"侵权纠纷一审有果［EB/OL］. 中国知识产权资讯网，http：//www.iprchn.com/Index_NewsContent.aspx？newsId=74569，2014-07-04.

18 《春天里》遭禁唱，商业维权正名翻唱侵权

由农民工王旭和刘刚组成的"旭日阳刚"组合，凭借翻唱汪峰的《春天里》红透网络。这首歌不仅使两人成为央视"星光大道"月冠军，更让他们登上兔年春晚舞台。然而不久后，此歌的原创者汪峰明确提出要求："旭日阳刚"今后不能以任何形式演唱《春天里》。对汪峰的这个决定，刘刚经纪人黎冬表示："按照知识产权来说，这首歌本来就是人家的，人家提出这个要求也是合理的。"❶

中国音乐著作权协会副总干事刘平谈及歌手汪峰不再允许"旭日阳刚"组合演唱《春天里》时表示，从法律上说，汪峰有权这么做。❷

对此，网友的反映呈现两极化，有人说合理，也有人认为汪峰太狭隘。

对于外界的质疑，汪峰本人在媒体采访时表示，自己从一开始的确是本着帮助"旭日阳刚"的想法，允许他们演唱自己的歌，包括授权其在央视春晚演唱。但后来发现，自己的善意被利用，无奈之下决定停止授权"旭日阳刚"在任何大型演出、商业活动以及音像制品中演唱自己的作品。

汪峰强调，他并非针对"旭日阳刚"，而是希望所有没有通过合法渠道获得授权却反复使用他人的作品的人知道，如果永远翻唱别人的作品，最终是不会长久的，而且更多的荣誉与赞美只属于歌曲作者和原唱。学会尊重原创者的版权是翻唱者应有的品德。❸

"旭日阳刚"回应："凭良心说，是汪峰大哥改了我们的命运。我们从内

---

❶❷ 音著协谈"汪峰禁旭日阳刚唱《春天里》"事件［EB/OL］. 中国新闻网，http：//www.chinanews.com/cul/2011/02-11/2836827.shtml，2011-02-11.

❸ 汪峰、旭日阳刚谁是"春天里事件"中最无耻的人［EB/OL］. 大河网，http：//newpaper.dahe.cn/jrxf/html/2011-02-18/content_464502.htm，2011-02-18.

心感谢汪峰大哥,是我们演唱了他的《春天里》,才引起人们的关注。"

"我们对汪峰大哥只有敬重,没有怨恨!"王旭和刘刚说。"旭日阳刚"说:"换位思考,我们很能理解汪峰。维护音乐版权,人人有责任,所以我们对汪峰没有看法。"❶

【细软说法】

"旭日阳刚"初期的翻唱,得到汪峰的善意默许,如同邻居家有困难,借米渡难关一样正常,是可以的。但若后来,邻居天天来借米,甚至到市场去出售,相信谁都无法忍受。大众在"仇强怜弱"的同时,也要尊重原创作者的版权。

通过翻唱别人的歌曲进行商业运作,须征得原作者授权才可以,这是法律和道义的双重要求。

"借"来的东西,终究是要"还"的。翻唱,是用大家熟悉的音乐旋律轻松使自己成功。这不是真成功,更难登大雅之堂。真正有实力的音乐人,真正能证明自己的还是要靠属于自己的真正作品。

"旭日阳刚"被汪峰禁唱,是一次很好的著作权保护普及课。无论是机构还是个人,都应遵守《中华人民共和国著作权法》。唯有尊重著作权,彼此才能行远!

---

❶ 旭日阳刚:凭良心说 是汪峰改变了我们的命运 [EB/OL]. 91商务网,http://www.91b2b.com/news/show-22610.html, 2014-09-29.

19　商业临摹：创作已死，侵权坐实

临摹名家字画并出售是否侵权呢？有许多人认为此举可行，并举例证明自己的观点：国外有许多画家仿照达·芬奇创作，中国的张大千临摹敦煌壁画和石涛，齐白石模仿郑板桥等许多例子，声称抄袭有理，临摹作品也是再创作，等等。

临摹作品是否涉及侵权？那要看被临摹的创作者是谁了。国际普遍公认的作品著作权的保护期限是作者有生之年及死后50年。以上所举例子的被临摹者达·芬奇、石涛、郑板桥都已去世几百年了，敦煌壁画的作者已不知是谁，且逝去千年，著作权早已保护期限届满，成为公共作品。这与临摹当代在世画家的作品完全没有可比性。当代画家模仿达·芬奇没事，但临摹现在的艺术家韩美林、吴冠中、陈丹青等人的作品，高调商业出售，必被判侵权。

2010年12月，上海市和平饭店因为使用了侵权画作，被画家李守白告上了法庭。

李守白于2006年创作了重彩画《憩》和《百乐门》。后在上海市和平饭店开业后发现，饭店咖啡厅内所张贴的4幅油画，正是《憩》和《百乐门》的油画抄袭品。于是，他把上海市和平饭店经营方和提供4幅画作的上海瑞深艺术品有限公司告上了法庭。2011年3月法院最终判决：临摹画家石隆因侵犯著作权，向李守白道歉并赔偿经济损失。和平饭店经营方向李守白道歉并销毁4幅侵权画作。❶

对于美术作品的知识产权，人们比较模糊，认为判定抄袭比较难，因此有

---

❶ 更多详情请参见：和平饭店内装饰油画涉嫌侵权 画家李守白维权获胜 [EB/OL]. 博宝艺术网，http://news.artxun.com/yishupin-1596-7978487.shtml，2011-03-28.

人抱着"绘画界无抄袭""随便抄,告不着"的版权意识和无知者的无畏。如果临摹美术作品不存在抄袭,是创作,那么画家的权益受到谁的保护?首先,美术作品和其他文学艺术作品一样,享有著作权保护。根据目前知识产权法学界普遍公认的原则,也即现代国际普遍承认的《保护文学和艺术作品伯尔尼公约》的精神,著作权保护的核心内容是原生独创性智力成果。就美术作品而言,最关键最显著的在于整体构图和立意表达,其次是线条、笔触、颜色等组成元素。❶

从促进文化艺术事业的繁荣发展、培养更多的艺术人才的多元层面来考虑,法律理论及其实践对模仿临摹他人作品已经给予足够的宽容。因为每个开始学画的人,最初的学习都是从临摹开始的,所以,临摹学习是可以的,但若用于商业用途,如出版、出售等,就是侵权了。另外,《中华人民共和国著作权法》第22条明确规定,对于设置或陈列在室外公共场所的艺术作品进行临摹、绘画、摄影、录像;为个人学习、研究或者欣赏,使用他人已经发表的作品,可以不经许可,不支付报酬,但应当指明作者姓名、作品名称,并且不得侵犯著作权人的合法权利。这是著作权法上的"合理使用",只限于不以营利为目的的个人学习使用。❷❸

【细软说法】

中国的文化传统认为:临摹是书画家功底的体现,以临摹为荣,甚至有的画家一辈子都在临摹,这种文化和审美传统一直影响了美术和书法界,甚至影响到了商界,许多人认为,借用你的作品来运营就是抬举你。

临摹,学习或用于公益可以,不经授权进行商业运作就是侵权。另外,即使是在"合理使用"范畴,同样应当指明原作者姓名、作品名称。

现在是知识经济时代,这一套老思想已经过时了,应紧跟《中华人民共和国著作权法》,美术、书法作品不是随时可以借用的,要小心侵权了。另外,对于被侵犯权益的创作者,要勇敢地维护法律赋予自己的正当权益。

---

❶❷ 唐驳虎. 画作无版权随便改?全世界画家都哭了[EB/OL]. 凤凰新闻, http://i.ifeng.com/news/sharenews.f?aid=72242356, 2013-10-11.

❸ 两幅画作相似:抄袭和摹古如何区分[EB/OL]. 新浪收藏, http://collection.sina.com.cn/plfx/20130310/1008106285.shtml, 2013-03-10.

20 创业过热,商业秘密陷阱亟待规避

随着"创客"写入政府工作报告,创业的浪潮再次汹涌袭来。特别是在互联网环境下,中国几乎人人都要创业、都想创业。中关村创业大街上,很多人不是已经创了业,就是走在创业的路上。在众多创业人员中,有很大一部分是技术出身。他们创业前,多是大公司的资深技术研发人员。这部分员工在创业时,应注意商业秘密侵权的规避,否则就可能由闪闪发光的"创客"变成落寞的"侵权嫌疑人"。

另起炉灶的知识产权风险

创立了东谷科技公司的陈某就经历了这样的落差。陈某原是岳览时代公司的高管,在 2013 年因公司运营状况出现问题,被辞退。陈某的老东家岳览时代公司是一家主要经营游戏产业的公司,自己又对游戏产业非常热衷,于是在离职后创办了东谷科技公司,主营也是游戏开发。

为了提高公司研发的能力,东谷科技公司大量从天境世纪公司(岳览时代公司主要的投资控股公司)"挖"技术人员。据统计,有 26 名技术员工陆续从原公司离职加入东谷科技公司从事游戏开发。带着在天境世纪公司研发游戏的经验,这些员工很快就在新公司开发出了一款广受市场欢迎的游戏。但是,还没等他们举杯庆贺时,老板陈某却"摊上了大事"。2014 年陈某以涉嫌侵犯商业秘密为由被抓获,此后被检察院批准逮捕。❶❷

---

❶ 更多详情请参见:游戏公司高管辞职创业 被控侵犯商业秘密罪 [EB/OL]. 驱动之家,http://news.mydrivers.com/1/419/419165.htm,2015 - 04 - 23.

❷ 初创企业要如何规避常见知识产权风险?[EB/OL]. 思博网,http://www.mysipo.com/article - 5415 - 1.html,2015 - 06 - 30.

根据《中华人民共和国刑法》相关规定，侵犯商业秘密罪是指以盗窃、利诱、胁迫或者其他不正当手段获取权利人的商业秘密，或者非法披露、使用或者允许他人使用其所掌握的或获取的商业秘密，给商业秘密的权利人造成重大损失的行为。《中华人民共和国刑法》第219条第3款规定："本条所称商业秘密，是指不为公众所知悉，能为权利人带来经济利益，具有实用性并经权利人采取保密措施的技术信息和经营信息。"由此可见，商业秘密具有秘密性、价值性、实用性及采取保密措施四个特点。

是否构成侵犯商业秘密罪，关键要看涉案技术信息是否"不为公众所知悉"以及看权利人是否已采取保密措施及保密的范围和程度。本案中，涉案人员均与原公司签订过有关商业保密协议以及竞业禁止协议。并且，经鉴定东谷科技公司新开发的游戏和天境世纪公司开发的游戏的15个核心程序代码文件均相同。也就是说，陈某等侵犯商业秘密已成既定事实，他们也必将为此付出高昂代价。

因此，从原公司离职自己创业的人员，在创业时一定不要将原东家的商业秘密当作自己创业的筹码，特别是在计算机行业。如果将原公司的软件代码带出来用于自己的创业，原公司可以以侵犯软件著作权及商业秘密的方式追究责任。一旦认定为侵犯商业秘密，侵权人不仅要承担巨额赔偿义务，还将面临刑事责任，付出惨痛代价。

【细软说法】

创业公司在经营过程中不仅要规避商业秘密侵权风险，还应该为自己的研发成果，赋予商业秘密的保障，做好商业秘密方面的布局。做好这方面的工作，专家建议企业应从三个方面入手。

首先，创业公司应和员工签订职务成果归属协议，这样为员工在企业就职期间因为履行职务所创造出的内容确定权属——归企业所有。签订这份协议，是防止员工拿着职务成果出走，变成自己竞争对手的情况。

其次，企业应注意和员工签订保密协议。商业秘密是企业安身立命之本，是能在激烈市场竞争立足的后盾，若商业秘密被泄露，企业的竞争优势就会大打折扣。与员工签署保密协议就是对员工保守商业秘密的一种限制。

最后，当员工要离职时，企业还可以和员工签订竞业限制协议。2008年颁布的《中华人民共和国劳动合同法》第一次在法律层面规定了竞业限制制度，即企业有权在支付竞业限制补偿金的前提下，要求离职员工在一定期限内不得从事与本企业竞争相关的工作。

有了这三大举措，企业的商业秘密被泄露的风险将大大降低。

第三章 企业发展中的知识产权运用

上兵伐谋

出自《孙子兵法·谋攻篇》:"上兵伐谋,其次伐交,其次伐兵,其下攻城。攻城之法为不得已。""伐谋",指以己方之谋略挫败敌方,不战而屈人之兵。孙武认为伐谋最为有利,故为"上兵",是最好的战争手段。

- 华为：构建知识产权帝国，重视研发一马当先
- 围魏救赵：一场打印机引发的专利战
- 专利评估质量过硬，融资瓶颈易解决
- 名企柯达陨落，唯有创新才能重铸辉煌
- 机器人大战：苹果狠揪专利书质量，小企业遗憾落败
- 九阳豆浆机：专利诉讼完胜的秘诀
- 诺基亚：品牌知识产权支撑起没落的余辉
- 湘鄂情作别餐饮巨鳄，狂甩商标作价2.3亿元以自救
- "王老吉"纷争不断，"加多宝"为他人作嫁衣
- 隆力奇：天价商标质押得益于品牌影响力
- 奇瑞：从山寨到品牌的华丽蜕变
- 有一种争夺叫共赢——缘起"稻香村"
- 商标注册注重显著性，巧妙规避主品牌风险
- 驰名商标与通用商标名称背后的博弈
- 脱离了作品，标题竟不受著作权保护
- 杨丽萍用版权玩转资本，艺术创富不再是梦

我们说，知识产权是一种企业战略，也是企业市场扩张的谋略。知识产权究竟可以为发展中的企业带来哪些好处？我们在此可以梳理一下。

首先，可以拓宽企业市场空间、带来新的利润增长点。企业将拥有的自主知识产权应用到产品当中，当技术优势转化为产品优势时，就可以真正实现产品创新的目标，使其产品具有领先优势，企业就取得竞争优势，进而赢得市场，为企业拓宽了市场空间。企业科技竞争力取决于企业的自主创新能力，知识产权是企业自主创新的基础与衡量指标。企业经过持续的技术创新活动，使得自主知识产权的核心技术不断发展，并使之产业化，然后再将其投入到生产领域，进而进入市场。这样企业就可以从这些新产品的开发中获得丰厚利润，从而将其转变为新的利润增长点。

其次，可以增强企业自主创新能力、抵御风险的能力。通过法律制度明确保障了知识产权权利人的权益，调动企业创新的积极性和创造性，有效促进企业自主创新能力。专利作为知识产权中技术和产品最直观的体现，能直接有效提升企业自主创新能力。企业要想在日益激烈的市场竞争中取得先机，专利是必不可少的保证。专利战略作为知识产权的重要部分，是企业保护自己和打击对手的竞争策略，积极的专利战略将会极大地增强企业自主创新能力。企业通过所拥有的知识产权，生产、提供优异的产品和服务，与竞争对手之间建立壁垒，可以有效地阻止竞争对手的跟进和模仿，促进产品市场销售，从而确立企业的市场领先地位，并在某种程度上保持垄断地位，赢得顾客忠诚度与美誉度；可以帮助企业提高产品质量，提升经营业绩，从而获得良好声誉、树立形象，进一步增强企业抵御各类风险的能力。

最后，可以提高企业管理水平。企业拥有的知识产权，可被视为一种获取附加值来源的有效手段。对企业来说，保护知识产权，一方面，可遏制潜在侵权行为的发生；另一方面，可以提高企业竞争力和战略优势。充分利用知识产权制度，提高企业科技创新能力，企业从中获利，从而调动企业的积极性，激励企业继续从事新技术的开发。作为企业管理的重要组成部分，有效的知识产权管理，可以提高企业竞争力，保持企业知识产权战略优势。知识产权的有效管理不仅涉及企业获得发明、商标、外观设计或版权的保护，同样涉及企业对知识产权的商业运作能力、市场开发能力、技术利用能力、知识产权增值能力。企业知识产权管理水平的高低可以直接反映企业管理水平。

21 华为：构建知识产权帝国，重视研发一马当先

1987年，任正非43岁，因家庭变故、事业不顺决定破釜沉舟去创业时，华为只有几个合伙人凑的2万元启动资金。当时身处破旧厂房的他们，肯定不会想到这家微不足道的企业在接下来的20多年将改写中国乃至世界通信制造业的历史。

无业务可做，华为被迫进行自主研发

华为目前是国内通信制造业的领军企业，拥有完善的知识产权管理和科学的知识发展战略。但在成立之初，它甚至没有自己的产品，是靠代理一家香港公司的产品起家的。后来那家香港公司意识到内地市场的广阔，决定亲自开拓内地的市场，便不让华为做代理公司了。失去产品代理的业务，华为便无业务可做了，处境岌岌可危。

被逼入绝境，任正非深刻意识到了自主研发、拥有自主知识产权的重要性。于是，任正非决定孤注一掷，将3年代理所获得的利润投入到程控交换机的自主研发上。所幸，这次人生豪赌最终取得了成功。华为研制出的C&C08交换机与国外同类产品功能相似，价格却低2/3，显示了极其广阔的市场前景。这件专利最终奠定了华为适度领先技术的基础，成为华为日后傲视同行的一大资本。

同很多伟大科技企业起步之初都会面临将科研成果产业化的困境一样，华为在成功研发出C&C08交换机后，发现国际电信巨头已盘踞中国各省区市多年，将城市的通信市场围得水泄不通。但这并没有难倒任正非，如同史上知名的企业家们总是能找到创新的方式打开看似无懈可击的莫比斯环一样，任正非

找到了华为成功连接产业链的战略计划。这就是被华为后来称为"农村包围城市"的销售策略。当年任正非背着军绿色旧书包,拜会边疆某地电信局,推荐C&C08交换机的故事,至今还被广为流传。通过这个方法,华为先占领国际电信巨头没有能力深入的广大农村市场,步步为营,最后占领城市。❶

通过自主研发,华为完成第一阶段的突破后,又将自己的基本目标设定为"发展拥有自主知识产权的世界领先的电子和信息技术支撑体系",并且此目标一直未变。华为在发展历程中一直保证开发研究所需的巨额资金的投入。

不仅重视研发,还重视购买

华为不仅通过自主研发积累知识产权,还通过与专利权人合作的方法来积累知识产权。因为通信领域技术繁杂多样,需要采用共同的技术标准才能实现产品互联互通,一个企业不可能独占全面技术,只有"你中有我,我中有你"才能获得商业成功。在海外布局时,华为也充分尊重国际规则和知识产权法律法规。自2003年开始,华为利用专利许可、专利交叉许可等知识产权规则,与世界范围内的多家专利权人谈判合作,在尊重他人知识产权同时,通过付出知识产权许可费,成功地积累更多的知识产权,支撑企业快速发展。

尽管华为非常重视知识产权的建设,但在其崛起的路上也难免遭遇"知识产权诉讼"的历练。2003年,思科指控华为侵犯其部分专利技术,双方经过了一场"专利厮杀",但好在后来思科撤回了诉讼,双方解决了专利纠纷。此后,华为几乎每年都面临大量的知识产权争议和诉讼。可以说,多次成为法庭上的原告或被告,多次与大型的国际、国内企业交锋,让华为不断成长,让内部的专利不断被淬炼,最终成为一个拥有强大专利储备的跨国企业。因此,当其与跨国竞争对手正面交锋时,华为依然能全身而退。

华为之所以能在专利实力上有大幅度攀升,和其重视知识产权管理也有很大关联。早在1995年,中国知识产权保护还处于萌芽阶段,华为就已经成立了知识产权部,目前它已经在德国、瑞典等国家设立了知识产权分部。知识产权部主要负责华为有关知识产权的全球布局、维护、运营和维权;参与华为重大项目、合同、知识产权许可的论证和谈判;处理知识产权纠纷及诉讼、跨国

---

❶ 更多详情请参见:华为创始人任正非:两万到千亿的创业史[EB/OL]. 前瞻网, http://www.qianzhan.com/people/detail/268/140822-ca19cae5_3.html, 2014-08-22.

贸易争端；识别应对公司从采购到销售各经营环节中的知识产权法律风险。华为在思科案件、摩托罗拉案件中能全身而退，就是知识产权部门立下的"赫赫战功"。

战略再辉煌，也要看实施

华为非常注重知识产权专业人才的选拔和培养。华为的员工从高层领导者、各级经营管理者、科技工作者到普通员工，对知识产权都有较高的认识。华为不仅非常重视人才的招聘，还重视人才的培养。在招聘人员时，华为严格把关，聘任以后，华为还会着力对他们进行知识产权方面的培养，包括知识产权法律制度，公司内部的文件管理规则，保密措施，专利、商标申请程序、应用途径、维权手段等。

当然，华为对知识产权的重视远远不止如此，还表现在知识产权管理制度建设上。华为建立了多项制度，如知识产权例会、知识产权成果审查登记、知识产权信息利用、技术合同会签、知识产权鉴定评估保密和竞业限制等相关制度。通过这些制度的建立，华为逐渐加强了对知识产权的积累、管理、保护和应用。

在专利管理方面，华为专门建立了专利数据库，由专人来从事专利管理工作，收集管理专利信息及相关情报，研究专利文献中所涉及的具体内容，特别是核心专利的技术细节和发展趋势。大量技术信息的掌握，为华为作出正确决策提供了科学的证明和根据。

华为的知识产权管理不止停留在专利层次上，对企业标识、企业商业秘密等新型知识产权也进行有效的管理和保护。如对商业秘密，华为有着非常严格的保密管理制度，其很早就将商业秘密条款写入与员工签订的劳动合同中。

【细软说法】

华为能在较短的时间里，利用知识产权战略建造一个庞大的通信帝国，无论是国家的知识产权战略发展，还是企业的知识产权建设，都可以从华为知识产权战略的制定和实施中得到启示。国家应更加注重知识产权战略的建设，企业应以华为为标杆，立足全球视野，制定切实可行的知识产权战略，建立具体的知识产权管理和保护措施。

22　围魏救赵：一场打印机引发的专利战

尽管世界上几乎每天都有"专利大战"上演，但其中大部分专利诉讼都是由非经营实体企业来发动的。对于非经营实体企业来说，发起专利诉讼的目的是为了拿到高额的专利许可费用，因此不用考虑自身整体的经营战略以及专利布局，也不用担心对手的专利反攻。而实体企业一般不轻易发动专利诉讼，一旦发动专利诉讼更多地是为了在市场上占据更大的市场份额，提高自身在市场中的竞争力，因此实体企业发动专利诉讼或者是进行专利布局时，均应该制定与其整体发展战略相一致的专利策略。

专利诉讼，意在"沛公"

一家主营打印机的甲公司，前段时间经营出现了困境，市场份额被同样经营打印机的乙公司大幅度地抢占。为夺回失去的市场份额、遏制乙公司的发展势头，甲公司需要制定相应的市场战略。其实，市场上商品的利润点不同，有的产品利润在产品本身，而有的产品的利润点却主要集中在配件。喷墨打印机的利润点就在耗材配件特别是墨盒上，打印机本身没有太多的利润点。因为每家打印机配备墨盒的款式不一样，买了一种品牌的打印机就必须买这家的墨盒。所以在市场竞争中，厂家经常通过削减打印机的价格，来扩大打印机的销量。这样配套墨盒销量就必然会提高，厂家的利润也会因此提高很多。

乙公司就是通过将打印机的价格降至成本价以下，来扩大打印机的销量，进而带动公司墨盒的销量，提高厂家利润，而乙公司的这种做法已经大幅度地威胁到了甲公司的市场份额。甲公司若想在市场上遏制乙公司的发展战略，可以通过"价格战"和乙公司贴身肉搏，但这样效果不一定好，并且还可能导

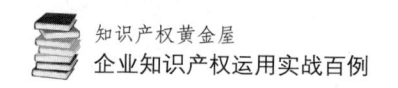

致两败俱伤。

于是，甲公司另辟蹊径，打算用专利来击倒对方，但甲公司并不拥有墨盒的专利权。正当甲公司一筹莫展时，该公司的一名专利管理人员建议：虽然甲公司没有关于墨盒方面的核心专利可以钳制对方，但甲公司拥有打印机的核心专利，且经查询发现，乙公司销售的打印机正好侵犯甲公司的专利权。

于是甲公司以乙公司销售的打印机对甲公司构成侵权，对其发起专利诉讼，最终胜诉。胜诉的结果就意味着乙公司不能再生产和销售打印机了。不能销售打印机，乙公司便不能销售更多的墨盒，这样自然就被甲公司抢回来原有的市场份额。❶

【细软说法】

甲公司向乙公司发起的这起专利诉讼是非常成功的。不仅专利诉讼本身取得了胜利，还根据本公司的竞争策略，遏制了竞争对手的发展。因此，企业不仅要对内部产品涉及的专利做好专利预警，还要对竞争对手产品涉及的专利进行检索分析，才可能应对竞争对手有备而来的专利诉讼。并在企业整体发展策略的指导下，通过专利诉讼和有效的专利壁垒来抵御竞争对手对市场的瓜分。当然，专利大棒某种程度可以击退对手，但是如果一味地以自有的专利作为诉讼和赢得市场的武器，其实并非明智之举。真正赢得市场的是自己的核心技术和服务水平，过硬的产品质量和高质的服务素质才能真正让用户买单。

---

❶ 更多详情请参见：洪小鹏．中小企业知识产权管理［M］．北京：知识产权出版社，2010：17－19．

23　专利评估质量过硬，融资瓶颈易解决

专利是一种无形资产，但对其估价却有点困难，这也是企业无法有效地以知识产权作为融资手段获得资金支持的瓶颈之一。相比而言，一些有形资产，比如房产、土地等这些看得见摸得着的实物，贷款融资相对容易一些。一旦企业丧失还款能力，银行还可以拿这些实物兑现。而知识产权作为一种无形资产，在很多银行看来，仅仅依靠这个无形资产就贷款给企业，实在是有不少的风险。

某公司因两件专利，欲增资至9万亿元?!

以专利作为质押，从银行获取贷款尚且不易，更别说找工商局，以其为工具要求增资了。但是最近北京昌平的某公司老总，就执着地要求工商局，为其公司注册资本增资至987654321万元（9万亿余元），认缴的出资主要是法定代表人陈某的知识产权。工商局认为增资并不实际，进而拒绝申请。该公司遂将工商局告上法庭，在被昌平区人民法院驳回诉讼请求后，陈某表示坚决上诉，并认为国内没专家可以评估自己的专利价值。那么，到底是什么样的专利让陈某如此"自信"并坚定地认为价值如此之高呢？[1]

这两件专利分别是"雾霾沙尘过滤清新空气气流发电机"和"高速地下铁路网"。前者利用空气发电，后者则一年四季都能使用且没有污染和危害。根据《中华人民共和国公司法》的规定，股东可以用货币出资，也可以用实

---

[1] 更多详情参见：北京一公司欲增资至9万亿元遭拒后告工商局［EB/OL］. 人民网, http://ip.people.com.cn/n/2015/0627/c136655-27217146.html? url_type=39&object_type=webpage&pos=1&from=timeline&isappinstalled=0, 2015-06-27.

物、知识产权、土地使用权等可以用货币估价并可以依法转让的非货币财产作价出资。但是，公司的股东对作为出资的非货币财产应当评估作价，核实财产，不得高估或者低估。陈某认缴的出资主要来自这两件专利，但却没任何证据证明这两件实用新型专利的价值能达到9万亿余元。之所以开出这样的价码，全凭陈某"个人认为"，当然，这样主观的推论是不具备法律效力的。❶

但是陈某为何不对其专利进行评估呢？这是因为，他不仅认为评估费太贵而且他认为即使他支付了评估费但是国内没有专家有能力评估其专利，因此，陈某的"自信"在很多人看来有点自信过了。其实，陈某的案例不仅涉及"专利评估"的问题，还涉及"专利出资"的问题。

专利评估及专利权出资

所谓专利评估是指根据特定目的，遵循公允、法定标准和规程，运用适当方法，对专利权进行确认、计价和报告，为资产业务提供价值尺寸的行为。专利评估是确定专利价值的重要依据，也是专利作为知识产权去认缴出资的重要凭证。陈某作为专利权人，并不能拿出有效的证据证明其专利的价值，而是仅凭一厢情愿就开出天价，实在是令人想不通。❷

专利权出资是指股东拥有的专利经国家权威知识产权评估机构评估作价后，可以作为公司注册资本金的行为。利用专利权出资对企业来说是一种益处多多的举动，不同类型的企业有不同的注册资金要求，以专利权出资不仅能为企业节省大笔的货币资金，用于维护企业的日常运作，还可以让企业有更多资金用于公司及项目的拓展。不过，需要注意的是，全体股东的货币出资金额不得低于有限责任公司注册资本的30%，也就是说公司以无形资产出资的比例最高为70%。想要完全利用知识产权为公司注册资金，是不为法律所允许的。上述案例中，陈某所在公司的注册资金仅为148万元，却想凭借专利将其注册资金认缴至9万亿余元，显然是不符合法律规定的。❸❹

专利权出资为专利权人研发成果的兑现提供了有利的价值依据，专利权不再是一种虚化的概念，而是其成果在市场上资本化的价值。这样不仅能提高专

---

❶❷❸ 付利帆. 两项专利9万亿 是炒作还是真值这么多 [EB/OL]. 中华商标超市网, http: //news. gbicom. cn/wz/137451. html, 2015 - 07 - 15.

❹ 一公司以两项专利出资 欲将注册资本增至9万亿 [EB/OL]. 汇桔网, http: //www. wtoip. com/news/a/20150630/9319. html, 2015 - 06 - 30.

利权人进行科研开发和专利保护的积极性,还为专利权人以及企业在对外维权上提供了专业的索赔价值保障。

【细软说法】

陈某若想以专利对其公司增资,首先应该做的就是将其专利进行专业的评估,而影响专利价值评估的还是专利的质量。专利是否获得授权,有没有将其转化为产品并因此获利等都将成为专利评估的考评因素。如果想依靠专利进行融资或者是为公司增值,需要获取国家颁发的专利证书为基础,以评估核定其经济价值,由此进行资本运作活动。

24 名企柯达陨落,唯有创新才能重铸辉煌

首先研发出手机触摸屏技术的诺基亚,在苹果、三星的夹击和围攻中,无言落幕。世界上第一个发明数码相机的柯达最后也被数码时代狠狠地甩了一记响亮的耳光,以申请破产的方式结束一个 130 多年的老字号大牌,引来一片叹息。

100 多年的历史,见证了柯达从兴起到辉煌。从柯达创始人伊士曼 1883 年发明胶卷的那一刻起,柯达开启了大众摄影新时代。作为全球传统胶卷市场神话的缔造者,柯达占据市场统治地位的胶片和随处可见的照片冲印店也成为柯达最大的利润来源和营销模式,使其一度成为摄影的代名词。

随着数码产品的发展,在众多对手们都开始谋求向数码市场转变时,柯达却踌躇不前。从 2005 年到 2011 年,柯达的年年亏损使其全球员工人数从 14.5 万人降至大约 1.7 万人,市值从 15 年前的 310 亿美元缩水至不足 1.5 亿美元。期间柯达有过两次重大战略转型,2007 年还实现了扭亏为盈。2011 年 7 月份以来,柯达通过出售 1100 件专利组合获得 20 亿~30 亿美元收入来缓解困境,然而这些举措仍没能最终改变柯达急转直下的颓势。[1]

2012 年 1 月 19 日,柯达及其美国子公司提交破产保护申请,以期能度过多年亏损导致元气大伤的局面,最终公司以获得花旗集团提供的 9.5 亿美元 18 个月期信贷进行业务重组。昔日的胶片霸主、美国股市"蓝筹中的蓝筹"被迫宣布破产,从辉煌最终走向了终结。

巨星陨落看似可惜,细究还是有端倪可循。随着科技的进步和全球化创新

---

[1] 更多详情参见:是谁终结了柯达的辉煌 [EB/OL]. 新浪博客, http://blog.sina.com.cn/s/blog_96bde92b01011ty7.html, 2012-02-02.

的升级，企业落后就要挨打已经成为一种共识。柯达作为一个著名商标和知名品牌，因其无法突破技术创新和谋求市场转型，终于落败。

纵观柯达的败落史，有人也许会归结于柯达没有进军数码领域。其实，柯达也可以算作数字影像技术的先行者，早在1975年，柯达就发明了世界上第一台数码相机。它并没有输在起点，而是在于没有把握数字时代的机遇，仍然固守传统影像的市场份额和利润，墨守成规，最终败在了转型数码的途中。❶

试想，如果柯达能够立足于传统的胶片市场，立足自身固有的商标和品牌优势，敢于迎接时代的需求，加速数码影像技术的进一步突破和创新产品的研发，"商标+品牌+创新+技术"的多维度模式也许会让柯达的发展之路变得截然不同。❷

【细软说法】

柯达的兴衰，给企业经营者太多的思考。时代车轮总是滚滚向前，在胶片时代向数字时代的转换中，柯达没有把握良机，任由固有的成熟技术被新技术取代，最终退出历史舞台。手握知识产权资本且占尽品牌优势而败北，让人叹息！

对于每家企业，无论曾经是否辉煌，都不能躺在过去的功劳簿上，靠"一招"赢遍天下。在移动互联时代，迭代速度迅猛，"三年河东、三年河西"已不再新鲜。不想在激烈的商战中被淘汰，即使身占要据、手握利器也不能大意，时时保持初创的清醒和危机感，顺应时代的变革，勇于突破自己，持续创新，大力推进可持续发展的商业模式才能真正赢得市场，才能真正立于不败之地。

---

❶ 柯达破产的悲情启示［EB/OL］. 前瞻网，http://www.qianzhan.com/analyst/detail/220/20120208-97728831a41c1292.html, 2012-02-08.

❷ 柯达战略失败分析［EB/OL］. 百度文库，http://wenku.baidu.com/link?url=EkrxSdlPuKN-sAzSLWAnA01VexZFcErk0smx49xqz0xyc_p_MJzCBQjFW0RWxxwxYV-eFOn0Yhd1G3EFhq79cR1pLLPB9_cpXFHwliDdsSmu, 2013-08-06.

25　机器人大战：苹果狠揪专利书质量，小企业遗憾落败

机器人大战，一波三折

上海智臻网络科技有限公司（以下简称"智臻公司"）旗下的小i机器人是一种应用广泛的人机交互系统。其包含的专利早在2004年智臻公司就以"一种聊天机器人系统"的名称申请了专利，专利号为ZL200410053749.9。当苹果手机红遍大街小巷时，智臻公司发现苹果iPhone 4s及随后的多款产品中所搭载的Siri功能，从结构原理到具体实现，均有侵犯自身专利之嫌。

于是，2012年6月智臻公司便以专利侵权为由，将苹果公司告上法庭。苹果公司作为跨国企业，受到小企业的专利诉讼，当即作出反击，采用的是破解专利诉讼的常用手段：申请宣告对方专利无效。2012年11月，苹果公司向国家知识产权局专利复审委员会（以下简称"专利复审委员会"）提出申请，请求宣告"小i机器人"专利权无效。❶

苹果公司认为，"小i机器人"专利权中游戏功能描述不详、过滤器功能不具有"创新性"，应属无效专利。专利复审委员会认定苹果公司的无效请求理由均不成立，"小i"专利合法有效。之后，苹果公司将专利复审委员会诉至北京市第一中级人民法院，要求其撤销对"小i机器人"专利诉讼的判定。经历了两轮败诉后，苹果公司的第三次诉讼结局竟然发生惊天逆转，北京市高级人民法院判其胜诉。

---

❶ 更多详情请参见：苹果意外胜诉国家知识产权局　杜绝专利纠纷隐患［EB/OL］. 央广网，http://china.cnr.cn/xwwgf/20150421/t20150421_518368162.shtml，2015-04-21.

权利要求书写得"不好","小 i 机器人"暂时落败

"小 i 机器人"目前暂时落败,主要是因为其专利"游戏功能描述不详",也就是"写得不好"。根据《中华人民共和国专利法》的规定,专利获得授权的一个重要条件就是"清楚、完整地"公开技术方案。其评判标准是同一行业的普通技术人员能够依据专利文献的记载来再现该研发成果,以推动技术的流通和进步。智臻公司和苹果公司诉讼的争议焦点就是涉诉专利是否充分公开其技术方案。

智臻公司的专利"一种聊天机器人系统"中描述了"游戏功能",但对如何实现这个游戏功能却未作详细的描述。正如 PatSnap 智慧芽首席专利工程师贾郡分析的那样:"智臻公司专利的说明书只简单记载'聊天机器人一端连接用户,另一端连接游戏服务器',从而'可以实现以下互动游戏(智力闯关、智力问答、24 点、猜数字等)',此外完全没有给出任何实施方案的描述。换句话说,涉诉专利并没有指导普通技术人员如何去实现其技术方案,而是仅仅列出了想要实现的功能、然后对技术人员说'你知道怎么做的'。基于这些缺陷,苹果公司认为专利公开不充分,应该被判为无效。"❶

"小 i 机器人"专利目前已应用在游戏、金融等很多行业,若因为权利要求书撰写的质量问题被判定为无效,是非常可惜的。正如智能机器人领域的知名学者、华东师范大学计算机应用研究所贺樑教授认为的那样,"未来,智能人机交互技术将被广泛应用,甚至可能成为一种标配。如果小 i 专利被判无效,我们国家本来领先的技术,将要落后一代。"

【细软说法】

对于很多初创型的科技企业来说,核心专利是它们的根本。通过核心专利申请获得授权,企业获得垄断性竞争优势。拥有强大专利武器护体,规模小的创新企业就可以不畏惧跨国企业的专利诉讼,甚至若发现它们有侵权行为,可

---

❶ 专利败诉对小 i 机器人意味着什么 [EB/OL]. 中国科技网,http://www.wokeji.com/innovation/alh/201505/t20150506_ 1134841. shtml,2015 - 05 - 06.

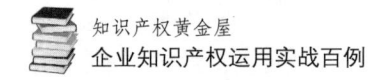

以主动向它们发起挑战。但前提是创新型企业必须将自己的专利打磨得无懈可击，无论是专利的撰写还是专利的申请以及专利的布局。小企业若不能将自己的技术变成高质量的专利，在面对诉讼时，专利就可能被对方看出破绽而申请无效。这对于创新型小企业来说将是"不可承受之打击"。

26　九阳豆浆机：专利诉讼完胜的秘诀

专利与企业的发展休戚相关。有企业因专利收获"红利"，有企业因专利大跌跟头。看过太多因专利而引起的商海沉浮，大多数企业已经认识到专利的重要性，并开始不断积累自身的专利数量。但是，大多企业的专利积累仍处于"充量"阶段，打造的专利质量不高，经不起诉讼的考验。直到有诉讼"打"到门口，才慌忙启用库存的专利"生锈之剑"，岂有不败之理？"铸剑"抵挡竞争对手企业的知识产权进攻尚且不可，更别说将其作为进攻的"利器"了。

"谁敢碰豆浆机就打谁"的商业策略

相比之下，九阳豆浆机无论是在优质专利积累上，还是以专利为武器建立行业霸主地位的做法都堪称典范。近年来，九阳不断向竞争对手发起专利大战。2014年，九阳因飞利浦侵犯其推出的"拉发尔网"系列产品，将飞利浦告上法庭，并最终获得1000万元的专利授权费用。同年，九阳又因苏泊尔侵犯其"一种双层下盖豆浆机"实用新型专利将其告上法庭，并最终获得540万元的赔偿。除了飞利浦和苏泊尔，美的也曾被九阳告上法庭。

面对豆浆机行业的专利侵权，九阳实施的几乎是"谁敢碰豆浆机就打谁"的任性专利商业策略。

通过一连串霸气的专利诉讼，九阳不仅获得了丰厚的专利诉讼费，还极大地提高了其在豆浆机领域的市场份额。同九阳专利纠纷和解之后，飞利浦完全退出了中国豆浆机市场，美的也缩减了豆浆机的业务部门，降低了豆浆机在公司业务中的比重。经过不断蚕食竞争对手的市场份额，九阳改变了豆浆机行业的格局，建立了自己行业霸主地位。

在专利布局上，打造"铁桶阵"

九阳之所以在打击竞争对手专利侵权上如此底气十足，是因为其在豆浆机领域积累了雄厚的专利实力。豆浆机隶属于小家电的范畴，结构也极其简单，但就是围绕一个小小的豆浆机，九阳就申请了多达 1000 件的专利。用知识产权媒体人"IP 小熊"的话来说："如果一个豆浆机能拆出 50 个零部件的话，每个零部件都能分到接近 20 个以上的专利。"而相较起来，它的竞争对手所拥有专利数量就少很多。美的在国内提交了 407 件专利申请，苏泊尔提交了 171 件专利申请，而飞利浦只有 13 件专利申请。❶❷

九阳不仅在专利数量上精心布局，在专利质量上也精心设计。其专利几乎没有滥竽充数的。据调查，九阳 86% 的专利已获授权并且现在还维持在有效状态，而中国专利的平均维持有效率还不到 3%。九阳的专利几乎都能经得起无效审查。据"IP 小熊"调查，"九阳专利曾经历过 30 次无效审查。在所有的 30 次无效中，仅有 5 次九阳的专利被宣布全部无效，3 次被宣布部分无效。剩余的 22 次，九阳都大获全胜。"也就是说，九阳的大部分专利是经得起考验的。❸

不仅重视专利的数量和质量，当 1994 年创始人王旭宁向国家知识产权局申请豆浆机的第一件专利技术——智能加热技术时，九阳就开始从范围和技术两方面对专利进行攻防布局。20 多年后的今天，布局结果有目共睹。从山东省知识产权局获悉的来自九阳的专利雷达布防图可以看出，整个图上绝大部分已经被九阳以醒目的红色标记占据，在九阳总体专利布局数量中，发明专利占到了总专利数的 10%。❹

总之，历经 20 多年，九阳可谓在豆浆机行业为自己建起了一座"铜砌铁铸"的"专利墙"。也正是因为自信自己专利墙的牢固，才不把专利当摆设，而是真正地将其用在"实处"，到处"打人"，进而建立了自身的霸主地位。

---

❶ 更多详情请参见：IP 小熊. 九阳：豆浆机专利的"铁血"捍卫 [EB/OL]. 知识产权人，http://www.wipren.com/html/2014/redian_ 0504/61. html，2014 - 05 - 04.

❷❸ 专利大战后豆浆机行业格局存变数 [EB/OL]. 思博网，http://www.mysipo.com/article - 5483 - 1. html，2015 - 07 - 03.

❹ 九阳豆浆机有 300 多项专利，济南民企知识产权官司屡战屡胜 [EB/OL]. 济南市人民政府网，http://www.jinan.gov.cn/art/2013/8/14/art_ 13661_ 454074. html，2013 - 08 - 14.

第三章
企业发展中的知识产权运用

【细软说法】

　　企业在认识到专利重要、不断积累专利数量的同时，还要重视专利质量，确保每个专利都能拿来用，而不只是作为拿到一种资质的手段，而将其深压箱底。当然，九阳这种"谁敢碰豆浆机就打谁"的策略并不一定适合所有的企业，因为企业在行业内树敌太多，容易逼它们合纵以对抗，到时候就得不偿失了。

　　并且，将一件产品做成一项产业，企业间就不可能只是一味地竞争，更多地还是应该加强合作，将专利当作寻求行业生态共建、产业发展路径升级的有效工具。九阳作为行业表率，可以号召同行强强联合，通过优势聚集将行业蛋糕做强做大，进而共创产业协同、生态环境，共建、多方共赢的良性局面。

27 诺基亚：品牌知识产权支撑起没落的余辉

巨星升起与陨落似乎是一夜之间。诺基亚早已不在江湖，但手机江湖还有它的传说和踪迹，甚至有着时刻牵动着各大手机厂商神经的魔力。

已经不在手机江湖叱咤风云的诺基亚为何还能左右着手机界呢？凭什么即使没落了，还能活得"有型有范"？秘密就是，凭借几十年来的专利积累和对知识产权的运营，诺基亚虽已"没落"但仍是"贵族"。

2013年时，诺基亚以72亿美元的价格将设备与服务业务出售给了微软，一度备受关注。但大家很少知道的是，在这次并购之外，诺基亚在全球仍然拥有约3万件专利。微软只是获得了诺基亚的专利许可，而并未购得诺基亚的专利所有权。[1]

甩开生产手机的实体重负后，诺基亚将主要精力放在如何运营手中的核心专利，如何在全球范围内布局专利战略。

诺基亚专利无处不在

2015年6月，韩国LG和诺基亚达成一项智能机专利授权协议。根据协议条款，LG将向诺基亚支付专利费，从而获得诺基亚的移动通信专利使用权。

除了LG，诺基亚还以其遍布2G、3G和4G高达3万件专利的移动通信技术实力，与其他60多家公司签订了授权协议。据悉，其中包括苹果、三星、HTC、微软、索尼、华为等知名公司，这些公司都需要向诺基亚缴纳巨额专利

---

[1] 更多详情请参见："没落贵族"诺基亚的专利范儿 [EB/OL]．人民网，http://ip.people.com.cn/n/2015/0626/c136655-27214056.html，2015-06-26．

授权费。诺基亚虽然手机霸主地位不再，但在智能手机领域依然扮演重要角色。

诺基亚生产手机时，其他公司可以和诺基亚交叉授权，不用支付高额专利费。而诺基亚不再生产手机后，诺基亚成为手握大量核心专利、相对单一的授权公司，即各大手机厂商需以获取专利授权的方式向诺基亚交付高额专利费。

据估计，诺基亚从专利授权这一项每年至少可以获得5亿欧元收入，其中苹果、三星、微软是其主要贡献者，到2018年，诺基亚每年获取的专利费将上升至6亿欧元。对于专利权的捍卫，诺基亚一直保持强势作派。2011年，诺基亚曾通过诉讼迫使苹果一次性支付了一笔巨额专利使用费，并签订了专利交叉授权协议，二者长达数年的争端也以诺基亚的最后取胜而告终。

不只是数量，还有布局

诺基亚在20世纪80年代就开始专注于手机和通信领域，并在1996~2009年持续占据手机龙头企业的地位，连续14年占据全球市场份额第一的位置。自从诺基亚在1987年3月申请了第一件专利后，诺基亚就一直注重技术的研发和专利的布局，而今以诺基亚拥有的专利数量，将其称之为手机专利巨头似乎也不为过。

中国政法大学知识产权法研究中心特约研究员李俊慧曾撰文指出，根据国家知识产权局网站的统计数据显示，截至2014年11月26日，诺基亚的专利检索总量为12121件（条），诺基亚的发明公布数为3955件，诺基亚的发明授权数为3647件，诺基亚的实用新型数为33件，诺基亚的外观设计数为1042件。❶

可能只看到诺基亚拥有的专利数目，大家还意识不到其专利的海量。那么通过以下对比，大家就能对其专利"巨头"的地位有"具象"感了。在最具竞争力的发明专利上，诺基亚已获得的专利授权数量是魅族的910倍，是HTC的8倍，是苹果的7倍。❷

诺基亚专利的强大不止表现在其数量上，更表现在严密的布局上。诺基亚

---

❶ 李俊慧. 诺基亚是专利巨头，但10年后这都不是事 [EB/OL]. IT之家. http://www.ithome.com/html/it/114863.htm, 2014-11-29.

❷ 李俊慧. 诺基亚的"专利老本"还能"啃"几年？[EB/OL]. 新浪专栏. http://tech.sina.com.cn/zl/post/detail/mobile/2014-11-27/pid_8465787.htm, 2014-11-27.

的手机专利遍布 2G、3G、4G 等主要通信网络之中。诺基亚是 2G 专利的主要拥有者之一；3G 时期，诺基亚拥有大量 WCDMA 专利；4G 时期，积极参与 LTE 研发的诺基亚拥有数量可观的 LTE 专利。截至 2014 年年底，诺基亚在世界范围内共拥有手机领域的专利数量为 1.2121 万件，其中，2G 领域的专利 1 万件，3G 领域的专利 837 件，4G 领域的专利 1284 件。

诺基亚专利组合之所以在移动业务领域具有如此大的影响力，多半归结于其技术的规模和深度。诺基亚专利涵盖了一切，从设备如何连接至 4G 网络等主要移动功能到手机的设计无所不含。并且，手机都是一脉相承的，4G 手机也在使用 2G 的技术。通过环环相扣的专利布局、强大的专利组合，全球的手机厂商已无法绕开诺基亚的专利"围墙"了。也就是说对于一些想要生产设备的公司来说，诺基亚专利是必需资源。

【细软说法】

短短 20 年，我们便见证了一个企业由壮大走向衰落，让人不由得有恍如隔世之感。现在，小米等中国手机企业在全球市场逐渐崛起，其间，经历着各种关于知识产权的纠纷。中国企业应从诺基亚案例中学会思考：在注重资金投入、渠道拓展、绩效、市场的同时，自主创新、专利运营布局也要加倍重视。知识产权之于企业，就是无形资产、软实力，不仅能助力企业发展、壮大，更有可能在企业经营式微时仍使企业具有"竞争力"。

逆袭颠覆、跨界打劫正在席卷整个商业世界，纷繁错杂中唯具实力才能不被"创造式破坏"，知识产权的布局和运营就是抗击这创造式破坏的坚实实力之一，甚至即使有一日"落败"了，依靠专利还能照样活得潇洒，"范"儿十足。

28　湘鄂情作别餐饮巨鳄，狂甩商标作价2.3亿元以自救

湘鄂情，一个不敢说家喻户晓但至少也是耳熟能详的名字，也许今日还有很多人记得它昔日的辉煌。只是曾经的辉煌最终挡不住湘鄂情高调变卖商标斩获2.3亿元以自救的事实。

北京湘鄂情酒楼有限公司成立于1999年9月，并于2009年11月11日在深圳中小板挂牌上市，成为国内首家在A股上市的民营餐饮企业。上市首日，实际控制人孟凯身家便攀升至35.8亿元，一跃成为餐饮界首富。

风光无限的湘鄂情却没能造就餐饮界的不老神话。2012年年底湘鄂情开始走下坡路。2013年，湘鄂情全年亏损5.64亿元。尽管湘鄂情努力谋求企业转型，从最初的环保加餐饮的大健康角色转变到进军影视公司的领域攻坚，甚至顺应发展潮流投身到大数据的怀抱，并于2014年7月将湘鄂情变更为"中科云网"，但面临最高5.13亿元公司债本息兑付压力，湘鄂情最终无法力挽狂澜。[1]

湘鄂情从未放弃过自救的念头，一直在试图缓解公司压力，挽救公司颓势。2014年12月9日，湘鄂情发布公告称，湘鄂情及下属企业分别与深圳市家家餐饮服务有限公司签署四份协议，转让旗下三家公司100%股权，作价分别为300万元、2200万元、4500万元，累计7000万元；同时转让湘鄂情、湘鄂缘、湘鄂情深、荷舍等在内的系列商标共计2.3亿元以试图自救。但其旗下公司仍然被大量出售或歇业，高管纷纷离职，企业高额亏损仍在继续，背负盲

---

[1] 更多详情请参见：湘鄂情系列商标卖了2.3亿元 [J/OL]. 北京青年报, http://epaper.ynet.com/html/2014-12/16/content_103946.htm? div = -1, 2014-12-16.

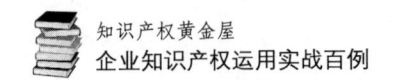

目转型等重担,湘鄂情从此积重难返,一片颓然。❶

面对这一切,曾经的餐饮首富孟凯知道,他要拼尽全力自救,剩下的唯一筹码就是"卖壳"这一条路,而商标的转让和甩卖就是湘鄂情迈出的第一步救市之举。孟凯对于评估公司给出的商标9189万元的评估价并不认同,即使最终卖到了2.3亿元,他也认为这是一种甩卖甚至是贱卖。然而曾经的辉煌和今日公司要还债的窘境,湘鄂情似乎也只有这一条路能走了。❷

【细软说法】

湘鄂情作为餐饮巨头在转型失败后谋求自救,而转让商标斩获2.3亿元将为债务压力纾解一条出路。也许这不是最好的选择,但也是商标的力量让这个趋于没落的企业在积难路上寻求新的突破口。湘鄂情系列商标的作价和其高额的让出价格也让众多企业见识到了商标作为无形资产对于今天企业的意义。也许商标是品牌的一种象征,也许是会被企业平时所忘记的无形资产,但是只要需要,它就能给企业带来无穷的财富和价值转化力。

商标,尤其是知名企业、知名商标,是一个企业应该注重和保护的。不仅是商标管理、商标运用方面的注重,更多的是商标价值最大化、企业商标布局、商标战略的部署和实施。让以商标为代表的知识产权,成为未来真正带领企业腾飞的利器和有力的保护伞。

---

❶ 甩卖商标高管离职 湘鄂情盲目转型被诟病 [EB/OL]. 人民网, http://ip.people.com.cn/n/2014/1219/c136655 - 26238547. html, 2014 - 12 - 19.

❷ 创始人变卖湘鄂情商标 一年内出售10家子公司 [J/OL]. 网易财经, http://money.163.com/14/1216/05/ADIJ5JPL00253G87. html, 2014 - 12 - 16.

29 "王老吉"纷争不断,"加多宝"为他人作嫁衣

"怕上火喝王老吉"这句广告语已家喻户晓,近几年又变为"怕上火喝加多宝"。随后即是两家愈演愈烈的"谁是真正凉茶"的纷争。抛开此案的争议,从王老吉两百年商标授权不断演变的历史来看一下,我们不难发现此品牌出现争议的根源了。

王老吉凉茶创立于清朝道光八年(1828年),至今近两百年历史,被公认为是凉茶始祖,其创始人是王泽邦。凉茶采用本草植物材料配制而成,有"凉茶王"之称。若按今天对知识产权的理解,这个凉茶可以申请专利。王泽邦当时靠凉茶发家,后将凉茶秘方传其三子。随着儿孙们的迁徙、不断经营,王老吉遍布广州、香港、江都以及海外等地。其中后代中两支的迁徙决定了王老吉品牌纷争的开始。

凉茶所属的香港和海外的一支,在经营王老吉品牌过程中,遭遇了许多的起起落落。至1988年,凉茶传到王老吉第五代传人王健全、王健仪后,他们开始整顿海外市场,在30多个国家和地区注册香港王老吉(国际)有限公司,收回了所有海外代理权。目前香港和海外的王老吉配方和商标归这一支王氏后人所有。❶

留在内地这一支的王老吉后人,由于历史原因,商标专用权等无法自主掌控经营,而是经过一系列的充公整改,最后落到广药集团手中,成为国有财产。

1990年,香港王老吉传人王健仪与香港鸿道集团董事长陈鸿道经过协商

---

❶ 更多详情请参见:王老吉真实的故事[EB/OL]. 百度文库, http://wenku.baidu.com/link?url=F_8PHGkin1rvKQykLvGqifbWPv0kAynDMsQAeEiJpIH1HOcFfYn7maeiIQ9XZEv5c8j-6jdlLn_VvyLKrK4YzcMoPKDtR_nv8Q5YH92qiQC,2013-03-29.

后达成合作协议，香港王老吉（国际）有限公司授权鸿道集团使用王老吉凉茶的秘方与商标生产饮料。

然而，当陈鸿道想发展内地市场时才发现，广药集团前身企业早在1983年就已注册"王老吉"商标，所以陈鸿道生产的凉茶只能以"清凉茶"命名。

1994年，鸿道集团找到广药集团，要求使用"王老吉"商标，双方也因此签订了"王老吉"商标许可相关协议，最后一次协议，约定将"王老吉"商标租期延长至2020年。❶

鸿道集团在借用商标后，经营"王老吉"，销量、品牌推广很成功，随后遭遇广药集团的诉讼，最终裁定许可协议的无效。无奈，将"王老吉"改为"加多宝"。

至此，鸿道集团的主营饮料"加多宝"开始了与广药集团主营饮品"王老吉"之间无休止的纷争。

另据2010年11月广药集团启动"王老吉"商标评估程序，此时"王老吉"品牌价值已被评估为1080.15亿元，跻身最具价值品牌的行列。

如此有价值的百年商标品牌，让人遗憾的是，竟遭遇如此无休止商标纷争闹剧。抛开历史等不可抗因素的原因，商标的授权许是引起纷争的主因，商标授权的"此一时同意、彼一时无效"让"王老吉"多次卷入商标纷争中。

【细软说法】

鸿道集团由于顶不住压力，把"王老吉"改成了"加多宝"，后来又把"红罐"改成了"金罐"。王老吉香港传人王健仪认为"加多宝"发扬了凉茶事业，认可配方的授权是真的。但在与广药之争中，"加多宝"从未获胜，更有人认为"加多宝"是从借用"王老吉"的商标和品牌才迅速发展起来的。真正的凉茶，到底是"王老吉"还是"加多宝"？法理与情理角度的认知各有不同，人们还是分不出哪一个是真正的"王老吉"。鸿道集团苦心经营，将"王老吉"做成价值过千亿的品牌后，却只落得为他人作嫁衣的结局。所幸后来鸿道集团痛定思痛，推出自有注册商标"加多宝"品牌。广药集团也收回并得到了"王老吉"，这也可算作千亿换得真品牌了。

创建一个百年传承的品牌和产业不易，传承下来能够历久不衰，除了有好

---

❶ 王老吉和加多宝什么关系？王老吉与加多宝事件始末［EB/OL］．本地宝，http：//gz.bendibao.com/life/201321/116690.shtml，2013-02-01．

产品，还要有与时俱进的品牌战略。过去没有知识产权是历史的原因，现在，企业要想持续地发展并立于竞争潮头而不败，要提前布局知识产权战略，尤其对于百年品牌类企业，商标的管理运用是头等大事，千万不能视作儿戏。唯有这样，才能避免纷争，一心向前，不断促进品牌资产的传承和价值开掘。

30 隆力奇：天价商标质押得益于品牌影响力

知识产权作为企业的无形资产和软实力，能够给企业带来财富上的收益。商标转让、许可、质押等都可以成为企业收益的来源。之前，已经有许多企业在这方面尝到了知识产权的甜头，例如，隆力奇集团，就以"隆力奇"这三个字的商标为质押从银行贷款5亿元。用一个商标就能贷款5亿元，相信会让很多企业倍感知识产权的魅力。

自从2008年发生了全球范围的金融危机以来，我国的很多企业也受到了影响，或是自身资金周转遇到困难，或是因融资破灭而阻碍了企业的发展。而与此同时，政府也是寻求积极救市的方法。很多政府职能部门或相关单位都积极协调，希望在政策上帮助企业渡过难关。江苏隆力奇集团就是在有利的政策下向中国农业银行常熟支行用商标专用权质押了5亿元的贷款，从而突破企业发展瓶颈。"隆力奇"商标质押贷款金额也成为当时最高的质押贷款纪录。

当然，隆力奇集团之所以能得到这笔天价贷款也不是毫无原因的。针对金融危机带来的企业资金缺口问题，常熟工商局积极拓宽融资渠道，开展商标专用权质押工作。在隆力奇集团之前，江苏梦兰集团率先用"梦兰"注册商标为抵押物获得了2亿元的贷款审批。"隆力奇"商标之所以能够获得5亿贷款也与其品牌价值息息相关。[1]

"隆力奇"商标已经在全世界183个国家都注册了，同时拥有8个研发机构，并且在很多国家和地区都有销售分公司，产品覆盖50多个国家和地区。正是因为隆力奇集团一直致力于打造世界品牌，所以其商标才能获得5亿元的天价贷款。

---

[1] 更多详情请参见：隆力奇商标质押贷款5亿元［EB/OL］．110法律咨询网，http://www.110.com/falv/shangbiaofa/shangbiaodongtai/2010/0708/57995.html，2010－07－08．

【细软说法】

　　作为企业无形资产的一种，商标的价值也存在风险。一旦企业发生业绩急剧下滑或经营不顺畅等问题时，商标的价值就会发生巨大波动，甚至急速下跌。当然，如果企业面临良好的发展态势，商标的价值也会随之上升。

　　企业的无形资产和企业的发展是相辅相成的，知名企业的知识产权整体价值及品牌度是优于相对不知名的公司的，这点不可否认。所以不管企业的知识产权能够为企业带来什么，或者提供什么便利，企业发展的脚步应该是永远不停滞的，发展才是使企业不断强大的硬道理。

31 奇瑞：从山寨到品牌的华丽蜕变

　　国产品牌似乎都经历过从山寨到创新的过程，奇瑞也是如此。在中国人固有的观念里，物美价廉从来都是为人所喜欢的，很多人甚至在为自己少花钱而买个仿制品而沾沾自喜。正是扣着"物美价廉"的帽子，很多国产商品也都成了仿冒品，各种山寨货也层出不穷，而在这"物美价廉"背后包含的知识产权意识更是所剩无几。随着经济的发展，"物美价廉"显然已经不能满足大众的需求了。同时，国民经济对自主品牌也提出了更高的要求，品牌转型也势在必行。奇瑞，正是企业逐渐脱离山寨、主攻技术和创新、力创自家品牌的典型代表。

　　翻开奇瑞品牌蜕变史，很多人也许不得不提奇瑞早期在产品上有"傍名牌"的嫌疑。奇瑞早期的品牌标识里有与劳斯莱斯标识很像的瑞麒，同时也有被指与英菲尼迪商标类似的威麟。山寨的道路也让奇瑞渐渐明白：模仿和抄袭只能从短期看到收益，并不利于企业的长远发展。在打造高端品牌的道路上，奇瑞和捷豹路虎成立了合资企业。同时，奇瑞取得了一个很大的突破——让人们改变了中国产品就是山寨产品的印象。奇瑞公司设计的 TX 产品，在日内瓦车展上获得了"最佳概念车"的奖项。更让人意外的是，获得相同奖项的还有宝马的 6 系，两个此前有着天壤之别的品牌印象，从这一刻品牌道路竟交叉在一起。这标志着中国产品开始走向高端，也能够走向高端。

　　走技术研发和品牌建设的道路，几乎是每一个中国企业将来发展的必由之路。而这两者不管如何变化，其与知识产权的关联是不可割裂的。奇瑞汽车随着战略布局的转变，也将知识产权作为重要一环加以管理，并且合理地提出了研发投入与专利产出的比例要求。每年奇瑞都提交专利申请超过 1000 件，而每提交 3~5 件专利申请就需要投入 1000 万元研发经费。奇瑞如此下"血本"

的投入让我们看到奇瑞想要以技术领先和创建自主品牌的决心。❶❷

【细软说法】

  汽车企业已经有一批走在世界前列,这也是"中国智造"的开端。相信以后会有更多的追随者会迎头赶上"中国智造"的脚步,并最终创建出一批国际化的大品牌。也只有根植于本土市场的企业才能实现跨越式的成长并成功与国际市场对接,不断提高对国内外品牌的整合能力,而企业对自身品牌知识产权的保护和管理也能为这条整合之路提供更有力的保障。

---

  ❶ 奇瑞汽车:知识产权锻造国际品牌［J/OL］. 中国知识产权资讯网,http://www.iprchn.com/Index_ NewsContent. aspx? newsId = 86709,2015 - 06 - 24.
  ❷ 技术·奇牌·中国梦 奇瑞正式发布新战略［EB/OL］. 网易汽车,http://auto.163.com/13/0416/15/8SJEMRCA00084TV0. html,2013 - 04 - 16.

32 有一种争夺叫共赢——缘起"稻香村"

当前，很多商标，尤其是老字号均有多家公司或店面共存的局面，但它们的法人可能都不一样，而商标和生产的商品却属同一类、几乎一样或相似度较高。正是这些雷同也让人们在消费时犯迷糊。其实，随着品牌和产品的不断演变，很多商家自己也弄不明白到底谁才是正宗了。同属中华老字号，其历史的味道和品牌的价值除了商家自说自话外，外人则很少去考证或辩驳。而关于谁是正宗、谁是原品牌，这可能也是很多同用一个商标的企业在争夺商标所有权时应该优先解决的问题。稻香村——一个家喻户晓、名冠全国、起源于清朝的老字号，发展至今，市场上也出现了苏州、北京、保定、香港等多家店面和字号并存的局面，究竟谁是正宗也是一度争得好不热闹。虽然官司也打过、商标也驳回过，但未来很长一段时间内多家店面共存的局面可能依旧存在。而在商标一样的基础上，各家店面以后将如何发展，估计得看商品质量和服务的较量了。

南北稻香村共存的局面也一度被人热议，情况确实有些复杂。其实南北稻香村都和一家保定的稻香村有渊源。保定稻香村是最早拥有"稻香村"商标专用权的，后来由于经营不善，保定稻香村曾把商标转让给苏州稻香村，也曾让北京稻香村获得过在月饼等商品上使用该商标的授权，经过授权的苏州稻香村也同意让北京继续使用该商标。

这样看来，南北稻香村商标的使用都具有合理性，但再次发生冲突源于苏州稻香村想要重新申请"稻香村"商标但被驳回，几经上诉，2015年年初最高人民法院做出的一纸裁定终成定局，重新申请的商标仍旧被驳回。

这中间，商标评审委员会及法院裁定的根据是：北京稻香村的知名度有目共睹。北京稻香村经过近30年的发展，目前已经拥有18亿元的资产，29个直营店、81个加盟店和300多个经销网点，销售区域以北京为主，辐射到河北、内蒙古、山西等13个省区市。而重新注册的商标易使消费者在商品来源上产生混淆和误认，所以几次下来重新申请的"稻香村"商标自然都没有注册成功。

据悉，北京稻香村在企业发展时，非常重视产品的质量和大众的口碑，为了让顾客认可自己的产品，北京稻香村重新注册了"三禾"商标。除此之外，为了让消费者不造成混淆，北京稻香村的糕点只在门店销售，其他的销售渠道例如超市等均不是其产品的正宗购买渠道。在销售形式上也略有差异：北京稻香村的门店内各样糕点样式繁多，并且均可拼装；而在超市销售的苏州稻香村等只有现成包装的。

从发展源头上看，北京稻香村算"后起之秀"，从商标的在先使用权看，北京稻香村也不占优势。但为什么南北稻香村可以并存这么多年呢？其实跟我国商标注册和企业名称注册分属不同机构有关。由于这些稻香村厂家分属不同区域，并且注册公司名称都不相同，所以每家公司在法律上都是合法的，但在品牌和商标上还是难以避免混淆。

【细软说法】

商标评审委员会认为，北京稻香村经过长期使用具有较高的知名度，"这种经过长期使用而形成的市场划分及稳定的市场秩序理应得到尊重和保护"。所以，说白了，商标评审委员会依据的是大众的认可，并没有倾向哪一方，怕发生混淆也是怕大众造成混淆，因为那样是对该品牌的一种伤害，也是对大众消费权利的一种浪费。

两家稻香村如果同样重视消费者，也能同样继续取得共赢。以此来看，商战并非都是你死我活，营造一个良好的竞争商圈，共赢有时不失为上策。

33 商标注册注重显著性，巧妙规避主品牌风险

余额宝作为家喻户晓的一款应用，其知名度不可否认。然而从商标方面来讲，其难有显著性，容易造成大众混淆的言论也是纷纷四起。❶

在法律上，显著性低的商标存在很大的风险。首先，在注册时就存有被驳回的风险；其次，显著性不高的商标容易被他人以通用名作为合理的理由使用相同或近似的商标，甚至遭到恶意模仿等。❷

在这方面有一正一反两个例子，一个是格力电器的"冷静王"空调，一个是索尼的商标。由于《中华人民共和国商标法》规定，直接描述产品特性或材质、原料等的商标由于缺乏显著性均不予以注册。格力电器的"冷静王"这一商标就因其直接表现了商品的特点而未予注册成功。而索尼的"SONY"商标在品牌大热之后也遭遇多次假冒。索尼把侵权企业都告上了法院，在这些企业想要以非显著性和通用名之嫌予以反驳时，却在国内外各种工具书中均未找到"SONY"的身影出处，从而无话可说。

当然世事无绝对，有些显著性不高的商标不仅获得了商标权，甚至还成为驰名商标。"竹盐"就是一个很好的例子。竹盐作为牙膏的一种主要原料，是突出产品原料的，这样来看，难免有不显著之嫌，但是竹盐的"成名"之路也让广大企业有了借鉴的榜样。当然，为了保险起见，也为了更好区分一个新诞生品牌，一般显著性低的商标最好不要作为企业的主打商标，因为一旦出现相关问题，就会对企业造成重大影响和困扰，将其作为非主打品牌的商标，就像"冷静王"一样不失为一种好办法。

---

❶ 更多详情请参见：王小敏. 当全额宝遇上余额宝：商标独创性的迷失［EB/OL］. 新浪专栏. http：//tech. sina. com. cn/zl/post/detail/i/2013 - 08 - 01/pid_ 8431953. htm, 2013 - 08 - 01.

❷ 话说余额宝，显著性不是问题［EB/OL］. 中国知识产权网, http：//www. chinaipmagazine. com/journal - show. asp？id = 1862，2014 - 02.

【细软说法】

在这个移动互联网时代，一个品牌的迅速崛起也许在很多人看来十分容易，而任何一个传统企业在当今都可以依靠自创的营销手段，甚至是复制各种成形的饥饿营销、口碑营销、粉丝营销等手段来成就一个品牌。然而一个品牌的维系和保护则更加任重道远。因此，各企业要重视商标显著性要素，不仅在推广和品牌打造时容易被客户记住，显著性强的商标还可以避免因为成为通用词而失去固有的价值。

34 驰名商标与通用商标名称背后的博弈

"名不正则言不顺,言不顺则事不成",这句话用来形容商标之于企业的关系,再恰当不过。每家企业都希望为自己的产品和服务取个响亮的名字,缔造商业上的成功传奇。但是品牌的修炼之路不平凡,即便是苹果、可口可乐、SONY、蒙牛等,背后也都承载着各自关于商标和品牌的酸甜苦辣。

蒙牛酸酸乳未注册商标 幸获"驰名商标"免失品牌

还记得那句"酸酸甜甜就是我"的广告词吗?如果问,蒙牛酸酸乳是驰名商标吗?回答是肯定的。但是,蒙牛酸酸乳之所以有今日驰名商标的得来,还得益于一次险中取胜的诉讼。倘若没有《中华人民共和国商标法》对于驰名商标的保护,虽上市很久但一直没注册商标的蒙牛酸酸乳将不仅面临败诉,还将永久失去这个长期推广的品牌了。

2005年12月,蒙牛一纸诉状将市场上销售相似乳饮料的河南安阳市白雪公主乳业有限公司及相关销售超市告上法庭。2006年2月16日,呼和浩特市中级人民法院对此案进行了公开审理,最终认定"酸酸乳"是蒙牛公司的驰名商标,理由是"酸酸乳"从2000年开始已经使用6年,拥有很高的知名度,尤其是2005年的"蒙牛酸酸乳超级女声"活动,使"酸酸乳"饮料商标更是家喻户晓,而这两个条件均符合驰名商标的认定。假冒者因为有"傍大牌"嫌疑,所以属于不正当行为,应予以禁止。❶

---

❶ 更多详情请参见:李春亚. 从蒙牛"酸酸乳"案件谈未注册商标之保护 [EB/OL]. 北京集佳知识产权代理有限公司, http://www.unitalen.com.cn/html/report/24728-1.htm.

这是《中华人民共和国商标法》第 14 条规定的驰名商标的认定条件。"酸酸乳"驰名商标的认定也使其免于陷入一直未注册商标、将被认定为商品通用名称的风险之中。经过诉讼，酸酸乳相当于注册了商标，并且是保护力度更强的驰名商标，蒙牛公司也因祸得福。

当时，此案的判决一出，即引发乳制品行业的不满和热议。因为这意味着判决一旦生效，"酸酸乳"将成为蒙牛独有的商标，而不是以往行业内普遍认为的行业通用名称，其他乳制品企业均不能再销售"酸酸乳"。因此，包括伊利、光明等特大企业在内的多家乳制品企业纷纷表示强烈反对，并向法院递交了异议书，纷纷举证证实"酸酸乳"并非哪家企业的独有产品。❶

知名品牌沦为通用名称的风险

商品未注册，固然会引起纷争甚至导致良久运营的知名品牌一夕丧失；但商标知名度高，不仅要注意商标被仿冒、成果被剽窃、被人"搭便车、傍名牌"，更须时刻警惕自家的驰名商标沦为通用名称的风险。

众所周知，企业的知名品牌一旦被认定为通用名称，就表示消费者将该品牌等同于包括它在内的某一类产品，这个品牌就失去了区别于其他品牌的商标意义，也意味着该知名品牌的商标不再受法律保护，可以任由竞争对手使用，而企业辛苦建立的商标价值将消失殆尽。这种现象我们如数家珍，如拉链、雪花粉、热水瓶、金骏眉、吗啡、优盘、大富翁、解百纳、兰贵人等都有类似的境遇。

"吗啡"（heroin）是德国制药巨头拜耳股份公司 20 世纪初在美国注册并使用的商标，但因其名声太大，几乎成为麻醉品的代名词，因此被美国法院宣布为通用名称，丧失商标权。1921 年该公司的商标"阿司匹林"（aspirin）被认为是镇痛药的代名词成为通用名称，再次令其丧失商标权。

"优盘始祖"朗科也幸免不了沦为通用名的噩梦。2002 年 10 月 18 日，北京华旗资讯对朗科拥有的第 1509740 号"优盘"商标向国家工商行政管理总局商标评审委员会提出撤销申请。2010 年 3 月 15 日，商标评审委员会作出裁决，

---

❶ 更多详情请参见：李春亚. 从蒙牛"酸酸乳"案件谈未注册商标之保护［EB/OL］. 北京集佳知识产权代理有限公司，http：//www.unitalen.com.cn/html/report/24728 - 1.htm.

认定"优盘"商标为商品通用名称，予以撤销注册。❶

作为一款风靡数十年的游戏，"大富翁"也在多轮角逐中沦为通用名。2005年7月16日，一款名为"盛大富翁"的网络游戏引起了"大富翁"这一商标弱化为通用名的风波。大宇公司以侵犯商标专用权为名状告盛大，而盛大则提出"大富翁"是一类模拟商业风险的智力游戏棋的通用名称，作为商标并不具有显著性。最终，法院裁定盛大胜诉，而"大富翁"也难逃弱化成通用名的命运。❷

如何避免企业的商标在市场竞争中变为商品通用名？

企业应从以下几方面加以预防和监测：

首先，提高警觉，未雨绸缪。时刻关注市场，及时维权，禁止他人未经许可擅自使用自己的注册商标，避免注册商标成为商品通用名称的危险。

其次，注意宣传用语，时刻保持商标属性。在对商品进行广告宣传时，应避免用商标代替产品进行宣传。在使用商标时，可适当在商标之后加上产品名称类的描述词汇。

再次，企业在品牌形成影响力后，应在同类或不同类产品上注册防御商标，以降低商标沦为商品通用名称的风险。在企业未成为驰名商标不能受到跨类别保护的时候，注册防御商标将会是很实用的一项商标保护措施。

最后，企业在察觉到商标有成为通用名称的危险时，应通过广告或媒体向公众声明该商标的所有权，提醒他人不当使用属于侵权行为。

【细软说法】

对于未注册的商标，最有效的保护就是被核准注册。无论是有知名品牌的大企业，还是不知名的小企业，商标一定要早注册，防范自己的品牌或是商品名称随着别家产品被认定为"驰名商标"，甚至演变成为行业通用名称的风险。总之，早早拥有自己的商标并加强保护才是发展的硬道理。

---

❶ 朗科"优盘"商标遭撤销：属于商品通用名 [EB/OL]. 和讯科技, http://tech.hexun.com/2010-04-09/123273455.html, 2010-04-09.

❷ 张华. 大富翁商标 从商标变通用名 [EB/OL]. 中华商标超市网, http://news.gbicom.cn/wz/13860.html, 2010-12-30.

企业旗下品牌知名度越高，其商标隐含的商业价值则越高，也是绝大部分企业梦寐以求的。然而，拥有知名商标的企业也存在一定风险，如果因商标取名不慎，也会因商标品牌太"火"而"引火烧身"。因此，企业对商标的保护，应该纵观全局，不能只管注册不顾保护，只重前端推广不顾后续监测。企业只有注重收集商标的宣传证据和商标实际运营对于企业的价值和意义，在遇到诉讼和"别有用心"的关卡时才能够据理力争，真正让商标成为企业有价值的品牌资产。

35　脱离了作品，标题竟不受著作权保护

近年来，网络小说可谓异军突起，根据网络小说改编的电视剧、电影也是风光无限。2015年，顾漫的《何以笙箫默》就是典型的代表，电视剧正在热播，电影又接踵而至。伴随着影视剧的火爆，关于《何以笙箫默》的精彩版权官司也在现实生活中真实上演。

2014年年末，两大娱乐巨头光线传媒和乐视影业各自宣称拥有《何以笙箫默》电影的拍摄权。对于两家同争一版权，《何以笙箫默》的原著作者顾漫声明，乐视影业曾经获得过《何以笙箫默》的改编权，但在长达3年的有效期内并未进行电影拍摄，直到版权授权即将过期之时才拿到摄制电影许可证开始拍摄，但20天后授权到期，原著作者顾漫便将改编权授权给光线传媒，这才闹出了电影"一家许两家亲"的乌龙戏。版权纠纷的同时，《何以笙箫默》的原著作者顾漫又要面对"何以笙箫默"被抢注为商标的苦恼。

原来，2012年8月，乐视影业在没告知原著作者的情况下，擅自注册了"何以笙箫默"商标，顾漫得知此事后，要求乐视影业撤销该商标，乐视影业不同意。顾漫以该商标的注册侵犯了其权益为由，向商标评审委员会提出注册商标无效的宣告请求。

那么，乐视影业抢注"何以笙箫默"商标是否侵权呢？从理论上来说，作品标题如果符合"独创性"的要求，就具备构成作品的条件。然而，在司法实践中，作品标题的版权主张却很少能得到法院的支持，原因何在？现回顾一下以前发生的此类案例。

2001年2月，著名电影《五朵金花》的编剧赵季康和王公浦因著作权纠纷将云南省曲靖卷烟厂诉至法院。原告诉称：被告云南省曲靖卷烟厂未经其允许，使用并注册"五朵金花"商标，侵犯了其作为剧本作者的著作权，要求

被告立即停止侵权、赔礼道歉。被告辩称："五朵金花"一词不具有独创性，并非《中华人民共和国著作权法》意义上的"作品"。2002年3月18日，法院终审判决：剧本《五朵金花》虽是一部完整的文学作品，但"五朵金花"一词作为该作品的名称，仅仅是《五朵金花》这部完整的作品所具备的全部要素之一，并非《中华人民共和国著作权法》所保护的"作品"。因此，作品名称不能单独受《中华人民共和国著作权法》保护。❶❷

美国的版权法也否定了作品标题的版权性。美国法院在司法实践中对作品标题的可版权性持否定态度。日本的版权法同样不将作品标题作为单独作品进行保护，而是把作品标题作为作品不可分割的一部分，和作品一起作为整体来保护。而德国则另辟蹊径，将作品标题作为商业上的标识用商标法来保护。❸

由此可见，原著作家顾漫的"何以笙箫默"因是顾漫在先创作的小说标题，构成了顾漫的在先权利，被擅自注册的同名商标很可能被异议成功。这是因为，修订后的《中华人民共和国商标法》第32条规定的"他人现有的在先权利"，并不仅仅限于著作权，还包括一切受到法律保护的合法民事权益。

【细软说法】

随着网络技术的日新月异，文学作品版权、商标纠纷日益增多。尤以爆红作品，类似《何以笙箫默》这种网络文学作品因传播范围广、速度快、举证难等特点更是容易受到知识产权侵权，这就要求作者们不断提高自己的知识产权保护意识，第一时间进行版权登记、商标注册，避免陷入知识产权纠纷。

通过"何以笙箫默"商标案，文艺工作者应明白，不仅创作者享有《中华人民共和国著作权法》中规定的各项权利，在作品被改编时，还要注意从商标等形式保护自己的知识产权。

作品标题一旦与作品分离，将不属于被保护的范围，有可能被人抢注。为了全面维护自己的权益，可以将作品标题注册为商标，及早进行知识产权布局吧！

---

❶ 《何以笙箫默》人红是非多 版权商标大战轮番大战［EB/OL］.百度贴吧，http://tieba.baidu.com/p/3528304252，2015-01-14.

❷ "何以笙箫默"引发的知识产权思考！［EB/OL］.中华商标超市网，http://news.gbicom.cn/wz/36103.html，2015-05-06.

❸ "何以笙箫默"纠纷引发的思考——脱离了作品，标题还受保护吗［EB/OL］.国家版权局，http://www.ncac.gov.cn/chinacopyright/contents/4509/236537.html，2014-12-31.

36 杨丽萍用版权玩转资本，艺术创富不再是梦

一直以来，古今中外比较务虚的艺术创作虽然精彩，但一直在比较务实的世界里得不到相对应的回报。伟大的艺术创作者生前凄凉、身后作品被资本运作后变得价值连城的故事我们经常会看到，如凡·高、莫扎特、曹雪芹等。即使现在，经常有许多好作品因资金不足而无法面世，更有不少创作者抱怨自己的艺术被商业绑架，才华和作品也得不到应有的施展。

怎样才能从事艺术创作又不被现实所困，不用四处伸手要钱疲于应付各类趋利者"绑架"？什么时候才能"不差钱"，安心有尊严地从事艺术创作，同时又实现艺术价值的最大化呢？

"孔雀公主"杨丽萍给出了答案。2014年年底，杨丽萍的云南杨丽萍文化传播股份有限公司完成新三板挂牌，成为国内第一家登陆新三板的舞蹈演艺企业。目前，杨丽萍持有公司69.47%的股份，是公司第一大股东。如果云南文化按照现在新三板的平均市盈率做市交易，杨丽萍的个人身价预计将高达40亿元以上。股权转让说明书显示，目前杨丽萍的公司总资产为7122万元，其中杨丽萍创作编排的舞蹈《孔雀》《云南映象》《云南映象（2014版）》的版权所构成的文化资产就已达到1105万元，占比达15.5%。有媒体具体推算，仅"杨丽萍"三个字，体现在公司账面上的价值就超1000万元。[1]

为什么会想到艺术对接资本市场？杨丽萍表示，不想做一个作品就去伸手跟人家要钱，更不喜欢那种"好像我们艺术需要你救济我们，我们才能做艺

---

[1] 杨丽萍公司上市：不喜欢伸手跟人要钱［EB/OL］．网易娱乐，http：//ent.163.com/14/1201/06/ACBVTNVV00032DGD.html，2014-12-01．

术"的感觉,希望能自己独立做艺术。艺术不是苦哈哈的,也可以站着就把钱赚了。❶

另外,杨丽萍也谈道:艺术对接资本可以实现企业经营的更规范化,更利于管理。当年做《云南映象》纯粹是自己的爱好,现随着不断运作,已有200多人的规模,传统的管理无法再顺利操作,而且若想更好展现《云南形象》,仅凭一家之力太薄弱,上市之后,有了更多资金和关注,《云南映象》才能更好传承,从而避免被边缘化。

一提到杨丽萍,大家都会想到舞蹈家、孔雀,尤其是她创作的《云南映象》《孔雀》等大型舞剧早已成为人们心中的经典。将不食人间烟火的舞蹈艺术完美与资本市场对接,艺术还有美的感觉么?对此,杨丽萍回应艺术与商业可以平衡:"小时候,再艰苦、再劳作,全村人都会用唱歌跳舞来让自己的灵魂得到精神上的愉悦,找到美好的感觉。上市、艺术、文化也一样,只要用最自然的方法来创作、经营、生活,仍然能找到美好的感觉。"❷

为与资本市场更完美融合,杨丽萍的公司发展模式也在创新。除了传统的《云南映象》《孔雀》的巡演外,杨丽萍还在舞台科技、影视制作、剧场运营、演员经纪方面成立专门公司。❸❹

杨丽萍认为,虽然文创企业与资本对接初期比较艰难,但是,艺术与资本并不对立,可以和谐共处,并创造出具有价值的作品。因为企业若要持续发展,需要逐渐弱化对个人的信赖,缔造一个长久存续下去的品牌,这将是一种很好的文化传承模式。

现在,文化产业已进入了资本运作时代,湖南电广传媒股份有限公司、广东奥飞动漫文化股份有限公司、华谊兄弟、华策影视、橙天嘉禾、博纳影业、光线传媒和阿里影业等文化产业公司纷纷上市。截至2014年年底,文化产业主要上市公司有50家。传统的艺术家和艺术行业的经营者开始学着让"资本"与"艺术"共舞,舞出艺术的多彩和价值。

一个行业走向成熟和市场化的重要标志就是资本和金融工具的大量使用。

---

❶❷ 杨丽萍公司上市:不喜欢伸手跟人要钱 [EB/OL]. 网易娱乐, http://ent.163.com/14/1201/06/ACBVTNVV00032DGD.html, 2014-12-01.

❸ 杨丽萍蜕变:文化与资本共舞 [EB/OL]. 凤凰财经, http://finance.ifeng.com/a/20141201/13317715_0.shtml, 2014-12-01.

❹ "云南文化"在新三板挂牌 成为全国首家登陆新三板的舞蹈演艺企业 [EB/OL]. 云南网, http://yn.yunnan.cn/html/2014-11/14/content_3450942.htm, 2014-11-14.

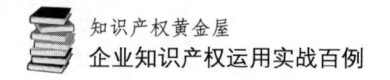

艺术产业的上市正是艺术价值化的开发和体现，更能对艺术创新进行反哺，完成对艺术产业链的重构。

【细软说法】

　　随着商业化进程的加速，许多民间的传统文化艺术都因不能找到实现自身价值最大化的途径，在悄无声息中慢慢落寞，甚至消失。杨丽萍的文化企业上市，很好地说明了艺术若想真正发扬光大，必须勇敢地与时代对接，拥有市场，才能立足，更有活力！

　　现在社会已经进入一个崭新的经济时代，希望中华文化艺术不再落寞，更不要为了求生存变成权贵手中的玩物。文创行业要学会运用文化版权再生资本的力量，在市场的浪潮中共建一个健康、有传承、符合中国传统的当代艺术创作氛围。

第四章 企业上市中的知识产权风险

居安思危

出自《左传·襄公十一年》："《书》曰：'居安思危。'思则有备，有备无患。"《旧唐书·岑文本传》："臣闻创拨乱之业，其功既难；守已成之基，其道不易。故居安思危，所以定其业也；有始有卒，所以隆其基也。"比喻处在平安的环境而想到会出现的困难危险。

- 富士康VS比亚迪：上市波折源起商业秘密
- 科学专利预警：企业生存的攸关所在
- 专利购买：海外上市免诉讼的"门道"
- "高通"惹人垂涎，跨境企业中英文商标同样重要
- 自主品牌"北汽"上市的噩梦源头
- 商标抢注：倒逼企业重视知识产权的那些事儿
- 转型未成功让唯冠的iPad"少"了一个零
- 乔丹体育：民族品牌深陷危机何解
- 千万学费贵不贵？《刀塔传奇》陷国际巨头围猎
- 企业上市，知识产权风险应提前防范

近年来的众多事实一再表明,上市企业必须重视知识产权策略的运用,方能在上市之路上健康发展。

众所周知,知识产权是知识产权权利人的重要资产,对于作为创新主体及市场主体的企业而言更是如此。[1] 知识产权不仅对企业的生存和发展起着重要作用,而且是企业赢得市场竞争和发展壮大的关键。拟上市企业的知识产权问题一直是证监会关注的重点,其不仅涉及拟上市企业的资产完整性,还涉及企业的持续营利能力和竞争能力,从而直接影响着企业是否能成功上市。

根据企业上市的相关规定,知识产权纠纷很可能构成阻碍这些企业上市的重大事项。一旦处置失措,就有可能让这些企业为准备上市而付出的艰辛努力付之东流。在这方面,不少企业已经付出了惨痛的代价。

回顾近年来的典型案例,乔丹体育等多家企业上市遇阻,无不是因为企业自身存在的知识产权问题。事实上,拟上市企业往往要面对各种难题,但知识产权基础薄弱却是最大的隐患。而且,往往因为某些企业知识产权工作存在薄弱环节,使拟上市企业遭遇知识产权类纠纷的比例增大,并且这些知识产权纠纷对拟上市企业的"杀伤"力巨大,也曾让不少知名企业在上市过程中半途而废,折戟沉沙。

因此,企业在上市时,无论是发行人还是为企业上市提供法律服务的中介机构,都必须对知识产权问题予以足够的重视。要深入、仔细地核查,提早发现拟上市企业存在的知识产权问题,在采取合理的解决方案的同时,帮助企业切实加强知识产权全面管理。

具体而言,对于拟上市企业,一是要具备良好的知识产权意识,在上市筹备阶段就应做好企业的知识产权管理工作,确定企业发展的核心知识产权,建立知识产权的布局与防御,尽量奠定牢固的知识产权管理基础,避免侵权纠纷的发生;二是全面梳理本企业的知识产权,认真弄清自身拥有的知识产权权利,对于合作伙伴的知识产权要获得合法许可或授权,避免临时出现问题;三是要在此基础上,树立信心,积极应对,以自身的知识产权实力来解决知识产权纠纷。在处理已经发生的知识产权纠纷时,对于事实清楚、证据充分的案件,应积极协商,合理、合法地解决纠纷。同时,对于那些恶意的知识产权诉讼,要坚决地依据事实和法律予以抵制和反击。

---

[1] 张凡天,喻永会. 企业上市要注重知识产权策略 [EB/OL]. 国家知识产权局. http://www.sipo.gov.cn/mtjj/2013/201310/t20131009_ 821158. html,2013 - 10 - 10.

37 富士康 VS 比亚迪：上市波折源起商业秘密

大家都知道，富士康以"代工"最为声名卓著，但在诺基亚风行的时代，比亚迪却是发展最为迅猛的手机代工厂家，当时它直接威胁到了富士康"老大"的位置。2003年比亚迪进入手机代工领域，只用了3年时间，手机制造营业收入就超过了50亿元。

从暗自愤恨，到公然宣战

本来由富士康一家独大的代工行业，因比亚迪的闯入，资源被大肆挤占。2002年占据大部分手机市场份额的诺基亚弃富士康选比亚迪为其手机电池供应商。不仅在客户资源上被比亚迪分走很大一部分，政府资源也被大幅挤占。一位资深行业人士在接受《证券日报》采访时如此评论："没有比亚迪之前，本土没有此类企业，对富士康会给予很好的条件和资源，有了比亚迪之后，在政府资源上势必产生挤占。"❶

面对这些竞争，富士康可能还只是"暗暗愤恨"。但当富士康发现，比亚迪手机代工业务发展如此迅猛，是因为从富士康挖走了大批员工并带走了重要商业秘密时，富士康就无法淡定了，暗自愤恨就变成了"法庭交战"。2007年6月富士康以比亚迪擅用及盗用机密资料为由向香港法院提起了诉讼。比亚迪原计划于7月底将自己手机业务在香港分拆上市因此次诉讼被搁置。当9月27日比亚迪再次提出上市申请时，富士康随即再次向香港高等法院提出对比亚迪

---

❶ 更多详情请参见：富士康比亚迪5年纠纷再爆商业机密案中案［EB/OL］. 腾讯财经，http://finance.qq.com/a/20120625/000976.htm，2012－06－25.

第四章
企业上市中的知识产权风险

的新诉讼。

大家都知道企业在上市之前,遭遇知识产权诉讼是一件很受打击的事,既有可能影响上市进程,又可能影响股指的攀升。知识产权是证监会考核企业的重要指标,也是广大股民较关心的问题。富士康选在比亚迪上市之前多次起诉,妨碍其上市的意图可谓"司马昭之心,路人皆见之"。❶

"碟中谍"商业秘密案,几经惊天逆转

富士康当时"冲冠一告",此案将与比亚迪纠缠多年。在2006年的诉讼中,富士康称被比亚迪挖走的手机外观设计高级员工柳某某、司某某等人,在担任比亚迪手机设计部门负责人之后窃取了原公司文件,并以被告侵犯其商业机密为由,向其索赔500万元。但双方对核心证据是否属于"公知"存在异议,需要司法鉴定中心进行鉴定。❷

当时深圳宝安区人民法院参考了中国科学技术部知识产权事务中心和北京九州世初知识产权司法鉴定中心的结论,最后判断:被鉴定文件载有非公开信息,并可对拥有该信息者带来经济利益,从而判定比亚迪侵犯富士康商业秘密罪成立。比亚迪因此备尝苦头,不仅上市不得不推迟半年,并且经过公安机关的调查取证后,该案件可能涉及犯罪需要追究刑事责任。随后富士康撤销对比亚迪在内地的民事诉讼,转为刑事诉讼。

截至2008年12月,富士康一直是案件的有利方,但随后的剧情却发生了惊天逆转。

2008年12月3日,比亚迪称公安机关已撤销对比亚迪的调查,之前的鉴定结果不具备参考价值。因为鉴定中心的相关人员因涉嫌毁灭、伪造证据和收受贿赂被公安机关逮捕。此外,比亚迪前员工张某某涉嫌接受富士康方面的贿赂,为其非法窃取保密文件,被公安机关逮捕。富士康2008年10月、2009年9月两次向香港高等法院提出变更诉讼请求,并增加了北京富士康精密组件公司作为原告。而比亚迪则在2009年10月提出反诉。

---

❶ 富士康使绊 比亚迪上市受阻[EB/OL]. 在线律师,http://www.148-law.com/trace/stock.htm,2007-12-19.

❷ 富士康阻击比亚迪上市融资?[EB/OL]. 每经网,http://www.nbd.com.cn/articles/2007-11-12/58474/print,2007-11-13.

【细软说法】

情节曲折、高潮迭起，富士康和比亚迪的这起商业秘密案对于看客的我们，可以算得上"谍战大片"了。但对于当事人来说，恐怕是猜对了开头，却没能猜中结尾的戏谑吧。历时将近6年，手机行业都几易霸主了，富士康和比亚迪的案件仍无结果。富士康可能已经忘记当时发起诉讼的初衷了。本案因其曲折性和反复性必将被当作商业秘密经典案件写入卷宗。

从本案中，企业有以下两点要注意：

首先，企业在上市前应尽量避免陷入知识产权纠纷，一定要加强知识产权预警，从知识产权的各个方面排查"雷区"，尽量做到不陷入知识产权危机中。并且应加强知识产权的管理工作，对公司的商标、专利等加强管理，避免商标被抢注、知识产权失效等问题。

其次，企业平时还应加强商业秘密的管理。不要等核心秘密被窃取后，再以诉讼手段获得赔偿。防止企业的商业秘密不因员工离职而被带走，企业应和员工签好协议：第一，企业和员工签订职务成果归属协议，防止员工拿走职务成果变成竞争对手；第二，企业和员工签订保密协议；第三，在员工离职时和员工签订竞业限制协议，以防止员工将企业内的商业秘密带给竞争对手。

38 科学专利预警：企业生存的攸关所在

柯达无疑是"胶卷时代"的王者。它几乎占据全球2/3的市场份额，1966年，柯达海外销售额达21.5亿美元。到1976年，柯达在美国胶卷和相机销量中的占比已经分别达到90%和85%。但好景并不长，后起的宝丽来公司成功研发出的即时成像相机，广受市场欢迎，抢占了相机市场很大部分的市场份额。❶

为打压这个竞争对手，柯达也致力于对即时成像相机的研发，却因没做好专利预警触到了宝丽来的专利"雷区"。1991年1月15日，柯达触犯宝丽来拍立得相机专利，并因此付给宝丽来一笔9.25亿美元赔偿金。

但该案让柯达损失的不仅是赔偿金，还有因此案而引发的一系列经济损失，数值多达30多亿美元。这其中包括了柯达10年的研发和市场推广费用9亿多美元，买回16年间卖出的5万多台相机，关闭投资15亿美元兴建的工厂，解雇700多位员工等一系列事件导致的损失。另外，还损失了若干独立重复研究经费。这次诉讼给柯达带来的冲击可谓是致命的。❷

柯达之所以在专利诉讼中损失惨重，是因为柯达没有做好专利预警的工作。既然宝丽来公司在即时成像技术上已经取得了不菲的成绩，柯达想分得一杯羹，需要提前分析对手的专利技术，做好专利预警。

专利预警，是指在对相关技术领域和产品的专利申请信息、专利授权信息、专利纠纷信息以及国内外市场信息和国家科技、贸易、投资等活动中的重大专利信息进行采集、分析的基础上，对可能发生的重大专利争端和可能发生

---

❶❷ 更多详情请参见：从柯达的落败看专利预警的重要性［EB/OL］. 思博网，http://www.mysipo.com/article-4550-1.html，2015-02-28.

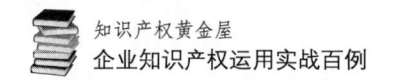

的危害及其程度等情况做出的警示预报。❶

【细软说法】

  专利预警做得好，可以避免重复研究，为公司节省研发资金，防范知识产权风险。同时有助于了解技术最新市场动态，为公司进一步的研发提供依据。更重要的是，从中获取到"免费"的技术解决方案或可能的合作机会。另外，通过专利预警工作，可以物色到企业真正需要的专业人才。

  科学的专利预警系统，是企业能够立于不败之地的坚实后盾。如何做好专利预警，需要以下三步。

  第一步，专利预警信息的监测和采集。通过建立专利预警信息采集系统，根据确定的信息监测、采集重点领域和对象，将信息纳入采集系统。

  第二步，专利信息数据分析和预警论证。建立分析指标体系，开发和运用专利预警分析软件，对数据进行定性、定量分析，显示预警指数，为预警分析和预警报告提供参考，并组织专家评估，提出专利预警分析报告。

  第三步，专利预警信息的发布和反馈。专利预警信息应定期通过特定的渠道向企业相关部门发布，及时与有关部门合作，制定相应对策，并进行跟踪。

---

  ❶ 从柯达的落败看专利预警的重要性 [EB/OL]. 思博网，http://www.mysipo.com/article-4550-1.html，2015-02-28.

39 专利购买：海外上市免诉讼的"门道"

企业壮大到一定程度，就不可避免地要开拓海外市场，甚至于海外上市。但因为中国产业发展的自身问题，中国企业走向欧美市场时，都要经历一番知识产权的考验。虽然中国企业近年已经加大了对知识产权投入，但中国的企业毕竟起步晚、研发力量较为薄弱，所以当它们初成规模、走向国外市场时，迎头碰上的可能就是一场专利诉讼。

像中国手机行业的华为和中兴都接受过美国的"337调查"，小米在印度遭受爱立信的围攻，都是中国企业因专利布局和商业策略在海外面临的专利困局。

规避竞争对手的专利，需要企业根据自己的定位和策略，积累关系企业长远发展的专利，做好专利布局。积累专利可以像华为一样采用自主研发模式，但若想短期内积累起一定数量的专利，专利交易的模式就更简单便捷。2014年阿里巴巴在美国"狂购"专利，就是在大幅度加大在美国的专利储备，为进军美国市场做的专利布局。

阿里巴巴海量购专利，以备海外上市

2014年阿里巴巴集团首次公开募股以融资250亿美元，成了有史以来最大的IPO。美国是诉讼多发之地，企业在上市时更容易招到专利诉讼的袭击。Facebook和Twitter都曾在上市之际诉讼缠身。阿里巴巴集团在美如此高调募股，会幸免于难吗？[1]

---

[1] 更多详情请参见：阿里巴巴购买多项专利应对专利诉讼风险［EB/OL］.中国知识产权网，http://www.chinaipmagazine.com/news-show.asp? id=12219，2014-09-24.

事实证明，阿里巴巴有备便无"患"。专家分析，阿里巴巴从2013年就开始在美国进行专利布局了。2013年，阿里巴巴在美已积累399件专利，其中50多件已获得授权。这些专利除了自己申请的之外，有20件是从IBM购买的。据专家分析，这20件专利中，有1件在线数字内容销售商业方法的早期专利，貌似是针对美国最大的电子商务平台亚马逊准备的。可见，阿里巴巴已经做好了应对其最大竞争对手亚马逊专利诉讼的准备。❶

韩国三星也曾在2006~2009年间斥巨资购买专利，以弥补其专利组合的不足。美国因为专利诉讼多发，法院判决的赔偿额较高，导致专利市场价格水涨船高。因此，企业在购买专利时，投入会较高，但是这也比向美国法院和律师支付千万元的诉讼成本值多了。因为专利购买所费资金很高，专利的价值又直接决定企业长远的发展，所以购买专利技巧将至关重要。❷

专家指出，作出英明的专利购买决策的关键在于企业高层管理人员专利运营的智慧和胆识。像分管索尼公司美国业务的资深副总裁Mitomo先生，因长期驻守纽约，能深入地观察和参与美国知识产权实践运作，才能察觉到Intertrust的DRM安全技术的重大价值。索尼公司因购买此专利，才在相关领域保持较久的竞争优势。

【细软说法】

应对海外诉讼，要做好专利购买决策，企业应有意识地进行企业内部专利运营人才的建设。选拔有相关能力的人从事专利运营的评判和标准化工作，并鼓励它们多与国外同行接触，拓宽它们的视野，增加其国外专业业务实践。相信假以时日，企业就能培养出能为企业的长远发展进行专利运营的高级人才。

---

❶ 阿里巴巴购买多项专利应对专利诉讼风险[EB/OL]. 中国知识产权网, http://www.chinaipmagazine.com/news-show.asp?id=12219, 2014-09-24.

❷ 当前国内专利运营的难点和出路分析[EB/OL]. 广州市法顺法律服务有限公司, http://www.2008ip.com/show_1_44_116.html, 2013-01-27.

40 "高通"惹人垂涎,跨境企业中英文商标同样重要

商标之争历来已久,不管是国内企业之间还是国际企业之间,关于商标的争夺和因商标所产生的纠纷似乎从未停止。也许大家对国内企业深圳唯冠公司起诉国外企业苹果公司商标侵权的事还记忆犹新,而 2015 年 3 月 17 日,上海高通召开的一场就美国 500 强公司 QUALCOMM(卡尔康)公司涉嫌商标侵权等事宜的发布会让又一场因商标而引起的国际纠纷印入大家眼帘。

说到 QUALCOMM 公司,国内也许很多人不熟悉,但是随着智能手机的普及和市场竞争的白热化,高通芯片作为一种重要的应用技术也被各大手机生产商广泛采用,小米、中兴、联想等部分产品都采用高通芯片。高通芯片在国内手机芯片应用中占据的重要地位也十分牢固,其 2013 年以 172 亿美元的营业收入稳居全球 IC 设计之首。那为何这样一个的大公司也会惹上商标侵权的官司呢?那还得从国内本土本家"高通的真身"——上海高通半导体有限公司说起。❶

上海高通半导体有限公司(以下简称"上海高通")原名上海高通电脑有限责任公司,是一家以字库芯片为核心业务的智能科技应用公司,公司成立于 1992 年,注册时同步注册"高通"商标,2010 年 9 月正式更名为现有名称。上海高通最早从事半导体芯片、字体芯片的研发,早期的汉卡业务更是曾与联想、金山比肩。上海高通目前业务则以芯片为主要依托,涉及智能芯片、智能生活、智能物流和智能教育四大市场,还包括商超显示标签、仓库物流拣货标签等。

---

❶ 更多详情请参见:上海高通状告美国高通侵权 声称该罚一千亿美金[EB/OL]. 央广网, http://finance.cnr.cn/gs/20150318/t20150318_ 518038923.shtml,2015-03-18.

美国 QUALCOMM 公司成立于 1985 年，与上海高通同涉及半导体行业及相关业务。1994 年，美国 QUALCOMM 公司在中国开始申请 QUALCOMM 商标，并以"卡尔康"作为自己在中国使用的字号。1998 年，卡尔康进入中国，在自己的部分产品和服务中开始以"高通"字样作为商标使用，并以"高通"字样在其官网 www.qualcomm.cn、官方新浪微博、新浪博客以及其他宣传资料中大量使用"高通骁龙处理器""高通芯片""高通 Snapdragon 芯片""高通参考设计"等。2001 年，美国 QUALCOMM 公司还在中国成立高通无线半导体技术有限公司和高通无线通信技术（中国）有限公司，"高通"也作为企业的正式字号被确定下来，但卡尔康并未将"高通"作为商标予以申请。2010 年，卡尔康公司开始申请注册"高通"第 9 类和第 38 类商标，但由于已被上海高通注册并使用，使得卡尔康的注册无疾而终，至今仍未获得注册通过。❶

据上海高通董事长程儒萍所说，虽然卡尔康一直没有注册过"高通"字样的商标，但美国 QUALCOMM 公司曾试图购买过其商标。早在 2001 年和 2012 年，美国 QUALCOMM 公司就曾试图分别用 5 万元和 200 万元买下上海高通手中的"高通 GOTOP"商标。但在上海高通看来，第一次出价 5 万元购买商标是对中国企业的傲慢和蔑视，而第二次美国代表方的说辞竟是上海高通企业太小，没什么值钱的，200 万元对于他们来说已经是不错的商标购买价格了。❷

而这两次都不是美国 QUALCOMM 公司直接出面，都是通过律师和商标代理公司来参与谈判。在程儒萍看来，这不仅是对中国企业的不尊重，也是对上海高通在"高通"商标和品牌推广运营中投入的心力的一种忽视。最终，美国 QUALCOMM 公司购买商标的计划均告失败。商标购买和申请均未果，也没能阻止美国 QUALCOMM 公司继续用"高通"商标字样进行商业运营和产品销售。2002 年，上海高通曾正式向美国 QUALCOMM 公司发出律师函，但 QUALCOMM 公司并未理睬，继续以"高通"字号宣传。

美国 QUALCOMM 公司 1998 年至 2014 年长达 16 年涉嫌对上海高通的商标侵权，并因此获得的侵权金额高达数千亿元人民币。而上海高通合法注册的"高通"商标却因在通信和半导体行业和美国 QUALCOMM 公司使用的商标产生混淆，遭受了巨大的经济损失。2014 年 4 月，上海高通毅然向上海市高级

---

❶❷ 上海高通诉美国高通："逼急连雷军一起告"［J/OL］. 凤凰财经，http://finance.ifeng.com/a/20150318/13561091_0.shtml, 2015 - 03 - 18.

第四章
企业上市中的知识产权风险

人民法院提起诉讼，状告美国 QUALCOMM 公司商标侵权和不正当竞争，美国 QUALCOMM 公司为第一被告，高通无线通信技术（中国）有限公司上海分公司为第二被告，要求美国 QUALCOMM 公司赔偿人民币 1 亿元，并登报公开道歉。❶

但综合来看，案件的诉讼进展似乎并不是那么顺利。由于涉外案件的特殊性，按照法律规定，一般涉外案件文书可直接送达其中国分公司或办事处，但若遭到拒收，就只能按照《海牙公约》通过外交途径送达，单这个传递工作就要花掉半年时间。这也让上海高通陷入了非常被动的境地。考虑到维权的进展情况，上海高通也将进一步整理证据等文件，准备提起新的诉讼，对象将包括美国高通芯片的使用者和经销商，其中不排除起诉包括小米公司等在内的美国高通芯片的使用者和经销商。

【细软说法】

据目前情况推测，上海高通与美国 QUALCOMM 公司的商标侵权之争，必将是一场旷日持久之战，而上海高通是否能够力争维权到底我们不得而知。但小小的上海高通直逼美国 QUALCOMM 这一 500 强企业发起维权之战，其勇气已然可嘉。不管最终是握手言和还是继续僵持决出胜负，美国 QUALCOMM 公司都会付出代价。赔偿和收购商标获得商标许可授权两条路，都将让美国 QUALCOMM 公司铭记这一商标正名之战，使其有所觉悟。

在实力上，上海高通也许和美国 QUALCOMM 公司无法抗衡，但是国内企业因商标权益受到侵犯和面对国外企业带来的商贸威胁敢于运用法律武器来维护自身合法权益也不失为一种意识觉醒和维权的进步。美国 QUALCOMM 公司对中文商标申请和保护的"漠视"，也让其在"高通"文字商标流失之痛中有一番思考，更让那些已经或即将踏入中国市场的跨国公司们在对中文品牌尤其是商标方面的申请和保护上更加重视，提高商标意识和警示觉悟。

---

❶ 上海高通再诉美国高通 要求罚款千亿美元［EB/OL］. 网易新闻, http://news.163.com/15/0318/03/AKV8CIE20001124J.html, 2015 – 03 – 18.

41 自主品牌"北汽"上市的噩梦源头

不论企业如何发展,品牌都是成功的关键因素,有因为品牌而一蹶不振的,也有因为品牌问题而迟迟不能上市的,"北汽"就属于后者。

"北京汽车寻求成为上市公司已经有10年的时间,其间因为各种原因才延至今日。对于'北汽'来说,上市是一项必须完成的任务,这不仅能够为北京汽车引入大量的外部资金,而且还能够通过这个过程提高品牌美誉度、知名度。况且,中国最大的几家汽车企业都已经是上市公司。"汽车产业评论人张志勇指出。然而,据说拖累"北汽"上市步伐的似乎正是自主品牌。

10年来,"北汽"为上市做了太多努力,但每次都因为这样那样的原因搁置。

第一次想上市是在2004年8月,当时计划在2005年9月上市,但股权结构不明晰、优质资产单薄等一系列负面因素注定了当时的"北汽"无缘资本市场。

接着,2005年6月,"北汽"想要把所有营利的业务整合为一家股份制公司,而不想引进外资股东。2006年"北汽"与信达资产管理公司签署了债务重组协议,扫清了上市的最大障碍。

然而,可悲的是2007年5月,北京市人民政府原则上已经通过组建"北汽股份",北汽整车资产整体上市方案也递交到证监会审批,可惜一直没有下文。

"然而,上市并非北汽成为强大汽车企业的必要条件,当然也非充分条件。"张志勇认为,虽然上市能够为"北汽"募集上百亿元的资金,但是按照"北汽"发展战略规划,100亿元的资金额度显然解决不了根本问题。对于北汽来说,资金远不是最重要的问题,"北汽目前最需要的是自主品牌的壮大发展,而自主品牌的壮大发展最欠缺的是品牌形象与产品品质的提高。"所以不得不说,无论上市与否,自主品牌都是"北汽"的一个关键问题。❶

从这样一组数据中可以看出一些端倪:"北汽"目前的利润主要来源于合资板块,其中,北京现代为54亿元,北京奔驰为5.7亿元,而自主品牌亏损了将近30亿元。而同类公司几乎都已上市,自主品牌也可圈可点,如上汽、东风及长安等。

因此有观点认为,"北汽"之所以改变之前的整体上市计划,主要是为了消化不久之前购买的萨博技术,用来发展自主品牌乘用车,而将乘用车资产打包上市的方式,是北汽能较快实现上市的方式之一。❷

【细软说法】

是否上市对于企业来说意义重大,但自主品牌是应该在企业刚开始的时候就应该优先发展的,而今北汽因为自主品牌影响上市步伐才开始重视这个问题,有些本末倒置。如果自主品牌发展起来,一切险阻将不再是险阻。

---

❶ 更多详情请参见:北汽上市前的焦虑 [EB/OL]. 新浪财经, http://finance.sina.com.cn/rou/20141207/105421015652.shtml, 2014-12-07.

❷ 刘金霞. "乘用车代工厂" 脱帽 北汽上市难题未解 [EB/OL]. 腾讯汽车, http://auto.qq.com/a/20100723/000080.htm, 2010-07-22.

42　商标抢注：倒逼企业重视知识产权的那些事儿

知识产权是一柄双刃剑，既可以作为保护企业利益的有效手段，也可以成为给企业造成严重伤害的诱因。就拿商标抢注来说，抢注是指某企业使用多年的商标，由于商标意识不到位而没有事先注册，最后被他人给抢先注册的一种行为。而今更有甚者，在抢注之后"反咬一口"，找到原始使用商标的企业，诉之侵权，而被告侵权的企业始料未及，总是要花费很大的财力和精力来进行商标争夺，甚至面临较大的诉讼赔款。当然这其中被抢注商标的也不乏很多著名企业。

说到著名企业，五粮液就是一个鲜活的例子。"五粮液"的商标曾在韩国遭受抢注，抢注者是一个韩国本地人，这个人不仅抢注了"五粮液"商标，并且还抢注了"红星二锅头""三鞭"等很多我国著名的白酒商标。庆幸的是五粮液最终还是抢回了自己的商标。不过可悲的是，很多品牌并不知道自己的商标已经被人在国外抢注了。[1]

不光是国外，国内也有人专门以抢注商标牟利。商标注册第一人王建强，河南人，创办了一个"商标超市"，用7年的时间抢注了70多个商标，其中很多商标都被高价标注出售，例如，"老鼠爱大米"标价就高达3000万元，而这些注册的商标也让他获得了非常实际的利益。例如，他注册的"我能"商标，被河南大河村实业有限公司看中，后双方采取以商标入股的形式合作成立了一家股份公司，并且将"我能"商标作价300万元。之后又以别的商标和外观专利作价500万元再次入股投资的公司。虽然，人们并不认同他这种通过

---

[1] 更多详情请参见：五粮液跨国维权 夺回在韩国抢注的商标权［EB/OL］. 腾讯新闻, http://news.qq.com/a/20040415/000190.htm, 2004-04-15.

注册商标而营利的方法，但王建强自己认为他是将商标这种稀缺商品发扬光大，并以此来提高企业的品牌意识。❶

当然，有些商标抢注却是来自前员工，而后反过来状告原来的老板，这也使得原有企业感到"痛心疾首"却有口难言。一个叫"尚·丹尼造型"的理发店，其商标被前员工的妻子抢注了，并反过头来说该理发店侵犯了自己的商标权。不过结果还算公道，最终法院查明了事情真相，得知原告是前员工妻子的身份，并且只是注册商标并未使用该商标，所以驳回了诉讼。❷

商标被抢注的现象层出不穷，究其原因还是市场环境和企业的商标意识不强造成的。一方面国外品牌的知名度和产品实力使得消费者比较崇尚国外的品牌，另一方面因为产品周期等原因，国内品牌生长空间有限，就使得不少企业总是出现品牌呼声高而商标注册行动少的情况。但是，外国的企业不会有哪一家产品在上市时还标注着"TM"的，但这种现象在中国却十分普遍。❸

【细软说法】

很多遭抢注的商标需要反购才可以继续使用，而很多企业也不愿意花大价钱去买。其实，只有不断适应市场的发展需求，全盘考虑企业发展应该注重的环节，尤其是知识产权方面的保护，才能在自身体系内建立起一个良好的保护壁垒，不仅不会让人侵犯自己的权益，也能在权益受到侵犯时据理力争、奋起反击。因此，企业不光需要有与时俱进的市场眼光，还需要有清醒的知识产权经营思维和保护意识。

---

❶ 王建强河南商标注册第一人［EB/OL］. 新浪网, http：//henan. sina. com. cn/cy/gsh/2010 – 09 – 23/10571212. html, 2010 – 09 – 23.

❷ 前员工家属抢注商标 起诉禁用并索赔被驳［EB/OL］. 人民网, http：//ip. people. com. cn/n/2015/0113/c136655 – 26373984. html, 2015 – 01 – 13.

❸ 查钢. 职业商标抢注人, 你的商标为什么卖不出去？［EB/OL］. 中华品牌管理网, http：//www. cnbm. net. cn/article/ar217795188. html, 2009 – 11 – 09.

43　转型未成功让唯冠的 iPad "少"了一个零

关于"iPad"商标之争,有人站在唯冠的立场,有人站在苹果的立场,但无论站在哪个立场上,都只是就事论事。事实上,当时的唯冠正处于多事之秋——正面临破产。即使这样唯冠还可以从苹果那里获得 6000 万美元的成交价。如果唯冠正处风光之时,或正在用"iPad"这个品牌创造出更多价值,那么苹果将付出更大代价,甚至难以买走这个商标。❶

说起富士康,名气可能要比唯冠大一些。唯冠是因其曾经是显示器的五大生产商之一,也因和苹果争商标一事才让人们记住了它的名字。可能人们不知道它曾经和富士康有相同的经历,就是做代工。大多数人知道的唯冠是其因为遭遇经济危机而处于即将破产的境地,但很少有人知道,其实在经济危机之前,它的结局就已经形成定局。

其实,做代工的经历一直是唯冠说不出的"痛",因为除了显示器的优势,唯冠从技术、设备上都无法和富士康相匹敌。所以唯冠一度想要转型,希望靠自有产品和代工两条腿走路。但事与愿违,虽然唯冠也曾收购过其他品牌,但由于资金方面的原因,唯冠根本不具备"两条腿走路"的条件。

如果说经济危机是导致唯冠面临破产境地的直接原因的话,那么唯冠的品牌之殇就是根本原因了。唯冠还曾因要创立自主品牌和摩托罗拉合作过,但因双方合作目的的分歧,结果可想而知。

在与苹果公司的"iPad"商标之争之前,唯冠就因为"iPod"商标与苹果公司发生过矛盾,理由是 iPod 与 iPad 有商标近似的问题。

---

❶ 更多详情请参见:中国未来代工产业的思考:谁,在"绑架"唯冠?[EB/OL]. 电子发烧友, http://m.elecfans.com/article/264748.html,2012 - 03 - 20.

当然苹果也早知道唯冠注册"iPad"商标的情况。但要拿下"iPad"商标对苹果公司的意义重大，因为苹果早就已经布局好了中国市场，只差一个商标。但是，如果苹果自己来购买此商标，必将被开出"天价"，所以苹果采用迂回的策略，用别人的名义去购买"iPad"商标。即使这样，唯冠通过诉讼，还是以6000万美元的价格将商标让于苹果。

【细软说法】

也许唯冠以6000万美元转让了"iPad"商标是成功的举措。真正的成功是让苹果无论花任何代价都买不走这件商标。唯冠不是没有这个野心，而是没有做好这方面的准备。如果当时的唯冠有能力的话，一定会将"iPad"商标作出知名度来。或许拥有这样一个自主品牌，就能免去重组的悲剧。

可惜的是，唯冠也不具有资金方面的优势。如果唯冠是一个实力雄厚的企业，可以更多地对"iPad"这一品牌进行资金投入，直到有所回报，那么也不会有唯冠今日的结局。HTC品牌成功就是这样的一个特例，如果一个普通的企业，对一个品牌投了十几亿台币还没有成功的话，那可能早就放弃了。但是因为家族原因，HTC在打造其品牌时可以不断进行资金投入，直到最后成功。

44 乔丹体育：民族品牌深陷危机何解

有人曾说，说乔丹体育是民族品牌有些牵强，但说它是外国企业也太不准确。虽然乔丹诉乔丹体育这件案子没能够胜诉，但是正是这场诉讼让乔丹体育上市受阻。不知道乔丹体育当初创立时，会不会想到有今天的麻烦。

乔丹体育原定于2012年3月挂牌上市，但就在这关键时刻，2011年2月23日，篮球明星迈克尔·乔丹向法院提起了姓名权诉讼。受此影响，乔丹体育上市受阻。

面对此等局势，乔丹体育不想被拖累太长时间，所以主动提起起诉乔丹，为自己争取继续上市的机会。

北京市高级人民法院已经对78起乔丹体育商标争议案中的32起作出判决，裁定乔丹败诉。事实的根据可能是因为"乔丹"商标是经过国家工商行政管理总局商标局核准的，从自身权利来说没有问题。迈克尔·乔丹也明确表态，并不想搞垮乔丹体育，只想维护自己的姓名权。乔丹不光要维护自身的姓名权，还有儿子的姓名权，因为乔丹体育把乔丹儿子的名字也注册成商标了。因为毕竟使用了人家的名字，不论乔丹体育如何辩驳，都有让广大消费者混淆的嫌疑。而乔丹此举的另一个目的就是告诉"粉丝们"，这家乔丹体育其实是和他本人一点关系都没有。❶❷

许多公司都是因为知识产权问题而上市受阻的，乔丹挑这个时机起诉可以说拿捏得非常准。此举乔丹也有谋利的嫌疑，一方面提升了自身形象，另一方

---

❶ 更多详情请参见：乔丹诉乔丹体育商标案再败诉 乔丹拟诉至最高法［EB/OL］. 新华网，http://news.xinhuanet.com/fortune/2015-05/12/c_127790805.htm, 2015-05-12.

❷ 乔丹体育回应：我们没有任何侵权嫌疑［EB/OL］. 网易财经，http://money.163.com/12/0223/17/7QVDHN3700254Q1R.html, 2012-02-23.

面也为国外体育品牌助势增威。此前耐克公司早在"乔丹"商标注册时就提出了8次异议，但都被驳回了。

外国品牌面临从一线城市向二、三线城市发展扩大的趋势，中国这些民族品牌则由小城市向一线城市或者海外发展。也就是说，外国品牌和民族品牌终将"狭路相逢"。民族品牌发展越大，这方面问题就越明显。

试想，当乔丹体育走出国门的那一刻，很多国外的乔丹粉丝是否因为这是中国产品而使用飞人的名字而说这是假货，从而影响我国产品的形象呢？

【细软说法】

无论出于何种目的，乔丹来中国维权都是我们一大批民族品牌的尴尬。否认"傍名人"，却把人家儿子的名字和堂表兄弟注册成了131个商标。即使法庭上胜诉，又如何堵得住悠悠众口？

我们的民族品牌起步时模仿和借鉴还可以被理解，但等发展到一定规模后，就应该拿出真正属于自己的、有内涵的、能够代表中国文化的产品和品牌。我们不希望科比、詹姆斯等明星品牌都成为我们的"民族品牌"，中国泱泱大国自主品牌才是王道。

45 千万学费贵不贵?《刀塔传奇》陷国际巨头围猎

2014年,《刀塔传奇》创造了手游界的"传奇"。12月23日,《刀塔传奇》官方透露,《刀塔传奇》累计注册用户已达到7000万人,日活跃用户达到385万人,每天玩家游戏时间累计高达3000万小时,月流水超过2亿元。

但进入2015年,《刀塔传奇》已经成为过去式,这款千万玩家好评如潮、月入流水2亿元的手游,遭遇自发行以来最大的挑战,不是因为游戏自身,而是因为知识产权诉讼。《刀塔传奇》遭国际巨头围猎,这把闪亮屠刀就是"商标+版权"。

5月初,凭借《刀塔传奇》的良好口碑,收益颇丰的中清龙图刚刚借壳上市。尚沉浸在喜悦中的中清龙图和《刀塔传奇》的开发商莉莉丝科技就面临一场官司,遭到游戏行业两大巨头Valve与暴雪娱乐公司联合起诉,手机游戏《刀塔传奇》未经授权,涉嫌抄袭《魔兽争霸》《魔兽世界》中知名重要角色和部分经典游戏世界的场景,已违反《中华人民共和国著作权法》《中华人民共和国商标法》《中华人民共和国反不正当竞争法》的相关规定,Valve向其索赔3100万元。

据悉,为了规避侵权,《刀塔传奇》把游戏中的英雄形象进行了改版。然而,玩家们不买账了,反映开发者"把模型装备图标都改得很丑。"另外,被抄袭游戏《魔兽争霸》的老玩家对此不以为然:"以为改几个模型就不算抄袭了?"先前魔兽玩家表示,《刀塔传奇》很明显在游戏的某些形式和形象上分别照搬了魔兽和DOTA,"尤其是'刀塔'这个名字,很难让玩过DOTA、对

第四章
企业上市中的知识产权风险

DOTA 有感情的玩家不联想到 DOTA，从而对《刀塔传奇》产生兴趣。"❶

对于一个游戏的品质，用户数量和玩家评价是最直接也是最好的评判标准。如果用户体验差，玩家们自然不会继续玩下去，更不可能为之付出大笔的真金白银。❷

据了解，中清龙图首席运营官王彦直曾被问及是否担忧版权问题，毕竟"《刀塔传奇》对 DOTA 还原度很高"。王彦直当时称"我们只是还原，但是没有抄袭，这完全是两个游戏，没有什么抄袭的内容，只是参照了人家的技能和数值去做。"❸

让人感到可笑的是，被大家公认侵权的《刀塔传奇》，对自己的简介竟是"一直被模仿，从未被超越的国民动作卡牌手游"。抄袭别人的"伪原创"竟如此理直气壮，版权意识是否太淡薄了？被国际大公司进行知识产权围猎，看来不是偶然，而是必然的事情了。

面对这样一场知识产权诉讼，莉莉丝和中清龙图已然处于不利的地位。也有人不解：2014 年 2 月《刀塔传奇》即已上架并火爆游戏界，Valve 和暴雪早就知道《刀塔传奇》的存在，为什么不早一些起诉？一年多的时间内，被侵权方一直静观其变，直到《刀塔传奇》赚足了够赔偿了，方才高举知识产权"屠刀"对《刀塔传奇》"养肥了杀"。市场上还有许许多多类"刀塔"游戏，为什么只起诉《刀塔传奇》？羊肥自然引人盯，也许这才是暴雪和 Valve 起诉的最重要原因。

法律就是法律，"踩上"就是侵权。更何况抄袭者当初还坚持向"虎山"行，不被国际巨头围猎才不正常呢！千万赔偿的版权学费，可能贵了点，希望《刀塔传奇》由此吸取教训，知识产权不可当"游戏"玩，必须当作自家核心力，好好练了。

【细软说法】

也许有人惋惜，《刀塔传奇》是国产手游的一部经典作品，其实凭借它过

---

❶ 更多详情请参见：观察《刀塔传奇》借壳上市救急：玩家流失 版权纠纷 [EB/OL]. 搜狐媒体平台，http：//mt.sohu.com/20150518/n413285787.shtml，2015 - 05 - 18.

❷ 常令宇. "刀塔"版权贵不贵？"刀塔传奇"千万交学费 [EB/OL]. 中华商标超市网. http：//news.gbicom.cn/wz/137596.html，2015 - 07 - 21.

❸ 《刀塔传奇》传奇渐远 中清龙图拟借壳 "救急" [EB/OL]. 中国财经，http：//finance.china.com.cn/stock/ssgs/20150518/3121809.shtml，2015 - 05 - 18.

硬的质量，即便起初不用《刀塔传奇》之名，即便脱离《魔兽争霸》角色的形象，这样一款全新的高品质手游也会得到玩家的追捧和认可，也一样能获得今天的成功。

这的确是需要思考的问题。经过10多年的发展，国产网络游戏产业初具规模，虽与世界顶级的研发设计有差距，但也具备了较好的创新开发的能力，《刀塔传奇》的成功就是一个明证。面对巨大的中国网游市场，全世界所有的游戏厂商都希望能在其中分得一杯羹，游戏产业的竞争将来只会更加激烈，知识产权将不仅是游戏产品的核心竞争力，也将成为重要的行业竞争手段。

在全球信息互联时代，什么都靠顺手拿来，是人人能看得到的，等到被人指证终归不好。从上到下都不知何为知识产权的公司，恐怕是有的；而从上到下都装作不知、轻视著作权的公司，恐怕更多。

无论这场诉讼的胜败如何，莉莉丝和中清龙图都已然为这样一场纠纷支付了一笔不菲的知识产权"学费"。从《刀塔传奇》遭国际巨头知识产权围猎事件中，网游企业也应从中吸取教训，检视自身知识产权方面的不足。唯有坚持发展和维护自己的知识产权，才是企业持续发展的保证。

46 企业上市，知识产权风险应提前防范

知识产权作为一种无形资产，是衡量企业实力的重要标准之一，也是企业上市的一道门槛。企业知识产权实力及其安全性和风险性直接关系到企业的发展水平，这当然是广大股民关心的问题，也是证监会考核企业的一个重要方面。也就是说，企业上市前若出现知识产权方面的问题，将直接影响企业上市。❶

企业在上市的关键期，又恰恰是企业面临诉讼的高发期。诉讼可能是竞争对手对企业上市的一种干扰，也可能是"专利流氓"想借机索取高额赔偿金。无论是何种原因，在上市前接到诉讼都可能会影响上市进程。

上市之前，遭遇专利诉讼

地尔汉宇在创业板上市之前，就曾遭遇过专利诉讼。2013年4月雷利电器向南京市中级人民法院起诉地尔汉宇、苏州三星电子有限公司以及乐购仕（南京）商贸有限公司，认为它们生产并销售了侵犯雷利电器持有的名称为"一种排水电机"的实用新型专利（专利号：ZL201020531380）的产品，侵犯了雷利电器的权益，要求它们停止侵权行为并进行经济赔偿。❷

在公司上市之际，遭遇专利诉讼，地尔汉宇很无奈，但幸运的是它们平时就注意知识产权的管理，所以这次诉讼并没有给它们造成致命的打击。被起诉

---

❶ 更多详情请参见：拟上市公司知识产权风险预防与危机应对［EB/OL］. 中国律师网, http://www.acla.org.cn/lvshiwushi/11724.j html, 2013-09-18.

❷ 莫让专利成企业上市的"拦路虎"［EB/OL］. 国家知识产权局, http://www.sipo.gov.cn/mtjj/2015/201501/t20150128_1068028.html, 2015-01-28.

后，地尔汉宇迅速做出反应，收集对方专利无效的证据，并于 2014 年最终成功证明雷利电器的排水电机专利权全部无效。

经受住了专利诉讼的考验，地尔汉宇于 2014 年 10 月 30 日在创业板成功上市，并在开盘当日收获 44% 的完美涨幅。无疑，地尔汉宇是幸运的。但同样在上市前陷入专利诉讼风波的石英股份公司就没那么幸运了。石英股份公司原本计划 2014 年 1 月 17 日进行网上路演的，但因为"高纯石英砂专利诉讼"，上市过程只能暂缓。像石英股份公司这样，在公司上市前夕因为知识产权问题不幸"栽跟斗"的公司还有很多。

商标争议阻"红蜻蜓"晚上市

2015 年 6 月 29 日，浙江红蜻蜓鞋业股份有限公司（以下简称"浙江红蜻蜓"）在上海证券交易所成功上市，标志着红蜻蜓"文化之履"跨入资本市场。但是，收获喜悦的同时，浙江红蜻蜓不会忘记为上市付出的艰辛。

因为，2015 年 5 月 5 日，浙江红蜻蜓原本计划上市的日子，却遭遇被另外一家企业鹿城红蜻蜓诉讼商标侵权，导致了延期上市。

鹿城红蜻蜓是与浙江红蜻蜓同名的一家企业，此前两家红蜻蜓企业因为商标及企业名号的问题，已相互上诉法院多次，并因此达成了互不侵犯协议。所以，最近 10 年二者都相安无事。直至浙江红蜻蜓要上市，因鹿城红蜻蜓的举报，两者又重启战火。

最后，这场围绕"红蜻蜓"商号纠纷相关的诉讼在法院的主持下进行了调解，并达成调解协议，相关诉讼已经结案。因此，之前的诉讼不构成浙江红蜻蜓发行上市的法律障碍。故有了浙江红蜻蜓鞋业股份有限公司 2015 年 6 月 29 日在资本市场的闪亮登场。

其实，因知识产权上市受阻的企业还有很多，内蒙古小肥羊餐饮连锁有限公司曾因"小肥羊"商标之争致上市之路被阻。乔丹、三星、新东方教育集团、深圳凯立德等也都有被知识产权狙击险"折翅"的不堪过往。

【细软说法】

上市对接资本市场，相信是很多企业的梦想。如上市成功，对企业来说无异于"鲤鱼跃龙门"。但许多企业在上市的"一跃"之前被知识产权狙击，或"折翅"或延期上市，无疑是一件憾事。所以，拟上市企业必须重视知识产权问题，及早布局战略，勿存侥幸之心，等被人以此压制上市，将很被动。

首先，企业应"固化"自身品牌，设立商标监控制度，定期对相关知识产权进行核查、管理，同时对行业内的竞争市场作出提前预警，扫除一切存在的隐患，防止跌入侵权的旋涡中。

其次，在上市过程中，企业不仅要处理和竞争对手之间的纠纷，原企业的知识产权归属、剥离、持有结构等都需要提前布局，否则，将为企业日后发展埋下"地雷"。建议企业筹备上市过程，最好请知识产权专家参与，一起全面布局。防止知识产权问题成为公司上市的"拦路虎"，企业就应该完善自身的知识产权管理体系，日常经营中加强对知识产权的管理。

最后，若企业在上市之际突然陷入知识产权危机，企业应沉着应对。当收到法律传票时，拟上市企业首先要弄清楚对方的意图：是竞争对手阻挠上市的行为，还是单纯为利益而来。摸清对方意图后，企业要组建专业的律师队伍，从战略与法律层面进行有力应对。

第五章 企业国际化中的知识产权运营

博 弈

出自《论语·阳货》:"饱食终日,无所用心,难矣哉!不有博弈者乎?为之,犹贤乎已。"朱熹集注:"博,局戏;弈,围棋也。"比喻为谋取利益而争斗的过程,商战中指竞争。

- 特斯拉：专利"开放"是心怀天下，还是意在"标准"
- 苹果专利布局：先申请后发明未尝不可
- 小米：面对专利壁垒，唯快才能破局
- 专利卡位布局，打破授权费壁垒
- 企业并购：专利储备的"造血"新招
- 专利悬崖壁垒两重天，创新研发反侵权势在必行
- 面对"专利流氓"的诉讼，企业该如何应对
- 知识产权"真金白银"：解中国企业"走出去"困局
- 伊利上演知名品牌变形计，商标品牌管理是关键
- "王致和"遭恶意抢注，海外抢滩维权注册应先行一步
- 大品牌盯上侵权小商户，甘做"提款机"还是合法营商
- 宝洁：用品牌战略征服天下的商业帝国
- 颜色组合商标稀缺，挖掘保护至关重要
- 《百年孤独》，为何历经30年才真正走进中国？
- 优质作品+IP成就海外市场神话

企业的国际化进程,其实就是博弈的过程。博弈可分为合作博弈和非合作博弈。所谓"强龙不压地头蛇",从知识产权的角度思考,企业的国际化大多将采取合作博弈的形式。

随着企业国际化程度的加深,知识产权保护的范围更加广泛,任务也更加艰巨。因此,企业要想在国际竞争中取得并保持优势地位,就必须保证自身知识产权不受其他企业的侵犯。然而国际化进程中的企业要想在全球范围内发现并采取措施限制盗版、侵权的危害,就需要更多的人力、物力等方面的支持,需要占用更多的企业内部资源。❶ 为此,我们建议企业做好几个方面的工作。

一、重视知识产权的创立。国际化进程,对企业知识产权的创立有着正反两方面的作用。一方面,企业要在更广泛的市场上抢占先机、迎接更艰巨的挑战;另一方面,国际市场为企业的创新和发展提供了前所未有的有利机遇和充足资源。

二、树立知识产权申报意识。国际上现有的主要知识产权的认证原则是"注册在先",因此,我国企业在拥有一项技术创新或新的商标权时,要更加重视注册认证的问题。携带技术参与国际化的企业,在进入它国市场之前就应仔细研究该国关于知识产权保护方面的法律法规,辨析其与我国法律的不同;同时,还要熟悉知识产权申报的程序和保护措施,关注该国知识产权的注册和授权情况。在进入国际市场的同时,企业应当加紧向目标国申报企业的专利权、商标权等涉及企业生存和核心竞争力的知识产权,并在得到审批前做好技术保密工作,防止因企业专有技术的流失而造成的损失。最后,企业应当充分了解我国加入的知识产权保护国际公约。在国际化过程中,企业应积极利用其中的优先注册权原则等有利于本国企业知识产权注册方面的原则和规定,保证企业知识产权方面的权益实现;同时也必须警惕强制许可专利等不利于我国企业发展和取得竞争优势地位的原则,限制其危害。也是基于此,企业在是否进行专利注册以及是否对自有技术加强保密的选择时,应当充分考虑国际公约正反两方面的影响,作出最有利于企业发展的选择。

三、坚决抵制侵权行为。面对侵权行为,企业应当积极运用法律武器保护自身权益。不同于一般的产权,知识产权作为一种无形的资产,其权利来源于法律的赋予。因此,当侵权行为产生并危害企业利益的时候,更要运用法律的

---

❶ 吴玮,吕亚萍. 论我国企业国际化过程中的知识产权问题 [J/OL]. 中国商贸. http://wenku.baidu.com/link? url = He06nk1nOZJwV88kh5awnTcB3jbC5EnscC4e7C_Jk2_C7ddRDsX8rifa1r3WdasNtwT07vrOvzJktQ9BNhdfEghXE7EDM0s_esCJIMOaM2G,2014 – 08 – 18.

武器积极寻求援助。企业要在全体员工心目中树立起高度的知识产权维护意识，在日常经营活动中注意收集和保存有关知识产权的证据，积极部署预防知识侵权的措施，有条件的企业还可以设置专门的法律部门负责这类侵权问题。一旦确认侵权行为，企业应当立即向有关法律机构提起维权要求，坚决运用法律武器打击侵权行为，并以此显示企业维护自身权益的决心。同时，企业应随时保持同国内行会、商会、贸易促进委员会等相关机构部门的联系，通过它们随时了解国内国际知识产权保护法律方面的最新变化；更重要的是，有了它们的支持，企业面临的侵权问题可以得到更加有效和合理的解决。

四、重视企业知识产权战略和制度建设。企业应当把知识产权的确立和维护作为企业战略目标的重要环节之一，并在制度建设和企业文化建设时加入知识产权的理念。企业的文化意识决定企业的发展方向。只有以国际化为背景和基础，在企业内部建立起适应国际化管理的创新、进取的企业文化和企业信仰，才能使全企业形成强大的创造力和凝聚力，共同应对全球的挑战。也只有在企业内部树立起强大的知识产权保护意识，才能动员所有力量，有效地利用法律武器保护企业的知识产权不受侵犯。制度建设方面，企业应当建立专门的知识产权管理部门，负责企业知识产权的统计、申报、管理以及后续的维权监督。同时，应当扩展企业信息部门的职能，使其在知识产权信息收集方面发挥作用。

47 特斯拉：专利"开放"是心怀天下，还是意在"标准"

2014年6月12日，美国电动汽车制造商特斯拉公司首席执行官埃隆·马斯克发表题为"我们所有的专利属于你"的博文，宣布特斯拉开放专利的惊世之举。特斯拉2014年、2015年先后宣布开放几百件电动车专利，这其中很大部分是和电池管理技术相关的，如电池板的组装、电池组的冷却、电池温度的管理等，采用特斯拉的这些电池管理技术后，电池性能和安全方面将会有很大的提高。

这种技术的共享，对于新能源汽车行业甚至很多其他产业都具有非凡意义。例如，2015年1月公布的"电池模块组装方法"专利，就对电池的组装、冷却、黏着作了详细说明，这是特斯拉电池管理系统最核心的技术之一。由此可见，特斯拉的专利开放力度相当大。❶

新能源汽车行业"心怀天下"的不仅有特斯拉，还有丰田和福特。丰田在燃料电池领域深耕20余年，在成功推出一款名为Mirai的燃料电池车后，也大公无私地向汽车行业无偿提供其独有的约5680件燃料电池相关专利的使用权。福特也加入这个开放专利的行列，宣布将开放所拥有的400多件电动车相关专利。❷

作出专利技术开放的举动，三个公司声称都是以行业发展为最终目的，认为业内虽需彼此竞争，但更需共同合作。正如丰田对此的官方解释一样："此

---

❶ 更多详情请参见：创业者的免费金矿：特斯拉专利［EB/OL］. 大学生创业网，http：//www.studentboss.com/job/newsjj.php？id=159554，2015-05-26.

❷ 丰田开放专利："阳谋"还是"阴谋"？［EB/OL］. 国家知识产权局，http：//www.sipo.gov.cn/mtjj/2015/201501/t20150121_1064656.html，2015-01-21.

举主要是为了寻找在燃料电池车方面的志同道合者，以专利开放为契机，共同推进燃料电池车的普及推广，从而摊薄研发和制造成本，以便使这条路走得更宽。"❶❷

【细软说法】

尽管三家能源汽车龙头行业竞相放开专利门槛"看上去很美"，但也有业内专家认为它们的专利公开只是一种"另有图谋"的商业策略：特斯拉与丰田愿意把自己辛苦累积的专利无偿对外开放，目的是竞逐标准必要专利（standards-essential patents，SEPs）的地位。特斯拉它们通过累积大量的专利组合，并将其作为杠杆工具来运用，以协助他人借着建立配套设施与内部相关产业规模，最终使别人的创新产品成为可行的商业产品。因此，丰田或特斯拉所提供的专利，未来将有很大的机会成为标准必要专利。

特斯拉、丰田它们的真实意图可能是为了成为技术标准。因为技术标准里将含有核心技术专利，而专利权的背后是巨大的经济利益。因此制定技术标准几乎是国际市场博弈的兵家必争之地。它们的专利被纳入技术标准后，别的企业若想进入这个领域，就无法绕开这些专利。借此，特斯拉和丰田它们就可以通过标准"卡位"制约行业后入者。

但是，无论它们开放专利的真实意图是什么，它们开放专利的举动对于培育整个产业还是具有极其重大的意义。新能源汽车的产业的规模比起燃油车小得多，开放专利对于技术创新的推进以及市场的培育都有重要的作用。

我国企业也应注意，在行业的标准制定组织（Standard-Setting Organization，SSO）制定标准时应积极参与，争取将本公司拥有的专利纳入标准，以便取得产品制造的主动权，减少被"卡位"以及被索取高额许可费的风险。

---

❶ 丰田开放专利："阳谋"还是"阴谋"？[EB/OL]. 国家知识产权局，http://www.sipo.gov.cn/mtjj/2015/201501/t20150121_1064656.html，2015-01-21.

❷ 丰田学特斯拉开放专利意欲何为？[EB/OL]. 北美智权报，http://news.zol.com.cn/article/384304.html，2015-02-05.

48 苹果专利布局：先申请后发明未尝不可

2007年，iPhone第一代产品横空出世，凭一块3.5英寸的触摸屏和一个简约的圆形按键颠覆了这个世界。至此，苹果的时代来临：5年卖出2.5亿部iPhone，达到惊人的1500亿美元营业收入；15年间，公司市值翻了十几倍，曾达到6235.2亿美元，创造了美国上市公司市值的新纪录；无论你对苹果是爱是恨，你都不得不承认苹果产品是与众不同的，从改变世界的iPhone 1到"乔帮主"的遗世之作iPhone 4s再到如今的iPhone 6s，苹果的想法总是那么标新立异，可以说推出的每一款产品都在造型、颜色、功能、科技让人有惊叹之处。

不过，除了这些因素，iPhone手机最令人拜服的是各种"狂霸炫酷"的新专利技术。

太阳能充电

早在2008年苹果就已经成功申请太阳能充电功能专利，无须单独接收板，只须在触摸屏传感器阵列的电极上增加吸收太阳能的功能。如果实现，即使身在野外，也不用担心手机电量不足了。

变身微型投影机

苹果申请的新投影机专利，使用激光和白炽灯混合光源的技术实现。这种技术可以使用在微型投影设备上，手机变身微型投影机，从此看电影更容易。

液态金属+蓝宝石玻璃

液态金属+蓝宝石玻璃屏如何实现？苹果最新专利描述为，在生产液态金属时注入蓝宝石玻璃，再通过种种手段，让两者冷却后相容。

以上种种惊艳的专利技术只是苹果拥有的专利冰山的一角，很多专利技术已经实现并且应用到以往的产品中。iPhone 的 Home 键、APP 圆角设计，以及简洁的外观设计也取得了外观专利。

专利申请不受制于技术发展

纵观苹果的专利技术，其中不乏天马行空的想象，显然苹果总是愿意走在时代的前端。但技术的杠杆并没能限制住设计者的发散思维，因此无论是苹果还是其他企业，总是在争先恐后地申请专利，目的自然是有朝一日技术实现后可以第一时间抢占市场。

当然，这些都要以法律法规为前提。中国专利申请分为三种：发明专利、实用新型专利和外观设计专利。我国专利法规定，授予专利权的发明和实用新型应具备新颖性、创造性和实用性。在申请专利时，需要注意三个原则——书面原则、先申请原则和单一性原则。理论上申请专利的项目可以是还未实现的技术，只要申请的技术方案、文字描述可以通过审查即可。❶

先申请原则是指当两个或两个以上的人分别就同样的发明创造申请专利权，专利权授予最先申请的人。专家提醒大家注意，目前，世界上绝大多数国家都采取这种原则，包括我国。原来只有美国、菲律宾等国家采用的是先发明原则。现在美国新的发明法案也采取先申请原则。❷

根据此原则可以看出，在技术还未全部实现的时候先申请专利对于企业来说是很有必要的。以苹果的太阳能充电专利技术为例，根据"先申请原则"，即使将来苹果的技术人员没有突破这项技术难关，这件专利也是属于苹果的，如果有高科技人才借这一思路攻克了这项技术，专利权依然紧握在苹果公司

---

❶❷ 更多详情请参见：彭文雪. iPhone 6 炫酷专利起争议 中细软：专利申请合法合理 [EB/OL]. 中华商标超市网，http: //news. gbicom. cn/wz/32904. html, 2014 – 08 – 19.

手中。❶

美国专利主要有发明和外观设计两种。根据美国专利法，一项发明的完成，应该包括两个步骤：发明的构思（conception）和发明的付诸实践（reduction to practice）。也就是说，如果一个发明人在日期 A 完成了发明构思，并且随后勤勉地（美国专利法上用"diligently"这个词来形容）致力于将该构思付诸实践，直到于日期 B 完成了付诸实践，那么以日期 A 而不是日期 B，作为其发明完成日。

【细软说法】

专利先申请原则，本质是希望发明创造尽早公开和传播，早造福社会，同时避免其他不知情的人重复开发研究，浪费社会资源。如发生纠纷，可以证明谁是最早发明人。同时也避免专利诉讼的复杂和成本问题。

无论企业或是个人，有好的技术或发明就尽早申请专利，千万别"捂着"，要像苹果一样，大胆亮出自家的科技光彩。

---

❶ 该什么时候披露专利？［EB/OL］. 广东省公共安全技术防范协会，http：//www.gdafxh.org/news/display.php? aid=9872，2015 - 07 - 28.

49 小米：面对专利壁垒，唯快才能破局

摩托罗拉、HTC、黑莓、诺基亚、三星、苹果，这些以前的或当下的手机大牌，几乎每两个都曾捉对厮杀过。专利诉讼在欧美市场是重要的竞争武器，企业巨头交战总免不了拿专利说事。专利诉讼中胜出的，便能抢占更多市场份额，在诉讼中败下阵来的，便可能因此走向衰败。

专利困局，前景堪忧？

小米成立于 2010 年，经过 5 年的迅猛成长，在智能手机市场"跑马圈地"，目前市值已然数百亿元。"今年完成 9000 万部以上的出货量没有问题。"小米创始人雷军 2015 年 7 月在最新高端机型（Note 顶配版）发售会结束后说。根据市场研究机构 IDC 的数据，2015 年第 1 季度，小米在中国市场的出货量已紧随苹果之后，位列第 2。❶

小米在国内发展强劲，但是，2014 年小米进军亚洲市场，在新加坡等国取得了不俗的成绩后，却因和国际手机巨头抢占市场份额，受到巨头们的专利诉讼攻击：2014 年 12 月，爱立信向小米发起专利诉讼，要求其在印度停止销售、宣传、制造小米的智能手机。后来经过交涉，小米向印度每部手机缴纳 100 卢比押金方可继续销售。同时，小米需要为其销往印度的所有手机获得爱立信的专利授权。小米专利"软肋"已被点中，尤其 2015 年高通的"反向专利授权"模式被打破，小米失去高通的庇护，必将会遭受更多的专利围攻。❷

---

❶ 更多详情请参见：高通案余波：小米距离专利围剿有多远 [EB/OL]. 全景财经, http://www.p5w.net/news/cjxw/201506/t20150616_ 1090542. htm, 2015 – 06 – 16.

❷ 小米专利"拖字诀"背后：结盟、收购、成立基金 [EB/OL]. 凤凰科技, http://tech.ifeng.com/a/20141214/40904089_ 0.shtml, 2014 – 12 – 14.

未来，小米还将进入知识产权受高度保护的欧美市场，届时小米将与苹果、三星等国际巨头进行专利战的贴身肉搏。遥想当年，HTC 也曾成功打入欧美市场，并取得市场份额第一的成绩，但在竞争中被对手戳中"软肋"，逐渐现出颓势。

在专利布局上，小米会"唯快不破"

面对专利隐忧，小米是打算"无为而治"还是根本没有预估到自己身处的危险境地？小米科技的初创团队大多有谷歌、微软、摩托罗拉公司的履历背景，显然具备积极创新、保护专利的意识，而作为小米创始人之一的周光平，更是曾担任摩托罗拉中国研究院通信专利委员会副主席。因此，我们有理由相信在应对专利挑战上，小米还会继续沿用其"唯快不破"的秘诀。

首先，小米一直在紧锣密鼓地申请专利。从 2010 年 12 月申请第一件专利起，截至目前，小米已经申请了超过 1000 件专利，分别分布在中国、日本、韩国和美国等。专利技术主要集中在手机的操控技术、数字传输、手机结构特点、无线通信网络、图像处理等。

除了通过申请进行原始专利的积累，小米还通过收购扩充专利储备。2014 年小米科技通过旗下的松果电子与大唐电信旗下子公司联芯科技有限公司签订技术转让合同，获得联芯科技公司开发并拥有的 SDR1860 平台技术。这是通信领域的一部分核心专利，将对小米原有的专利体系形成了有益的补充。

除此之外，小米还投资了一家名为智谷的知识产权运营公司。这家主要从事开发及转让技术和知识产权、技术服务咨询和商业信息等业务的知识产权综合服务公司，有望在小米受到专利诉讼时提供有力外援。

【细软说法】

总之，为克服专利短板，小米已通过各种方法进行战略布局。未来小米还将不断遭遇专利诉讼，但精心开展了专利布局后，小米应该会应对得更从容些。专利不仅是小米的困境，还是魅族等国内新兴企业的困境。走出未来的诉讼困境，这些企业应该向小米学习，通过加大研发力度、获取专利许可、专利收购等手段，抓紧时间进行专利布局。

50　专利卡位布局，打破授权费壁垒

手机专利圈一直都纷争不断，前日苹果"约架"三星，昨日华为"为难"小米，今日苹果又和爱立信"决战紫禁之巅"。之所以如此，是因为小小一部手机里涉及了太多的专利。有关行业组织统计，手机涉及的专利超过25万件。也就是说，任何一个手机生产商都没有可能拥有所有的专利技术。各种品牌的手机之间的专利可谓"你中有我，我中有你"。不同品牌相互使用对方专利，就必须经过专利许可，并为此付出相应的专利费。但是专利许可费的确定要靠双方谈判，一旦谈不妥就可能"约见"法庭。

爱立信和苹果，因专利费"约见"法院

爱立信和苹果就因为专利费的问题，闹出了专利"世纪大战"。2015年2月，爱立信向美国法院提起了7项诉讼，并希望美国国际贸易委员会（ITC）在美国市场上禁售iPhone，理由是苹果侵犯了其41件关键移动设备通信专利，包括用户界面、电池节能和操作系统等多个方面。

5月8日，双方的专利"世纪大战"持续升级，爱立信又分别在德国、英国和荷兰对苹果提起诉讼，指控苹果在iPhone和iPad中使用了爱立信的专利而未支付专利费。

据悉，苹果2015年1月曾向美国加州北区地方法院提起诉讼，指控爱立信在LTE技术专利上收取了过高的专利费。而在此之前苹果一直向爱立信支付专利费，双方在后续合作中因为专利费的问题没有达成一致意见，因此双方闹到了法院，希望借助法院来解决专利费问题。

手机行业专利费引争执

在手机行业,因为专利费谈不妥而"约见"法庭的不仅只有爱立信和苹果。早在 2013 年,华为因为专利费就起诉过美国的交互数字集团(Inter Digital Group,IDG),爱立信也因同样的原因起诉过小米。

专利通过运营可以产生经济效益,这是专利圈的通识,也是拥有海量知识产权的公司致力于做的事,像 IBM、诺基亚每年都能靠专利收取高额的费用。爱立信作为世界最大的移动系统供应商,几乎所有的手机生产商都会用到其专利技术。专利费也成为爱立信利润的重要组成部分,而提高专利费也成为其获取更多经济利益的有效手段。在这样的情形下,专利费引起的纷争必然此消彼伏,源源不断。

虽然许可他人实施专利是专利权人运用专利权产生经济效益的一种有效方式,但是专利费也不能高得太离谱。根据国际标准化组织知识产权政策和国际惯例,专利授权应当遵循 FRAND(Fair,Reasonable,Non-Discriminatory,即公平、合理、非歧视)原则。FRAND 中的"公平",是要求占有主导地位的专利权人不能在相关市场上利用知识产权许可限制竞争,在许可协议中附加限制竞争的条款,如搭售、非互惠的回授条款等。"合理"是个很抽象的概念,可以从不同角度去理解。如有人认为所有被许可人交纳的许可费总和过高就是不合理;有人认为所有标准必要专利的许可费总额过高是不合理;还有人认为"合理"原则要求对所有被许可人收取同样费用。"无歧视"是指无论被许可人是谁,基本的许可条件应该相同。

【细软说法】

2013 年,在华为技术有限公司与美国的交互数字集团关于标准必要专利使用费的诉讼中,深圳市中级人民法院首次正式使用了 FRAND 原则。自此,我国法院开始在判决书中公开使用"FRAND""公平、合理、无歧视"等字样,而立法机关也在探索将上述原则纳入立法。

FRAND 原则随着标准必要专利的广泛应用而进入人们的视野,其含义可理解为公平、合理、无歧视的许可义务,亦即对于愿意支付合理使用费的善意标准使用者,标准必要专利权人不得径直拒绝许可,而许可费或许可费率的确定在保证专利权人能够从技术创新中获得足够回报的同时,更重要的是避免标准必要专利权人借助标准所形成的强势地位索取高额许可费或附加不合理的条件。

在国际化的道路上，企业，特别是技术依赖型企业，对于专利特别是标准必要专利的依赖程度会越来越高。在专利许可费的谈判中，企业可以借助标准必要专利许可中的FRAND原则，迫使许可方给予相对合理的许可费。

另外，企业还要通过自主研发、专利购买和专利许可等手段，加强自身的专利实力。这样在进行专利许可谈判时，就可以更有底气。如果对方用专利费"卡位"你，你就亮出你的专利"撒手锏"，转而"卡位"他，这样企业竞争对手在相互制约下，就更能找到收费的平衡点。

51　企业并购：专利储备的"造血"新招

各种专利大战促使企业提高了对专利诉讼的戒备，进而开始重视专利实力的积累。提升企业专利实力，增加企业专利储备，除了可以通过研发申请专利之外，还可以通过企业并购来增加专利储备。微软就曾斥巨资从诺基亚手中获得大量专利。重视创新的苹果，也一直非常重视专利的积累、管理、保护和应用，收购小的科技公司，也是苹果经常使用的一种增加自身专利储备、提升科技实力的重要手段。2015年苹果高调收购以色列的一家制造相机模组的公司LinX，看重的便是这家公司的专利技术。

收购 LinX，苹果看重它未来的技术

据《华尔街日报》报道，2015年4月14日，苹果以2000万美元收购以色列的一家制造相机模组的公司LinX。这次收购以其收购的规模之大广受业界关注。之所以看重这家公司，苹果是为了解决在有限手机空间内提升拍照水准这一难题，而使用多个摄像头的方法受关注程度较高。从解决这个问题的角度来看，苹果收购LinX就在意料之中了。

据悉，LinX主要研究多摄像头传感器技术，专门生产面向平板电脑和智能手机的小型化摄像头。LinX称，它的相机带有大量传感器，能够同时捕捉到不同深度的图像，利用专有计算公式生成3D画面。相比于iPhone 5和Galaxy S4，LinX的小型摄像头模块能在弱光环境下带来更好的照片质量，在标准室内光线下拥有更快的曝光速度。其摄像头配置的小巧的镜头和感光元件可以使

手机的拍摄质量和单反相机相媲美。这是苹果看中这家公司的主要原因。❶

但这家公司的专利并不多，仅有 3 件专利申请。唯一的授权专利 US9025077B2 的授权公告日是 2015 年 5 月 5 日。或许现在期待 iPhone 手机中搭载 LinX 镜头还为时过早。根据苹果以往的收购拟键盘技术公司 Dryft、应用检索网站 Ottocat、数据分析公司 Acunu 等公司的经验看，苹果不会着急应用新的技术方案，而是等将技术开发到一定的程度后，使用最成熟的方案来提高手机的质量。❷

不仅苹果，其他巨头企业也在不断通过收购扩充自身的专利储备。近日，谷歌还出人意表地启用了在线专利收购计划，旨在建造一个面向全球征集有价值专利的交际平台。谷歌这么做的目的其实和苹果一样，都是为了应对随时可能发生的专利诉讼。所以在专利市场上频频出手，通过各种办法丰富自己的专利库，提高专利博弈的筹码。❸

【细软说法】

当全球不断爆出企业收购新闻时，笔者希望中国企业也能从中得到启发。希望中国企业的管理者，在运营企业时有更开阔的视野，能从企业整体的商业策略去运营企业自身的专利，寻求更多的方法增加企业专利储备，以增强企业的专利实力，而不是只专注于企业自身技术的研发，只针对自身研发的技术进行专利申请，应该多关注专利交易平台，通过专利购买以及企业并购的手段，来提高企业的专利水平。

但是企业在购买或者收购专利时，应该请专业人士对专利的价值进行辨别和评估。这就像购买到有价值的股票才可能有收益一样，购买到有价值的专利才有可能提高企业的市场竞争力，以及抵抗专利诉讼的能力。

---

❶❷ 超凡知库. 苹果收购案警示中国创新型企业［EB/OL］. 中国知识产权网, http://z.chofn.com/news/guoneizixun/8496.html, 2015-05-29.

❸ "谷歌"收购专利意欲何为？［EB/OL］. 国家知识产权局, http://www.sipo.gov.cn/mtjj/2015/201505/t20150506_1113326.html, 2015-05-06.

52　专利悬崖壁垒两重天，创新研发反侵权势在必行

制药领域从来都不是风平浪静，不管是药企之间的市场竞争还是研发能力竞争，都随时能引发能力与智力的深层次对抗。专利侵权在各行各业都存在，而在医药行业由于专利悬崖表现突出，也让研发制药企业与仿造制药企业随时准备开启一场旷日持久的专利争夺战。

所谓专利悬崖（Patent cliff）是指企业的一件产品在专利失效后利润大幅度的下降。因此，在专利悬崖期，一些大型企业的市场份额和用户基数会大大缩水，销售额和利润一落千丈，而仿造制药企业则会抓住时机，竞相争抢仿制权，以期加强市场份额抢占，从而获取高额利润。据数据显示，2012~2016年年底，全球将有超过600种专利药陆续到期，其中包括曾占据世界最畅销药物榜单前20名中的18种，专利悬崖在这一时期表现尤为突出，势必会对研发制药企业带来巨大商业挑战、运营风险和利润损失，然而，在仿造制药企业看来却是巨大的商机和逆袭的大好时机。❶❷❸

随着制药巨头们的一些明星药品专利陆续到期，更是引发了仿造制药企业与研发制药企业的升级对抗。在药物信息协会（DIA）中国区董事、总经理董海军看来，2011~2016年，全球有2000多亿美元产品的专利到期，专利到期会使一个大型国际制药公司销售额下降70%甚至90%，而不是所预估的10%

---

❶ 李潇潇. 董海军：大型国际制药企业面临"专利悬崖"[EB/OL]. 39健康网，http://drug.39.net/ywsd/140427/4380203.html，2014-04-27.

❷ 孙新生."专利悬崖"，药企们的竞技场[J/OL]. 生命时报，http://paper.people.com.cn/smsb/html/2014-08/15/content_1465552.htm，2014-08-15.

❸ "专利悬崖"有多"悬"[EB/OL]. 中国知识产权资讯网，http://www.iprchn.com/Index_NewsContent.aspx?NewsId=63210，2013-08-14.

或者20%，这对企业来说是巨大的打击。英国最大的制药公司葛兰素史克（GSK）就因其多款产品特别是帕罗西汀的专利保护即将到期，第1季度的利润同比下滑26%。辉瑞制药2014年7月畅销全球的用于治疗男性性功能障碍的药品万艾可在中国的专利保护已经到期，该药在中国至少一半市场将被仿制药瓜分。礼来公司的两款药品在2013年也因专利过期销售缩水70多亿美元。

说到专利悬崖的争夺战不得不提几经周折最后还是落败的梯瓦。当然它也曾因其专利壁垒狠狠打压了一批对手。早在2012年，梯瓦就以侵犯其名下药品可舒松（Copaxone，另一译"克帕松"，须每日注射1次）的多件专利为由，将包括Momenta制药在内的数家公司告上法庭并获得胜利，其股价也大涨12%。然而，仿造制药企业从未放弃专利争夺，2013年，仿制药巨头山德士（Novartis-Sandoz）向梯瓦的可舒松专利发起了挑战，在地区法院的裁定下以失败告终。随后山德士继续上诉，经美国联邦巡回上诉法院（CAFC）的认定，裁决梯瓦部分专利无效，梯瓦的专利保护期缩水16个月。这让梯瓦心有不甘，于是战争再度升级，梯瓦向最高法院提出保留地方法院初审判决的上诉请求但遭否决，并以法律认定标准的问题于2015年1月20日撤销了CAFC的判决并指令其重审。

6月18日，CAFC再次裁决梯瓦可舒松专利US 5800808无效，为可舒松仿制药走进美国提供了机会。可舒松在2014年的全球销售额为42.4亿美元，占梯瓦总收入的1/5，在美国市场中的销售额高达31亿美元。随着专利悬崖的到来，梯瓦专利壁垒的倒塌，梯瓦将面临较大的市场销售压力。梯瓦也算是应对专利悬崖早有对策，早在2014年1月，梯瓦就拿到美国食品药品监督管理局（FDA）每周只需注射3次的长效版可舒松的批文并得以将长效版快速推向市场。据梯瓦2015年第1季度业绩报告，目前梯瓦已成功将可舒松2/3的患者群体转移至长效版，而长效版的可舒松专利保护期则可到2030年。❶

【细软说法】

研发制药企业和仿造制药企业的"斗争"从未停止。专利悬崖意味着研发制药企业利润的大幅下降，也给仿造制药企业带来了抢占市场的机遇。但是专利悬崖和专利壁垒总是在博弈中。面对专利悬崖，研发制药企业要注重创新

---

❶ 可舒松专利再度被判无效 药企如何应对"专利悬崖"[EB/OL]．七星天，http://www.qxtip.com/index.php?m=Article&a=show&id=153，2015-06-30．

研发和改进原有产品并重新申请专利，以多重专利布局迎接专利到期挑战，从而保障企业利润。

对于研发制药企业，加强创新研发成为坚守专利主场的最佳利器，注重专利的多重保护也是重中之重。那么仿造制药企业的生存空间究竟在哪里？中细软专家认为仿造制药企业应着力创新研发，在攻克原有专利壁垒的基础上，对相关药物提前进行专利检索和评估，防范研发制药企业对专利逐层升级保护而造成仿造制药企业专利侵权。

53 面对"专利流氓"的诉讼,企业该如何应对

苹果作为世界上影响最大、最富有的科技企业之一,经常会遭到专利流氓无休止的纠缠。

据报道,2015年上半年,苹果就遭遇了来自专利流氓的25起专利诉讼。怪不得它们在美国最高法院将自己描述为专利流氓的"头号目标"。专利流氓把苹果当作一块大肥肉,为了从苹果身上捞到好处,这些公司是"有条件要告苹果,没条件也要告"。❶

专利流氓"广撒网"的诉讼策略

专利流氓是指手握专利但不生产具体产品的公司,它们以诉讼营利。近日将苹果告上法庭的Dynamic Hosting Company就是一家专利流氓公司。Dynamic Hosting Company起诉苹果iPhone的虚拟语音邮件侵犯了它们所持有的"直接输出到硬拷贝设备的互联网交流方案"专利。该公司认为苹果是故意侵权,因此在起诉文件中要求法院判定苹果赔偿3倍。❷

这件专利,最早在1995年由Connect-One申请并获得,是辗转被Dynamic Hosting Company购得的。据调查,这件专利虽然比苹果iPhone的虚拟语音邮件功能专利申请得早,但是它们并没有直接联系。并且,Connect-One和Dynamic Hosting Company都未曾将"直接输出到硬拷贝设备的互联网交流方

---

❶ 更多详情请参见:今年全美专利流氓诉讼或创历史新高 [EB/OL]. C114中国通信网,http://www.c114.net/news/213/a907788.html,2015-07-13.

❷ 专利侵权诉讼的五个步骤 你怕了吗? [EB/OL]. 比特网,http://net.chinabyte.com/202/13149702.shtml,2014-11-22.

案"专利打造成实体设备。但截至目前法院还未作最终判决。

除了苹果，谷歌、甲骨文和思科等也都是专利流氓控告的对象，它们瞄准的目标主要是科技公司。2015年上半年的科技专利诉讼中，有90%是由专利流氓发起的。当然，非科技公司也可能成为它们的控告对象，因为它们的目的不是胜诉，而是为了获取和解金。所以，不管是咖啡店、办公室还是设计师，都有可能成为专利流氓的控告对象。

专利流氓之所以频繁发起诉讼，是因为它们由此可以获得很大的营利空间。在美国专利诉讼费很高，需要100万~500万美元，并且诉讼会耗费很多精力。所以，很多公司都会选择庭外和解，息事宁人。所以，只要专利流氓开出的和解金价格低于诉讼花费，被诉公司就可能选择和解。随着中国经济的繁荣，"专利流氓"们已经开始布局中国市场，未来可能会有中国企业受到专利流氓的攻击。

【细软说法】

如果中国企业收到专利流氓的律师函，该如何应对呢？首先应弄清楚律师函中提到的侵权产品是否侵权对方的专利。企业可以通过专利检索、分析的方法，弄清楚自己的专利技术方案跟对方的是否相同，若不相同，便可对其置之不理。但若自己的技术方案果真落入了对方的专利权利要求项，也先不要慌张。因为对方的专利申请国如果不是企业的市场国，也不存在海关过境的问题，就不用担心。但如果是企业的市场国，企业就要开始认真应对这场专利诉讼了。这时可以请好的专利律师，通过无效对方的专利、积极抗辩等策略去赢得这场专利诉讼。

54 知识产权"真金白银": 解中国企业"走出去"困局

近年来,随着全球贸易化的加剧,伴随着中国企业"走出去"的步伐,不同行业的中国企业的遭遇却十分相似,频频遭遇知识产权的诉讼调查,尤其在美国,中国已经成了"337调查"的主要对象国和最大受害国。❶

"337调查",是指美国国际贸易委员会(United States International Trade Commission,以下简称"美国ITC")根据美国《1930年关税法》第337节及相关修正案进行的调查,禁止的是一切不公平竞争行为或向美国出口产品中的任何不公平贸易行为。❷

这种不公平行为具体是指:产品以不正当竞争的方式或不公平的行为进入美国,或产品的所有权人、进口商、代理人以不公平的方式在美国市场上销售该产品,并对美国相关产业造成实质损害或损害威胁,或阻碍美国相关产业的建立,或压制、操纵美国的商业和贸易,或侵犯合法有效的美国商标和专利权,或侵犯了集成电路芯片布图设计专有权,或侵犯了美国法律保护的其他设计权,并且,美国存在相关产业或相关产业正在建立中。

"337调查"的对象为进口产品侵犯美国知识产权的行为以及进口贸易中的其他不公平竞争。因此"337调查"常被美国公司当作商战武器,被称为"美国专利撒手锏"。

中国是"337调查"的最大受害国,败诉率高达六成。故在中国企业看

---

❶ 更多详情请参见: 中国已成美国"337调查"最大受害国[EB/OL]. 新华网, http://news.xinhuanet.com/world/2014-04/22/c_1110359749.htm, 2014-04-22.

❷ 上海市企业赢得2015年第一起"337调查"[EB/OL]. 中国打击侵权假冒工作网, http://www.ipraction.gov.cn/article/xxgk/gzdt/dfdt/201504/20150400050800.shtml, 2015-04-29.

来,若被"337调查"盯上,等于"摊上大事了"。曾在美国执业多年的"337调查"律师龙翔却认为这是件好事,因为如果能够胜诉,可以真正开拓国外市场,更被投资机构认可。其实,中国企业在"337调查"中不是输在败诉,而是不应诉。曾有1/3的中国企业放弃"377应诉",实际上真正应诉的企业胜诉率并不低。

被"337调查"逼入死角,绝地反击

龙翔律师认为:美国企业在提出"337诉讼"前是有预设的,预设中国企业不敢应诉,自然不战自胜;即使中国企业应诉了,可能因资金不足、应对策略不当等败诉。事实上,中国企业若敢真正应诉,摆出鱼死网破的架势,对方就害怕了。

2015年,"80后"小伙罗佳创办的上海照明公司遭遇"337调查",罗佳虽着急但冷静应对,通过深入了解才知道,原来是自己的产品触及美国竞争者的利益,使得竞争对手以罗佳公司产品侵犯知识产权为由对其发起"337调查"。罗佳陷入是否应诉的两难中:若应诉,费用大;不应诉不仅默认自己侵权,还影响企业拓展海外市场,更助长美国企业的嚣张气焰。

最终罗佳绝地反击,聘请一位资深律师应诉。经分析,发现美国企业提出的侵权漏洞百出,涉及侵权的专利也并非美国企业独有,这也让罗佳在反击中看到了希望。在反复的较量中,美国企业在1个月内就出现态度转变,与罗佳达成和解。最后,以收到美国ITC发来的一纸调查终止令宣告了罗佳的胜诉,最终赢得了这场历时7个月的诉讼!这是上海企业在2015年赢得的第一起"337调查"。

触宝科技,中国第一起软件产品的"337调查"案,也是这种情况,被"337调查"逼至绝境,绝地反击。最终,这家中国小微公司完胜美国巨头,触宝产品以傲然姿态进入国际市场。

触宝科技是以研发、销售基于手机的创新型软件为主的创新企业,2011年年底竟被美国ITC通知因5件专利侵权了Nuance遭遇"337调查"。触宝科技的主要产品包括触宝输入法和号码助手,在海外的市场份额占比很大,仅次于Nuance公司,输入法产品与三星、HTC、中兴、华为等众多厂商合作。如被判侵权,这将意味着抽空了触宝的海外市场份额,打击将是"致命"的。并且,触宝科技的输入法预装在很多品牌的手机上,如果放弃应诉,不仅在美

国，在其他国家，也会引起连锁反应，众多手机厂商将拒绝再与触宝合作。

触宝科技 CEO 王佳梁面临两难困境，最后决定，与其逃避，不如勇敢面对。首先，聘请美国两位优秀的律师，采用集中火力、团队作战的方式，把一个"337 调查"案的大战役，分解成不同战场上的局部战役，并且采用田忌赛马的方法，把"上马"（美国优秀律师）放在专利不侵权上，而把"中马"放在专利无效上，最后用"下马"来对付对方的证据发现团队。同时，触宝反诉 Nuance 侵权自己的专利。对手 Nuance 没料到小公司会疯狂进攻、甚至反击，没有充分准备。所以，Nuance 在开庭之前主动提出和解。最后，双方达成和解协议，互撤诉讼，触宝的产品得以顺利进入美国市场，正在观望的众多厂商，见此纷纷主动和触宝签约再合作。❶

应对"337 调查"，企业应修炼知识产权真功夫

一企业老总曾感慨："我们申请了这么多专利，等我们想要用专利告人的时候才发现这些专利全都是垃圾专利。"这就是中国专利量多质少致使屡受"337 调查"狙击、走出去受困的原因。❷

与中国企业屡成被告形成对比的是，三星和苹果在美国的专利大战中互为原被告，例如，三星作为原告在美国 ITC 告赢苹果，美国 ITC 裁决禁止进口侵犯三星专利的苹果手机，这一裁决迫使奥巴马行使了史无前例的总统复核否决权。同时，日本、中国台湾的企业也都在美国这个主战场发起过为数不少的"337 调查"和专利诉讼。

多年来，中国企业屡遭来自发达国家专利大棒的打压，意识到专利的重要性后，开始大量囤积专利，2008 年中国更是从国家层面推出国家知识产权战略，2014 年国际专利申请量排名，中国的华为第一、中兴第三。这两家企业是中国企业的佼佼者，它们对专利的重视也体现了中国企业整体心态。那么，该如何修炼专利真功夫呢？

首先，做好专利布局是基础。企业走向海外市场之前，应做好专利布局和专利预警，对可能会发生的专利侵权，提前做好预防和规避。三一重工知识产

---

❶ 中国软件产品 337 调查第一案 看创业公司如何逆袭跨国巨头 [EB/OL]. 思博网, http://www.mysipo.com/portal.php? mod = view&aid = 4560, 2015 - 03 - 02.

❷ 龙翔: 从 337 调查律师到专利资本市场开拓者 [EB/OL]. 肥西社区, http://www.ahfeixi.com/article - 128755 - 1. html, 2013 - 09 - 04.

权部部长陈路长认为：知识产权是企业"走出去"的真金白银，靠的就是企业实施知识产权战略及有针对性的专利布局。❶

其次，善用知识产权规则，从容应对纠纷。要善于并且敢于运用知识产权规则来维护自身合法权益，来应对各种知识产权纠纷。如遇"337调查"，要学会从被动挨打的角色中转变，学会主动出击，经受住"337调查"洗礼。

最后，政策护航，产业协同支持。近年来，为支持企业更好"走出去"，国家知识产权局制定推动产业国际化发展的知识产权政策性文件，培育助力企业"走出去"的知识产权服务生态体系，搭建起企业知识产权国际参与渠道、公共服务、信息平台；开展专题培训、发布实务指引、组织研讨等。

所以，企业自身要实施知识产权战略"强身健体"，还需要善用政策护航，同时积极融入行业协会和国际化服务体系寻求产业的协同支持。这样，才能真正毫无畏惧地"走出去"。

【细软说法】

当前我国进入经济发展新常态，面临许多新的机遇和挑战。实施"一带一路"战略，支持企业"走出去"，推进国际产能和中国装备制造业合作，是我国全面构建对外开放新格局的重要举措。中国国际贸易促进委员会副会长卢鹏起认为，必须高度重视其中面临的知识产权问题。

中国企业"走出去"受阻，说明中国企业缺乏技术创新以及知识产权保护意识不够，才让"337调查"有机可乘。基于此，中国企业也唯有创新、加强专利布局和保护、产业协同、加强知识产权话语权建设、联合对抗，才能抵御来自海外的专利之战，才能获得主动权，真正赢得国际市场。

中国企业海外实践更形象说明，知识产权是企业"走出去"的真金白银。企业唯有实施知识产权战略，加强对知识产权的创造、运用、保护和管理，才能更好地为企业"走出去"保驾护航。

---

❶ 知识产权是企业"走出去"的真金白银［EB/OL］．国家知识产权局，http://www.sipo.gov.cn/mtjj/2015/201506/t20150612_1130333.html，2015-06-12.

55　伊利上演知名品牌变形计，商标品牌管理是关键

大家也许还记得中国那个喝牛奶要奶票的年代，尤其是1976~1983年，随着牛奶供应日趋紧张，"限购"一度成为缓解缺奶现实的有效举措，而供奶范围也仅限于新生婴儿、癌症患者等。随着中国乳业的高速发展，液态奶与中国本土奶源优势的强强联合使得中国人"每天一杯奶"成为可能。而1999~2008年更是被称为中国乳业高速发展的黄金10年，从总产量、奶牛存栏数来看，中国奶业在以超过20%的年均增长幅度高速成长，奶制品总产量增长了近5倍，其年增长量占据全球乳业新增量的50%以上，奶制品工业生产总值从120亿元增至1300亿元。

在乳业大力发展的同时，也涌现了一批乳业巨头，如伊利、蒙牛、光明、完达山等，其中尤其以伊利的品牌为人称道。伊利作为全球乳业的前10强，下属的10个品牌年销售额均突破10亿元。纵观伊利从草原走向世界的成长历程，我们不难发现伊利在民族品牌的打造和商标保护方面的成功也为众多企业，尤其是乳制品同行提供了些许借鉴意义。

伊利从小地方的一个不起眼的小厂走出草原，渐渐发展成为地方支柱性产业，甚至在上海证券交易所成功挂牌，一度发展到今天营业收入近400亿元的健康食品集团。这一路走来，伊利从首家乳品上市公司，到牵手奥运、世博会，发展势头着实引人注目。伊利与迪士尼的全面合作，植入好莱坞《变形金刚》广告，一路都在上演品牌蜕变的"变形计"。在品牌构建的背后，是伊利一直以来的商标全面布局和加强管理，也是伊利对品牌极致的构建和质量的不断打磨。

数据显示，截至2013年年底，伊利累计国内商标注册量3946件，确认商标3111件，在境外72个国家和地区也分别进行了商标保护。伊利重视对商标

第五章
企业国际化中的知识产权运营

的注册、利用、保护和管理，用法律手段实现了自主品牌的有效保护，避免了被侵权所带来的损失，也让自身品牌成为享誉全国、辐射全球的 10 强品牌。在技术革新方面，伊利也是大力布局。截至 2011 年年底，伊利拥有 70 余件授权发明专利，授权发明数超过了 2010 年前累计授权发明数的总和，发明专利授权率稳居乳制品行业之首。❶

在产品质量构建和支撑方面，伊利早在 2003 年就实现了奶牛养殖由大群体、小规模向小群体、大规模的转化，力图在科学化、规范化、集约化上开创奶源基地建设的全新模式。2005 年，伊利第七牧场成立，标志着"公司+规范化牧场园区"模式的启用。2006 年，伊利新的奶源模式——"奶牛合作社"顺利推出，实现了入社农户所有权和经营权的分离，组织专业化生产。2007~2010 年，伊利在升级奶源基地和牧场建设方面更是不吝投入，掌控了锡林郭勒、呼伦贝尔和新疆天山三大黄金优质奶源带，从而保证高品质原奶的稳定供应。❷

伊利获得全球 10 强的地位绝不是偶然，而是企业不断探索创新的结果，也是企业在品牌构建和技术革新方面的鲜明验证。

伊利作为中国乳业品牌建设的缩影，有着鲜明的品牌印记。商标对于很多企业来说，也许只是个简单的名称或图案，但是随着人们对商标意识的提升，商标也被赋予了更多的企业内涵，甚至幻化成为企业的一种无形资产。商标成长的健康与否、商标保护的合理与否，事关企业成长，也能为企业发展提供品牌支持。伊利对于商标的注重是值得众多企业借鉴的。在技术创新方面，伊利与专业机构联合创建了国内第一个"乳业研究院"更是为其技术提供了坚实的智力支持。

伊利品牌的发展路径和企业的发展进度始终坚持"厚度优于速度，社会价值大于商业财富"的宗旨，从而终获又好又快发展的可持续生态。

---

❶ 更多详情请参见：伊利：从草原到世界的品牌秘诀［EB/OL］. 北京晟通阳光知识产权的职业博客，http：//www.bokee.net/bloggermodule/blog_ viewblog.do? id =18977275，2014－07－22.
❷ 推动卓越品牌的飞轮——伊利的品牌发展模式［EB/OL］. 北京中视同赢国际广告有限公司，http：//www.cctvad.org/%D1%EB%CA%D3%B9%E3%B8%E6/%D1%EB%CA%D3%B9%E3%B8%E6%C6%B7%C5%C6%C6%D7%A8%C0%B8/%D1%EB%CA%D3%B9%E3%B8%E6%C6%B7%C5%C6%C6%D7%A8%C0%B8－2277.html，2015－05－31.

【细软说法】

中国乳业的未来是做大做强，实现从量到质和品牌的构建阶段。无论行业竞争是否激烈，在注重"快"的同时，企业自身的内核尤其是品牌的梳理和保护才是立于不败之地的重要保障。企业从基础到腾飞，从不知名到著名都不是偶然形成的，企业也只有以知识产权全方位保护内核，狠抓产品品质和产品研发，才能真正实现飞跃。

56 "王致和"遭恶意抢注，海外抢滩维权注册应先行一步

商标侵权屡见不鲜，国内国外都是这样。20世纪80年代以来，中国出口商品商标被抢注的案例有2000多起，造成每年约10亿元的无形资产流失。这种侵权在老字号、知名品牌、驰名商标上体现得尤为明显，主要表现为商标被海外经销商和代理商抢注，如天津狗不理、北京同仁堂、"天坛"牌茶叶、"五星"牌啤酒、桂发祥、十八街等都遭遇了海外抢注，各种诉讼风波缠绕不断。这不仅使它们声誉受损，还给它们进军海外市场带来风险，让它们利益受损。

境内商标海外遭侵权的戏码时时上演，而国内企业商标维权之路也是一路艰辛。同为中华老字号，企业海外维权首获成功的王致和所付出的努力和吸取的经验是非常有借鉴意义的。王致和始创于清康熙八年（公元1669年），至今已有340多年的历史。企业几经传承和演变，按照二商集团整体部署，于2009年改制，更名为"北京二商王致和食品有限公司"。公司旗下拥有"王致和""金狮""龙门""老虎""宽"牌五大品牌，是北京市最大的生产经营酿造调味品的专业化公司，其规模和创利税水平在全国同行业中名列前茅。一路向前的王致和随着发展的需要，便全力开拓海外市场。但当来到开拓地德国时，王致和却遭遇了一场万众瞩目的侵权之战。

2006年7月，为了拓展德国市场，王致和率先派人到德国注册商标却意外被拒。究其原因，竟是商标早在2005年11月21日已被一家名为欧凯的德籍华人公司抢先注册，王致和的腐乳、调味品、销售服务三类商标都在注册之列，并于2006年3月24日起已被公示。并且这家以销售中国食品为主的公司还同步注册了恰恰瓜子、老干妈辣椒酱、白家方便粉丝三家企业的商标。此公

司在此之前是王致和在德国的商品代理商。商标在德国被抢注是王致和始料未及的事。❶

2006年8月,王致和第一时间与欧凯交涉,由律师出面讨要"王致和"商标未果。2007年年初,王致和向慕尼黑地方法院提起诉讼,要求法院判定欧凯公司无偿归还"王致和"商标并予以赔偿。2007年1月26日,慕尼黑地方法院正式受理了"王致和"商标抢注案。2007年8月8日,欧凯公司和王致和就前者是否恶意抢注后者的商标展开了激烈的争论。面对欧凯公司提出王致和集团的标识是通用的"中国古代士兵头像",不能作为商标使用的质疑,王致和按照《保护文学艺术作品伯尔尼公约》法律规定,阐明自己的图文商标标识是出自中央工艺美术学院黄伟教授之手,并获此标识在中国的著作权。由于中国和德国都是公约所在成员国,按规定,在一个成员国享有著作权的权利人,在其他成员国中也同样享有著作权。因此王致和集团在德国也享有对该标识的著作权。鉴于欧凯公司抢注商标的标识与王致和享有版权的标识一模一样,因此欧凯公司侵犯了王致和在先的著作权。❷

2007年11月14日,慕尼黑地方法院作出判决:依法撤销欧凯公司抢注的"王致和"商标,禁止欧凯公司在德国擅自使用"王致和"商标。一审判决以王致和胜诉告终。2008年2月25日,欧凯公司向慕尼黑高等法院提出上诉。2009年,慕尼黑高等法院二审裁决王致和胜诉,要求欧凯公司停止使用"王致和"商标,并撤回其在德国专利商标局注册的"王致和"商标。由此,"一不小心遗失"的"王致和"商标重回王致和名下。

【细软说法】

不管欧凯公司是恶意抢注还是无意为之,"王致和"商标案中,王致和以在先的著作权打败欧凯恶意注册的商标权,打响了国内企业海外维权胜诉的第一枪。针对国内企业知识产权保护意识尤其是商标保护意识的薄弱给人可乘之机的事实,企业须增强海外商标保护意识,优先进行自我商标海外注册。除了进行海外注册,企业还应加强海外商标、专利监测的工作。防患于未然也是至关重要的。

---

❶ 更多详情请参见:"王致和"终胜商标海外侵权案[EB/OL]. 和讯股票, http://stock.hexun.com/2009-04-24/117032279.html,2009-04-24.

❷ "王致和"商标抢注案看德国知识产权诉讼案件[EB/OL]. 品牌世家, http://guide.ppsj.com.cn/art/1446/wzhsbqzakdgzscqssaj,2009-02-09.

老字号、大企业海外商标频繁被抢注,在抢注之后,抢注方与被抢注方必然上演商标争夺大战。如果每个走出去的企业在未走出国门之前就谋划知识产权海外布局,这样的抢注事件是否就不会再上演?造成这样的局面,国内很多企业知识产权运用保护忧患意识薄弱是原因的一方面;另一方面,很多企业因顾虑海外商标注册及布局的人力、财力耗费成本过高,为他人留下了可钻的空子。在经济全球化的今天,企业应该放远眼光,尽早为走出国门做好知识产权布局,加强自身品牌价值输出。

57 大品牌盯上侵权小商户，甘做"提款机"还是合法营商

品牌之争历来不足为奇，而企业维权也是理所当然，尤其是知名品牌和洋大牌的维权更是如此。当企业与企业之间对簿公堂成为一种惯例常态的时候，现在的"大牌"也将更多的目光瞄向了小商户。其中，著名的国际品牌香奈儿对沈阳五爱市场12家商户发起的一场大规模的诉讼也让大品牌的维权呈现出一种全新的对策。虽然，香奈儿也同步起诉沈阳五爱实业有限公司，但其核心目标还是瞄向了五爱的个体商户，并向起诉对象索赔金额高达百万元。

1913年，香奈儿始创于法国巴黎。1921年Coco Chanel正式于法国成立香奈儿股份有限公司。目前，香奈儿在世界各地都有自己的分支机构，在世界各大城市开设的时尚精品店有一百多家，主要销售化妆品、香水产品、衣服、珠宝及配件等。经过90余年的蓬勃发展，香奈儿已经成为名副其实的国际大牌，享誉世界。1981年Chanel在中国注册了香奈儿、CHANEL、COCO等一系列商标。1999年，其在北京成立了第一家专门销售除化妆品和香水外其余类型产品的时尚精品店。每年，香奈儿在品牌广告宣传和推广投入上都超过一亿美元，CHANEL在所有的国际性时尚品牌中位居第一位。香奈儿对于自身品牌的保护也非常注重，已将自己的系列商标在世界上200多个国家都进行了注册，世界上许多国家更是将CHANEL作为驰名商标加以保护。2000年6月，国家工商行政管理总局商标局将CHANEL商标列入《全国重点商标保护名录》。

针对市场频繁的大牌侵权案，香奈儿也将自己的目光投向了沈阳市五爱市场。2014年3月初，五爱市场二楼箱包销售区迎来了一批特殊的"客人"，这批神秘客人正是香奈儿股份有限公司委托的工作人员和公证人员，他们来得目的是为了进行侵权取证。在询问一个卖家是否知道所销售箱包品牌和售卖时间

后，这批神秘客人又消失了。而接下来，香奈儿对五爱市场的12家商铺发起了以侵犯商标专用权的联合起诉，并对沈阳五爱实业有限公司也一并起诉。最终，五爱被告的12家商铺选择了调解的方式对香奈儿进行了侵权赔偿，并承诺今后再也不销售香奈儿的山寨产品。而五爱市场作为东北批发市场内的领军者，对此类起诉事件已经是十分熟悉，早已做好了预防措施。通过在市场内广贴告示，提示商户不要销售冒牌货，并进行定期检查，充分承担了管理责任，因此，在本次诉讼中幸免责罚。❶

虽然结果是以12家商户的联合赔款而告终，但是香奈儿此次的举动也引起了很大的猜忌。作为一个大牌企业，遭受"傍名牌、搭便车"是再正常不过的事情，而香奈儿为何紧盯小商户不放，究竟只是正当维权，还是为了索赔？❷

一方面，香奈儿的正当维权无可厚非，也是企业维护正当权益的合法合理举动。而将对象瞄准小商户，也值得小商户们深入思考。另一方面，面对事实意义上的"侵权"，小商户该如何解决？❸

【细软说法】

从案例来看，香奈儿作为一个奢侈品牌的维权代表，不仅进行了合法维权，也得到了实际的赔偿利益，更进一步传播和引导了品牌形象，可谓是一举三得。

大品牌盯上小商户，进行索赔无外乎也是基于成本小、投入少、回报大、见效快的受益效应考虑，也能在奢侈品销售不那么如意的环境下，为品牌增加一条创收路径。而面对遭受"紧盯"的小企业和小商户，如何开源，争取更多正品和合规产品的代理权和出售权，似乎比做仿冒品更值得投入。未来随着市场的规范化和仿冒品市场监管的日渐严格，小商户的未来一定是要走自己的品牌之路，寻求一条可持续的发展之路，才不受制于人，更好地将自己的产品、品牌及规模做强做大，而不再成为大牌的"牺牲品"和奢侈品维权的"提款机"。

---

❶ 更多详情请参见：奢侈品大鳄缘何"较真"个体小商户？[EB/OL]. http：//iprdaily.com/?p=3808，2014-09-09.

❷ 香奈儿状告五爱市场12家五爱商户索赔达百万[EB/OL]. 闽南网，http：//www.mnw.cn/news/cj/791440.html，2014-08-29.

❸ 香奈儿状告五爱市场12家商户索赔百万[EB/OL]. 新浪辽宁，http：//ln.sina.com.cn/news/b/2014-08-27/0735107250_4.html，2014-08-27.

58 宝洁：用品牌战略征服天下的商业帝国

用实力雄厚、商业帝国来形容1837年成立至今的宝洁公司似乎远远不够。在170多年的发展历程中，宝洁公司在80多个国家和地区设立工厂和分公司，员工就有14万人，拥有300多个品牌，在160多个国家和地区都能见其产品的身影。日常的生活用品，诸如帮宝适、汰渍、碧浪、护舒宝、飘柔、潘婷、佳洁士、玉兰油和伊卡璐等，只是它众多产品的九牛一毛。

要知道，对很多公司而言，能够拥有一款非常知名的商品已属不易，而宝洁公司那么多品牌几乎都是人尽皆知，它是如何做到的呢？这恐怕要从它的品牌定位开始说起。

针对市场划分，满足不同人群需求

如果单用一种品牌或一种商品来满足所有人的需求，那简直是痴人说梦；但如果根据市场细分，用不同的产品分别满足每一种或每一类受众的需求，那么这个多品牌的构建之梦似乎就有实现的可能了。

就拿洗发水来举例。每个人都可能是客户，要满足客户的具体需求，如去屑止痒或滋养修复等，就需要不同的产品了。宝洁公司针对洗发的各种不同需求，用相应的品牌对号入座。不论是在定位或是宣传上，每个产品都有一个属性，或像"海飞丝"那样专注去屑，或像"飘柔"那样专攻柔顺等。

如果说多品牌是一种战略的话，那么也许有人会问，宝洁公司拥有那么多品牌是否会造成自相残杀的局面呢？多品牌的运作恰恰也正是宝洁的高明之处。试想，如果是两家公司的产品相互竞争的话，就需要想方设法让对方出局。而宝洁公司旗下有众多品牌，相互之间却不构成竞争：一方面因为市场的需求和定位不同，每一种品牌都相对独立地拥有固定的消费群体，所以相互影响和冲突的可能性不是特别大；另一方面，如果两种品牌相互 PK 的话，不论是哪一方获胜，都不存在竞争失败的问题，并且，这样还能够挤走其他竞争对手，让竞争者难以插足被宝洁占据的市场份额。所以，某个产品的整个市场份额都可以落入宝洁公司之手。

欧莱雅：纵向满足不同需求

如果说宝洁公司根据市场划分不同，满足了不同消费者的特定需求，那么欧莱雅则是从纵向来划分市场，根据不同价格和销售渠道等来设计产品。根据价格的不同，从简单意义上理解就是将产品分为高、中、低档三类，来满足不同层面的客户需求。

例如，兰蔻是其高档产品的代表之一，只有少数商店才能买得到；美宝莲则是比较大众的品牌，并且和兰蔻的高贵不同，其定位更平民化；而薇姿只在药房有售，彰显了其专业化的品牌理念。

当然，品牌战略既要根据市场定位，又要根据自身产品的实际情况出发，否则一味地生搬硬套，只能带来失败。这中间还有品牌宣传时的内涵、情感因素等。宝洁公司让每个品牌都独立地针对某个细分市场。从严格意义上讲，每个品牌都有其固有的理念。

【细软说法】

因为商标和品牌的概念代表不同领域，所以不可完全等同。商标是法律上的概念，而品牌则是市场概念。原则上，一个商标或名称就代表一个品牌，所以多品牌战略也可以看作是商标战略中的一种，而市场的细分则是制定品牌战略的关键所在。

59　颜色组合商标稀缺，挖掘保护至关重要

各种商标侵权案我们已经屡见不鲜，而商标中的颜色组合商标侵权却相对少见。在全球范围来看，颜色组合商标使用也不是那么广泛。随着传统商标资源的枯竭，颜色商标的使用呈现逐年增加的态势，加之颜色组合商标视觉冲击力强、特征明显、能够让受众增强记忆等优势，也让颜色组合商标日益受到关注。曾经轰动一时的国内首例颜色组合商标案让我们见证颜色组合商标在国内发展的同时，也让众多企业注意到，注重商标特色和多元化使用时保护至关重要。❶

说到国内这起颜色组合商标侵权，源起约翰迪尔的一款"绿色车身，黄色车轮"的收割机。约翰迪尔作为一家拥有170多年历史的世界500强跨国公司，旗下收割机、拖拉机等农业机械使用绿色车身、黄色车轮已有上百年的历史，在世界范围内农业机械领域享有非常高的知名度。而约翰迪尔也一直十分注重对其商标的保护，2009年3月21日，约翰迪尔获准在中国注册绿黄颜色组合商标，从而享有注册商标专用权，任何未经约翰迪尔事先书面许可生产、销售、宣传"绿色车身+黄色车轮"农业机械的行为均涉嫌侵犯约翰迪尔的注册商标专用权，须承担停止侵权、赔偿损失等法律责任。❷

这起国内首例颜色组合商标民事诉讼最终以侵权方九方泰禾国际重工（青岛）股份有限公司与九方泰禾国际重工（北京）有限责任公司，共同侵犯了约翰迪尔在中国取得的第4496717号"绿色+黄色颜色组合"商标专用权，

---

❶ 更多详情请参见：全国首例侵害颜色组合商标注册商标专用权纠纷案审结[EB/OL]. 中国法院网，http://www.chinacourt.org/article/detail/2013/12/id/1166413.shtml，2013-12-23.

❷ 中国首例颜色组合商标侵权诉讼 约翰迪尔胜诉备受关注[EB/OL]. 农机1688网，http://www.nongji1688.com/news/show/5401232，2015-04-27.

并以赔偿约翰迪尔经济损失及因诉讼支出的合理费用共计 45 万元告终。此颜色组合商标维权的首战打响了国内颜色组合商标的保卫战。❶

一般而言，商标多由文字、图形、字母、数字等组成，颜色组合商标作为商标注册的重要组成部分，其普及使用程度远远不如其他类型的商标。由于颜色组合商标不需要具体的文字或者图形，只要是颜色及颜色组合而成即可，这也成为很多商家钻空子的漏洞所在。然而约翰迪尔并没有对侵犯自己商标的不法行为给予姑息，而是坚决进行维权。约翰迪尔在收割机商品上一直使用"绿色车身、黄色车轮"的颜色组合商标作为自身公司商品的重要识别标识，已经为消费者和业界专家所熟悉和认可，具有很强的显著性和很高的知名度。❷

【细软说法】

颜色商标侵权案只是商标侵权的一个案例。随着商标更注重创造性、显著性、新颖性等元素，颜色组合商标将会得到进一步广泛使用。如何在使用中不侵权同时也不被侵权呢？注重商标保护、商标注册创新将成为企业发挥颜色组合商标价值的最大抓手。

颜色组合商标，对于大多数企业也许是模糊的，但由于未来企业的竞争其实是知识产权的竞争，颜色组合商标也必然加剧这一无形资产比拼的力度。约翰迪尔对于知识产权的大力保护，避免一切他人"搭便车"的行为，将让更多企业觉醒颜色组合商标的重要性。颜色组合商标资源的有限性、注册难度大等，更需企业多发力，用心加强企业自身产品设计和服务挖掘，形成品牌商标保护，为企业利益和发展前景导航。

---

❶ 北京高院审结我国首例颜色组合商标官司 [EB/OL]. 中国知识产权律师网，http：//www.ccidnet.com/2013/1227/5305849.shtml，2013-12-27.

❷ 国内首例"颜色组合商标"侵权案尘埃落定 [EB/OL]. 赛迪网，http：//www.ccidnet.com/2013/1227/5305849.shtml，2013-12-27.

60 《百年孤独》，为何历经30年才真正走进中国？

许多年以后，面对《百年孤独》中文版，读者在享受魔幻阅读乐趣的同时，是否还会记得此书历经30年之久才正式进入中国，遭遇了多少如书中描述的魔幻路程呢？

1967年《百年孤独》首次出版，1982年10月21日，该书作者——哥伦比亚作家加西亚·马尔克斯获得诺贝尔文学奖。2011年5月30日，《百年孤独》的中文简体正式授权版终于来到中国。❶ 一本书，从获得美誉到正式来到中国，版权之路竟走了长达30年。

作家莫言第一次读《百年孤独》倍感震撼，发现原来小说也可以这样写；其他许多中国作家也从《百年孤独》中汲取营养；大学生们谈文学时都毫不掩饰对马尔克斯由衷的赞叹，谈起"魔幻现实主义""文学爆炸"滔滔不绝……然而，令人遗憾的是，大家当初都不知道滋养他们心灵、带给他们阅读乐趣的各种《百年孤独》版本，原来都是没有经过作者授权的盗版书。

1990年，马尔克斯曾到北京和上海访问，看到书店销售着各种版本的盗版《百年孤独》《霍乱时期的爱情》等书，马尔克斯对中国的美好印象顿时化为愤怒："死后150年都不授权中国出版我的作品，尤其是《百年孤独》"。❷

1992年，中国正式加入《世界版权公约》，中国版权意识逐渐加强。据了解，其间20多年，有上百家中国出版单位向马尔克斯提出申请，希望获得授权，但都没得到对方的回应。如何取得这位魔幻现实主义大师的亲自授权，成

---

❶ 更多详情请参见：全海龙.《百年孤独》的版权纠结 [J/OL]. 检察日报, http：//newspaper.jcrb. com/html/2011-07/15/content_ 75386. htm，2011-07-15.

❷ 正版《百年孤独》推出 马尔克斯改变对中国印象 [EB/OL]. 东南网, http：//www.fjsen.com/h/2011-06/05/content_ 4791157. htm，2011-06-05.

了当时中国各出版机构的难题。❶

最后，经过不懈努力，新经典文化有限公司终于拿到《百年孤独》中文版的正式授权。但马尔克斯附加的条件十分苛刻，让这家有幸获得授权的出版机构为过去 27 年中国的所有侵权行为一次性承担历史责任，据了解授权费用高达 100 万美元，并且还需要负起"对未经权利人授权擅自出版马尔克斯作品的出版机构进行打击"的艰难使命。

【细软说法】

一本书历经 30 年，见证了中国版权意识从蒙昧、麻木到觉醒之路。一本书，承载着中国版权意识的觉醒和担当，见证了中国出版界逐渐规范化的历程和与世界文化接轨的阵痛。

尊重版权，方可赢得国际文学大师和其他各领域专家学者对中国的尊重，世界优秀作品才能顺利走进中国读者的视野。创造尊重版权的良好环境，才能真正促进原创的繁荣、中国文化与世界文化的有效对接。《百年孤独》中文版权引进付出的高昂代价，值得中国出版机构警醒：只有尊重版权，才能行得更远。

---

❶ 正版《百年孤独》推出 马尔克斯改变对中国印象［EB/OL］. 东南网，http://www.fjsen.com/h/2011-06/05/content_4791157.htm, 2011-06-05.

61 优质作品+IP成就海外市场神话

近年来，随着中国文化产业的发展，国际文化贸易能力不断提高，各种文化产品正在向国际文化市场渗透，这一切的国际化市场运作，核心就是版权的管理和运用。

在有着共同文化背景的亚洲，尤其是东南亚地区，凭借着文化常识和共同文化圈的影响，《甄嬛传》《潜伏》《还珠格格》热播，易中天《品三国》系列还在韩国大为热卖。

在欧美文化市场，为使《甄嬛传》更适合美国本土观众，美版《甄嬛传》邀请曾执导过《速度与激情》系列的华裔导演林诣彬按照美国的思维和节奏对原片进行了大刀阔斧的重新剪辑，并补拍了一些镜头。原有的76集剧集，最终剪辑成为6部电视电影和12集电视剧两个版本，电视电影每集90分钟。播出后大受好评。

《喜洋洋与灰太狼》早已与美国迪士尼结盟，从它那儿得到授权将迪士尼《小神龙俱乐部》中的小龙形象加入《喜羊羊与灰太狼大电影4》中。迪士尼还收购了《喜羊羊与灰太狼》在北美播出的版权，在北美播出后受到观众们的欢迎。

2014年11月，刘慈欣的小说《三体》英文版在美国上市，受到读者的喜爱和好评。

当下，我国文化产业迎来了一股网络文学改编热潮，挖掘网络优质资源改编成为影视剧，并由此衍生出游戏、话剧等更多的周边产品，逐渐成为一条完整的IP（Intellectual Property，知识产权）产业链。但随着市场的干预与热钱的涌入，胡编乱造、制作粗糙、趣味低下、无逻辑、无情节、无演技的"三无"改编剧比比皆是，《泡沫之夏》《何以笙箫默》《盗墓笔记》等热门改编

第五章
企业国际化中的知识产权运营

剧都收获了一些差评，众多优质资源毁在了被改编得面目全非上。❶

在这种大环境下，《步步惊心》却独树一帜，以忠于原著的穿越清朝的题材、严谨的剧情、精良考究的服装道具、唯美的画面与演员出色的演绎，俘获了老、中、青三代观众的心，被网友誉为改编剧中难得一见的"良心剧集"，成为 2011 年度的"收视王"。除了被国内、港台各大电视台争相轮番播出之外，《步步惊心》还被韩国、马来西亚、新加坡、日本等国引进。另传出韩国 SBS 电视台已买下《步步惊心》版权，将要翻拍韩版《步步惊心》电视剧。《步步惊心》电视剧效应同样给其原作者桐华的海外版权扩张带来更大影响。据桐华透露，其 7 部作品的海外版权已输出到韩国、日本、泰国、越南、印度尼西亚等多个国家。❷

《步步惊心》，堪称近几年来国内电视剧 IP 海外运作成功的典范。从一部网络小说，逐渐衍生出图书、影视、游戏、广播剧、话剧、越剧等多种周边产品，及至成为一个跨领域发展的流行文化品牌，《步步惊心》的热度持续了 10 年时间，可以说，正是这种以优质 IP 打造优质衍生品的商业模式成就了《步步惊心》，使之成为一个成熟的、可持续发展的 IP 产业链，并持续衍生出更为丰富持久的商业模式，为原作者及投资方带来源源不断的丰厚回报。

优质作品 + IP 才能成就海外市场神话。对于手握海量优质作品的原创者和投资商们来说，网络文学无疑为影视行业提供了海量的优质资源，为影视剧的创作开辟了一片更为广阔的天地，但这对优质资源的改编、开发与运营也提出了更高的要求，在内容为王、口碑为上的时代，优质 IP 想要进行有效的市场转化必须要经过时间与专业的精心打磨，一味追求利益，以噱头、炒作撑场面的影视剧只能是昙花一现，创新才是根基。

【细软说法】

在经济全球化时代，文创产业如何更好地走出国门，如何以优质 IP 衍生更多品类的优质 IP，使之成为一个取之不尽、用之不竭的宝藏，是从事文创产业的创新者和经营者需要思考的内容。

---

❶ 更多详情请参见：中细软：韩国将翻拍《步步惊心》优质 IP 成就版权输出神话［EB/OL］. 和讯科技，http：//tech. hexun. com/2015 - 07 - 02/177224408. html，2015 - 07 - 02.

❷ 桐华七部作品版权输出到国外［J/OL］. 北京日报，http：//bjrb. bjd. com. cn/html/2014 - 08 - 30/content_ 213122. htm，2014 - 08 - 30.

第六章 企业联盟中的知识产权管理

和衷共济．

出自《书·皋陶谟》：「同寅协恭和衷哉。」《国语·鲁语下》：「夫苦匏不材於人，共济而已。」后以「和衷共济」表示同心协力，克服困难。

- "裸奔"的DVD产业，专利之痛后的觉醒
- LED：直面国际专利壁垒，构筑专利战略联盟
- "战略性"交叉许可，阴谋还是阳谋？
- 不做待宰肥羊，专利联盟还击对抗专利鲨鱼
- 专利的积累，"质"与"量"应同步
- 企业抱团出海商标先行，品牌国际化任重道远
- 知识产权联盟：助企业创新，破维权软肋

产业发展中的联合"专利池"现象告诉人们,市场竞争并非就是你死我活的游戏,"和而不同,同舟共济"往往是企业得以顺利远航的法宝。

目前,我国发明专利的申请量已经连续4年位居世界第一,尽管数量庞大,但知识产权大而不强、多而不优是目前存在的问题。如何建设一个高效完善的知识产权运营体系,对于加快创新成果转化、为企业和产业提高竞争力,具有重要意义。

发达国家更加注重利用知识产权巩固其创新优势,跨国公司更加频繁地将知识产权作为遏制竞争对手的手段,中国企业未来在海外的专利诉讼风险将会进一步加大。整合相关资源形成知识产权运营合力,已经势在必行。

根据国家知识产权局专利管理司的信息,我国专利技术展示交易中心共有41家,国家专利运营试点企业达70家,2014年专利权质押融资金额达489亿元,同比增长92.5%。

在我国迈向产业转型升级和创新发展的新阶段,知识产权、资本和产业的协同发展显得尤为重要,知识产权运营领域的政策、机制、模式创新亟待提升。雷筱云说,国家知识产权局将进一步推动知识产权运营联盟建设,完善企业主导、多方参与的专利协同运用体系,形成资源集聚、流转活跃的专利交易市场体系,促进专利运营业态健康发展。

相比传统的知识产权交易,知识产权运营更加突出服务属性。这种服务是指高端服务,即"产业定位+服务增值+资本增值"的模式,以知识产权许可、转让、投资入股、质押、证券化等为服务内容,以实现知识产权的商业价值、服务价值和金融价值为一体的综合性服务。[1]

从国际上看,知识产权的产业化是未来的发展趋势,也是我国知识产权运营发展的机遇和挑战,中国知识产权运营联盟的应运而生为我国知识产权的产业化发展注入了新的动力。

---

[1] 彭玲玲. 中国知识产权运营联盟促进知识产权"产业化"[EB/OL]. 中国科技网. http://www.wokeji.com/qypd/qypdxwzbc/201504/t20150427_1096933.shtml,2015-04-27.

62 "裸奔"的DVD产业，专利之痛后的觉醒

2000年，中国的DVD几乎拿下全世界产量的半壁江山，其中有近一半出口到美国、欧洲。产品无论在质量还是形象上都和国际品牌不相上下。并且，最为重要的是我国DVD的出口平均价格不到国外同类普及型机型的市场价格（300美元左右）的1/2，且仍有继续下降的势头。由于价廉物美，为国外销售商普遍看好，出口量日益增加。这种趋势对日本等国外同类产品也构成了强有力的威胁。

在国内市场，夏新、金正、广电、新科等DVD一线品牌也实行大幅度降价，以超出常规的跌幅，从个别型号的降价延伸到整个产品线。一方面是为了维持市场既有份额，另一方面也是显示企业实力和服务理念，并不是简单意义上的以价格占领市场。DVD在中国的市场规模已然形成，蛋糕开始日益膨胀。

虽然中国近代经济起步比较晚，但通过借鉴外国发达国家的很多经验也使得我们迅速迎头赶上，并有超越之势。DVD产业的兴起就是一个破局的例子，但好景不长。由于乐观的增长势头，加之抢占了大部分的国外市场，这也让很多外国经销商按捺不住竞争之火，想尽各种办法阻止我国DVD产业海外市场的发展脚步。就在中国DVD产业形势一片大好的情况下，2002年，6C联盟（时代华纳、日立、IBM、松下、三菱、东芝）起诉我国DVD生产厂商侵权，致使我国的生产厂商每生产一台DVD就要付4.5美元的专利许可费，先期已赔付30亿元人民币，此后还将陆续赔付200亿元人民币。此举对我国的DVD行业造成了毁灭性打击。❶

---

❶ 更多详情请参见：黄日飞. 国产DVD遭封杀 中国DVD学习"与狼共舞"[EB/OL]. 人民网，http://www.people.com.cn/GB/it/20020321/691883.html，2002-03-21.

第六章
企业联盟中的知识产权管理

专利的"买路钱"

如果中国 DVD 产业被迫接受这个"激励计划",那么 DVD 播放机和盘片的售价必然会上升,所缴纳的各种费用肯定也由消费者承担。当时,国内的 DVD 播放机的平均价格已经降到 1500 元左右。国内生产 DVD 播放机的厂商,新科、宏图、金正、夏新及广电的年产量都在 10 万台以上,如果按照规定,那么这些厂家每年至少得向 6C 缴纳三四百万美元;按中国 DVD 整体产量从 100 万台上升到 1000 万台来估算,之后几年我国将向外国支付几亿美元的专利费。另外,在 DVD 的核心技术上,仅日方申请的专利就有 2000 多件,中国厂商即使部分接受这些专利,也将付出不菲的代价。如此沉重的"苛捐杂税"势必会给国内的生产厂家和刚刚展露生机的中国 DVD 市场带来致命的打击。

6C 的用意何在?

6C 此举的目的无外乎是想把中国的 DVD 产品赶出国际市场,一面在海外市场保持 6C"唯我独尊、一统天下"的局面,一面借机通过这个计划成为中国 DVD 产业的"收税官"。今后市场越大,中国这个全球最大的 DVD 生产基地就会向这个联盟奉上越来越多的"税款"。

当然,中国厂商本应尊重外方知识产权的要求,但是中国 DVD 产品在发达国家市场上价格低廉,是由中国广阔廉价的劳动力资源决定的,绝不是因为没有负担应该负担的专利使用费。生产 DVD 所需的关键零件,如光头、IC 等都是从国外进口的,如果把所有的专利费都压在 DVD 整机生产厂家的身上,既要卖产品赚中国用户第一次钱,还要通过专利手段向中国用户收第二次、甚至每次使用的钱,那么这对用户来说是何等的不公平和利益损害?而 6C 的"知识产权大棒"是否也是对"服务用户、满足市场"初衷的践踏?

【细软说法】

如果说知识产权是规则,那么外商的做法是否有失公平就是另外一回事。虽然 6C 通过苛刻的"知识产权保护"将失掉尚需培育、却又有潜力无限的中国市场,但中国 DVD 产业显然已经因知识产权之痛而遭受了灭顶之灾。

如果只把知识产权当成营利的手段,则必然不会利于市场的良性发展。

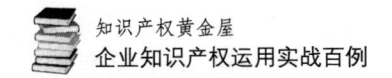

如何善用知识产权，维护正当权益，导正企业发展之路是任何一个国家、任何一个企业都应该思考的问题。因此，在寻求全球化或者上市的企业，尤其是中国的企业，应该加强知识产权的事先布局，强化知识产权的战略经营，这不仅是赢得知识产权"世界之战"的关键，也是更好走出去、迎进来的战略之道。

63　LED：直面国际专利壁垒，构筑专利战略联盟

自 2008 年开始，中国 LED 企业就不断遭受美国国际贸易委员会的"337 调查"。针对 LED 企业的"337 调查"是美国利用知识产权纠纷，阻止或限制外国企业或其产品进入美国半导体照明市场最重要的手段之一。2014 年我国企业"337 调查"案件就有 12 起。屡屡陷入诉讼，中国 LED 企业的生产和经营受到了严重影响。

中国 LED 企业，围困于国际大厂的专利壁垒

虽然近十年来，中国半导体照明市场快速增长，但是中国企业的 LED 知识产权布局还很薄弱。纵观全球的 LED 产业知识产权布局，产业的核心专利仍然掌握在以日亚化学公司、丰田合成公司、科锐公司、飞利浦流明公司及欧司朗公司等为主导的欧美企业手里。我国大陆地区的 LED 专利申请数量虽有大幅度的增长，但是申请的专利大多处于生产链的下游。

这对于上游的国际大厂起不到威胁作用。因为国际大厂本身不从事照明应用的制造生产，而是委托内地厂商生产，因此不会威胁到下游专利。而中国 LED 企业在生产中又必然要用到属于中上游专利的芯片，所以中国 LED 企业绕不开国际大厂的中上游专利。也就是说，国外的 LED 企业可以以其核心专利技术，制约中国的 LED 企业的生产和销售，而中国的 LED 企业却无法通过专利交叉许可等手段，和国外的 LED 企业达到相互的制衡。[1]

---

[1] 更多详情请参见：核心专利短缺 LED 知识产权危机［EB/OL］. 中国知识产权网，http://www.chinaipmagazine.com/news-show.asp? id=8600，2013-04-19.

国外对中国 LED 行业发起的专利诉讼是其商业策略的一部分，是发达国家利用专利保护自己 LED 市场的份额，阻止国内企业无偿使用自己的创新技术，以获取高额的侵权赔偿和专利许可费的手段。由于我国缺少 LED 芯片核心技术专利，国内 LED 芯片企业的产品至今无法大规模出口。国内的 LED 企业出口只能采用外资 LED 芯片，并为此支付高额的费用。另外，我国出口的 LED 产品缺少品牌，出口产品一般贴国外厂商的商标，经国外厂商授权销售，因此产品的大部分利润流失到国外。并且，由于国内的 LED 专利主要体现在 LED 产业链中技术门槛较低的中、下游环节，国内企业之间还面临一个同质化竞争严重的问题，中低端产品仿制现象严重，缺乏技术创新。❶

中国 LED 企业，专利联盟的应对方略

应对国外 LED 企业的专利围攻，2010 年中国 LED 企业成立了"LED 专利技术产业联盟"，希望集政府、行业、企业三方的力量，共同促进国内 LED 企业专利的科学布局，以及提高应对国外专利诉讼的能力。通过专利联盟，LED 多家企业将专利整合在一起，并进行交叉许可，建立了专利池，共同应对国际上的专利诉讼。这让频遭国际专利诉讼的 LED 企业稍微安了点心。它们希望通过专利池在帮它们维护国内市场份额的同时，还能帮助企业将产品更多打入国际市场。"专利联盟能够推动企业的研发积极性，降低费用，遇到专利官司时，也能够抱团应对。"高工在线首席执行官张小飞告诉《每日经济新闻》记者。❷

虽然建立了专利联盟，但是这并不代表中国 LED 企业可以一劳永逸。事实上，它们依然困难重重。"我国 LED 专利大部分集中在封装和应用等下游领域，而真正核心领域的上游芯片专利并无多少涉及。此次专利池的建立仍然无法摆脱我国 LED 专利集中在中下游的窘境。更重要的是，作为专利池，需要联盟成员的共同投入，如果一个联盟成员拿出专利多，而另一个联盟成员拿出专利少，最终利益很难协调。而且联盟成员对外利益一致，而对内却是竞争关系。"正如张小飞认为的那样，"并且，虽然有专利池，但里面的专利属于 LED 专利联盟，并不属于某个具体企业，当企业面临专利案时，专利池里的专

---

❶ 袁建中. 企业知识产权管理理论与实务 [M]. 北京：知识产权出版社，2011：229 - 230.
❷ 程小慧. LED 专利之争冷思考：专利授权合作渐成趋势 [EB/OL]. 慧聪灯光音响网，http://info. audio. hc360. com/2011/07/050831316349 - 2. shtml，2011 - 07 - 05.

利未必能得到认可。"❶

【细软说法】

在规避 LED 专利壁垒的道路上，专利联盟只是起点。要解决中国 LED 企业的困境，还有很多路要走。参加联盟的 LED 企业也不应该有"搭便车"的心理，无论是企业诉讼还是技术研发，都不应只想依托专利联盟，直接享用其他企业的劳动成果，而是应该全身心地投入研发，积极地进行战略布局，争取掌握产业链上游的核心专利。据知识产权专家袁建中分析，目前全球 LED 产业仍处于起步阶段，LED 的出光效率的技术创新研发，正以每隔一年半到两年增加一倍的速度更新，因此中国企业目前还有机会通过创新掌握产业链中上游的核心技术。只有这样中国 LED 企业才不会永远受制于人。

并且，专利联盟需要明确中国 LED 未来诉讼的战场在哪里。据知识产权专家分析，目前中国企业的 LED 产品主要出口于欧美等国家，而在这些国家又经常遭到专利诉讼，这极大地遏制了中国 LED 企业的发展。目前专利联盟建立的专利池中的专利大部分集中在中国内地，这对于缓解欧美大厂对于中国 LED 企业的诉讼没有任何帮助。因此中国 LED 企业应尽快进行国外专利技术布局，以抵抗国外大厂的专利诉讼攻击。

另外，LED 专利技术产业联盟应注意，不要违反反垄断法。因为 LED 专业联盟是由彼此存在竞争关系的同业之间以相互交叉的方式组成了专利池，若缺乏具有公信力的独立认证机构对 LED 专业联盟是否具有相互可替代技术专利进行监督和予以辨别，再加上 LED 专利联盟企业彼此没有竞争的行为，很容易被认为是垄断组织。这种法律风险也应想法予以规避。

---

❶ 国内首个 LED 专利联盟成立　抱团应对贸易壁垒 [EB/OL]. 每日经济新闻, http://www.nbd.com.cn/articles/2010-09-01/369069.html, 2010-09-01.

64 "战略性"交叉许可,阴谋还是阳谋?

苹果和三星,作为手机界的两大"霸主",经常因市场属地掀起战争,刚在市场上"剑拔弩张",又在法庭上相互投放专利"利器"。激战多时后,彼此又生出永结秦晋的想法,决定休战握手言和,以庭外和解的方式来结束多年的专利诉讼。

堂堂跨国集团,忽而厮杀忽而言和,是不是太儿戏了?看客们都懵懂了。其实它们的做法只是验证了一个真理——市场上没有永远的朋友,也没有永远的敌人,只有永远的利益。现今科技发展得精深细分,所以在任何一个行业专利技术都不可能集于一家企业。企业的技术专利,有一部分是自主研发的,还有一部分就需要通过购买或者交叉许可来取得。企业之间的专利与技术其实是"你中有我,我中有你"。

专利交叉许可(Cross Licensing),是一种基于谈判的,在产品或产品生产过程中需要对方拥有的专利技术时,相互有条件或无条件容许对方使用本企业专利技术的协议。其实质是双方以价值相等的技术,在互惠互利的基础上,相互交换技术的使用权和产品的销售权。实施交叉许可保证利益双方在技术开发中的设计和操作自由,防止出现专利侵权风险。[1]

企业竞争双方彼此发生专利侵权,又不想将时间和精力耗费在专利诉讼上,就会通过谈判的方法签订专利交叉许可协议,结束专利纠纷。苹果和三星在2014年签订的专利许可协议就属于这种情况。

不仅和三星,苹果和HTC也有过从法庭鏖战到庭外和解的经历。2010年

---

[1] 更多详情请参见:张占江,容淦,张建升,谭南,李海丽,张华山.苹果与HTC专利交叉许可引发的思考[EB/OL].智慧财产网,http://www.ezhicai.com/news/49407.htm,2013-05-28.

第六章
企业联盟中的知识产权管理

苹果因专利侵权将 HTC 告上法庭，HTC 因这场官司公司实力遭受重创，事业由巅峰走向低谷，早已不想"恋战"。苹果也不想为此耗费更多的精力，给另一竞争对手三星以可乘之机，于是 2012 年苹果和 HTC 以签订专利交叉许可协议的方式结束专利纠纷，签署长达 10 年的授权协议。

专利交叉许可授权，目前已被很多大公司用来解决专利侵权纠纷或者是强化公司实力。通常三种情况下双方会签订专利交叉许可协议。一种情况是，两家公司实力不均衡，并且劣势企业存在侵犯优势企业的现象。劣势企业为避免诉讼后遭受巨大经济损失，会主动提出以专利交叉许可的方式达成和解。当然，为增加谈判筹码，劣势企业必须答应付出一定的资金补偿或是将一些掌握的关键专利技术无条件授权给优势企业使用。苹果和三星在 2014 年签订的交叉许可协议属于这种情况。当时美国联邦法官高兰惠（Lucy Koh）已经判定三星抄袭了苹果的一件专利，同时裁定三星的一件专利无效。为了防止专利诉讼失败，三星主动提出和苹果签订专利交叉许可协议。❶❷

另一种情况是两公司存在互相侵权的现象，为防止两败俱伤，减少损失，双方会提出和解，签署专利交叉许可协议，以实现在某些技术上的共享。还有一种情况是两家公司均为业界领先者，各自都掌握了行业技术领域的一些核心专利技术，为了防止各自在研究与开发中侵犯对方专利的情况，或者是为了联合起来对抗另一个竞争对手，或是联合起来形成霸主地位，也会相互之间签署交叉许可协议。

通过专利交叉许可协议，企业可以清除专利壁垒，使自身在研发时不再因担心侵权而受限制，进而实现技术进步。而且通过交叉许可协议，企业可以免去一些不必要的专利纠纷，并且还可以使自己拥有更强大的专利实力，提高克制竞争对手的实力。交叉许可协议对于巨头企业来说，是强强联合，但对于中小企业来说，它们的联合是一个巨大的"阴谋"，是高高的技术壁垒。小企业若想绕过这道技术壁垒并非易事，直接打击了它们参与技术研发和市场竞争的积极性。❸

---

❶ 张占江，容淦，张建升，谭南，李海丽，张华山. 苹果与 HTC 专利交叉许可引发的思考[EB/OL]. 智慧财产网，http：//www.ezhicai.com/news/49407.htm，2013 – 05 – 28.
❷ 战略性防御，三星、Google 签订 10 年专利交叉许可协议[EB/OL]. 爱范儿，http：//www.ifanr.com/news/398600，2014 – 01 – 27.
❸ 张占江，容淦，张建升，谭南，李海丽，张华山. 苹果与 HTC 专利交叉许可引发的思考[EB/OL]. 智慧财产网，http：//www.ezhicai.com/news/49407.htm，2013 – 05 – 28.

【细软说法】

我国企业技术起步比较晚，相对处于劣势地位，并且知识产权意识薄弱，因此经常被挡在技术壁垒之外。为了突破技术壁垒，专家建议我国企业应更注重研发，在技术上占有一席之地，并加强知识产权意识，在专利布局时讲究策略，增强企业自身的专利实力。当遭到跨国企业通过专利交叉许可结成技术联盟的联手打击时，我国企业应该在处于技术劣势的前提下，加强企业合作，通过技术共享加快技术研发，也通过专利交叉形成强有力的技术联盟。

另外，专家提醒企业在进行专利交叉许可谈判时要讲究策略，因为企业之间终究是竞争关系，所以应尽量选择内部的非核心技术参与交叉许可。并且，为了在谈判中增加自己的筹码，企业还可以通过和第三家企业签订专利许可协议，以获得大量专利"防身"。例如，2014年苹果和三星谈判时，苹果开出的条件非常苛刻。为了在谈判中不丢失更多领地，三星亟须大量专利"防身"，便紧急和谷歌签订了专利许可协议。

65　不做待宰肥羊，专利联盟还击对抗专利鲨鱼

　　专利战作为一种常见的商业行为，大家对其已经司空见惯。应对专利战，一般会形成主战方和守战方两派。除了常说的确实存在实际专利纠纷的双方，专利流氓也成为专利战争不可忽略的一个重要发起方。它们挑起的专利战让一些企业焦头烂额，尤其是一些实力较弱的企业应对起来更是非常被动。

　　1993年，美国用专利鲨鱼或专利蟑螂来形容积极发动专利侵权诉讼的公司。专利鲨鱼也可称为专利流氓、专利海盗，相关的名词还有非执业实体、专利营销、专利许可公司、专利授权公司等，均指那些本身并不制造专利产品或者提供专利服务，而是从其他公司、研究机构或个人发明者手上购买专利的所有权或使用权，然后专门通过专利诉讼赚取巨额利润的专业公司或团体。

　　说到专利鲨鱼，就不得不提高智。高智成立于2000年，总部位于华盛顿，拥有超过3.5万件专利权，它的合伙人兼投资人均来自包括苹果、谷歌、微软、亚马逊、索尼、英特尔以及哈佛大学基金等知名的企业团体。高智在众多领域的专利让很多企业望而生畏，对于这个专利碉堡不敢招惹。

　　早在HTC与苹果之战中，高智不仅是HTC与苹果混战中"挽救"HTC的"英雄"，让HTC不仅最终与苹果签订了长达10年的专利授权协议，还让苹果将赔偿额度压缩了数倍，也让HTC在这场激战中以3亿美元买下了图形芯片公司S3 Graphics，最终转危为安。而由高智自主发起的专利侵权诉讼数量也是十分可观的。据2013年12月数据统计，高智向包括赛门铁克和趋势科技在内的9家不同的科技公司提起了专利侵权诉讼，高智也以其无所不包的专利内容横扫整个专利市场，宛如一头鲨鱼，不够谨慎的企业极易触碰到高智的"血

盆大口"。❶

当然，专利鲨鱼远远不止高智一家，很多坐拥大量专利或一些核心专利的公司把自身掌握的专利权作为筹码，游走在各个不慎介入的企业中，各种诉讼、官司、侵权事件自然不可避免。而随之带来的却是整个市场对专利雷区的恐慌，要么一触即发卷入长久的专利诉讼中，要么疲于应付不堪官司重压最终以购买专利、争取赔款和退让和解而告终。而这种"合法"层面的专利压制将在很长一段时间内会存在，面对"专利大咖"，不管是"走出去"还是待在国内的企业都要合理应对，以免受到压制之苦，成为待宰羔羊。

就在2015年4月27日，谷歌针对专利鲨鱼的"嚣张气焰"，也提出了压制的新主张，对外宣布了"专利收购推广"计划。谷歌将建立一个试验网络交易平台，让手持专利的所有者可以介绍自己的专利，并且报出转让价格，经过评估后告知出让者是否购买。谷歌此举一出，赞扬微词各有出处：赞扬者觉得这是谷歌对抗专利鲨鱼的一次有力反击，而质疑者则认为这是谷歌在"圈"小专利者手中的专利，企图与专利鲨鱼们进行竞争。不管谷歌的行为出于何种目的，至少说明一点，市场已经对专利鲨鱼的专利压制开始了反应和觉醒，盲目而无所顾忌的专利压制只会让市场涌现出更多的类谷歌动作。❷

【细软说法】

目前中国的整个知识产权行业相对还处在比较弱的阶段，专利服务业也仅限于基础阶段的专利申请和专利诉讼。虽然专利鲨鱼在很多企业发展来说也许觉得甚远，但是对专利鲨鱼的提前预警和策略布局也是企业谋求走出去的重要手段。而谷歌的高额专利收购悬赏也似乎给了我们一个可借鉴的模式，未来，面对专利鲨鱼的专利压制，建立生态健康的专利联盟，寻求一种强强联合，以强带弱的专利对抗专利压制将是很长时间内各个企业都要重视和深思的事情。

披着"合法外衣"的专利压制将在很长时间内存在，随着企业的不断发展壮大，尤其是大企业及企业谋求走出去时，往往因核心技术的限制而触犯专利鲨鱼的专利堡垒。因此，谋求大企业强强联合和多个企业的专利联盟，加强

---

❶ 更多详情请参见：大企业在面临专利流氓时有什么好办法呢？[EB/OL]. 云资讯, http://www.aliyun.com/zixun/content/2_6_1889025.html, 2015－03－19.

❷ 谷歌想到一招 彻底断绝专利流氓后路 [EB/OL]. 腾讯科技, http://tech.qq.com/a/20150428/046599.htm, 2015－04－28.

专利情报分析、重视专利管理、着重加强优势专利申请孵化和引进不失为一个好办法。以专利联盟整体诉求为依托，针对国内国外市场进行细分，加强专利难题的攻坚，同时以强带弱，形成应对专利鲨鱼的整体抗击力会比单个企业单兵作战、单打独斗要更有竞争力，也会让大鳄们的专利压制行为有所收敛。

66 专利的积累,"质"与"量"应同步

北汽福田目前是一家大型的国有控股上市公司,资产近300多亿元,员工近4万人。这家现在头顶"皇冠"的企业,谁会想到,最初只是一家坐落在山东诸城、以生产四轮农用车为主的地方小企业。"福田"名称,就是取最初的主营业务"造福农田"之义。

1996年福田成立,十几年来能从最初生产农用车的小企业发展到今天规模庞大的商用车企业,是和它们不断追求创新分不开的。福田汽车目前已申请国内专利6300余件,海外专利150余件。根据产品海外市场布局规划,福田汽车海外专利申请数量也在逐渐增大。2015年计划申请海外专利申请150余件,在商用车领域为全国第一。❶

过硬的专利,满满的福利

不仅追求专利的数量,北汽福田还重视申请专利的质量。为了挖掘到有竞争力的核心专利,北汽福田做足了工作:首先对员工进行专利方面的培训,尤其是对技术人员的培训,让他们了解什么样的创意想法需要进行专利保护,在研发过程中,哪些专利技术研发人员需要规避;其次就是选择可靠的专利代理机构,对此,福田建立了一套完善的专利代理机构评估体系;针对已授权的专利,福田也非常重视专利的运营,通过运营专利,不仅起到保护的作用,还能为公司带来更多的效益。❷

---

❶❷ 更多详情请参见:"福田速度"蝶变"福田创造"底气来自知识产权战略[EB/OL]. 中国经济网, http://www.ce.cn/cysc/newmain/yc/jsxw/201504/26/t20150426_5212666.shtml, 2015-04-26.

有竞争力的专利,不仅给公司带来了资金上的收益,还给公司带来了好的合作伙伴。受福田雄厚专利资产吸引,知名公司戴姆勒主动与北汽福田合作,戴姆勒出资 28 亿元,而北汽福田则以 8 亿元实物资产,20 亿元专利、商标及技术秘密等无形资产的形式出资,双方共同成立福田戴姆勒汽车有限公司。得益于北汽福田雄厚的知识产权资产,新合资公司在制定知识产权战略时布局更加稳健科学且有超前意识,这都给之后公司的平稳发展带来了保障。

产品未动,专利先行

关于专利布局,福田汽车遵循"产品未动、专利先行"的知识产权保护策略。在产品研发阶段,福田汽车就采用有效的专利挖掘流程,并在产品研发过程中对知识产权进行严密保护,通过有效专利信息的分析,对技术前沿领域进行布局,并通过研究竞争对手的技术形成周密的外围专利,从而针对产品形成基础专利、进攻专利和产品专利的"三位一体"专利体系。为了对不同的专利采用不同的管理方略,福田还根据技术、市场等将专利分为 A、B、C 三个等级,根据不同的专利等级采用不同的管理方式。❶

为了配合"产品未动、专利先行"的知识产权战略布局,福田汽车将法律与知识产部、研发部门及专利管理委员会形成了一个工作组织,使它们相关的工作紧密配合起来。另外,为了对全球公布的最新专利信息进行分析、跟踪竞争对手的研发状态、预测行业发展趋势从而为研发战略的制定提供支持,福田汽车内部还建立了汽车行业的专利数据库。

目前,新能源是汽车动力发展的新方向,在专利布局方面,福田汽车围绕新能源、发动机等领域进行重点专利布局,在新能源领域已经申请专利数超过 700 余件,在发动机方面申请专利近 600 件。❷

【细软说法】

福田的做法值得很多企业学习。目前,很多企业申请的专利其实都是浪费

---

❶❷ "福田速度"蝶变"福田创造"底气来自知识产权战略 [EB/OL]. 中国经济网, http://www.ce.cn/cysc/newmain/yc/jsxw/201504/26/t20150426_5212666.shtml, 2015-04-26.

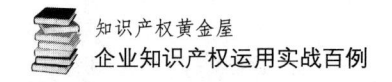

型专利,并不能给公司带来更大的价值。而正确的专利管理方式,不应该是只追求专利的数量,什么专利都去申请,企业在申请专利之前,应该做一个评审,看一个专利的质量有多好、价值有多高,才决定要投入多少时间与金钱在这个专利上。

67 企业抱团出海商标先行，品牌国际化任重道远

随着中国企业品牌意识的提升，商标注册数量也是一路飙升，甚至上升到商标大国的行列。但是中国从来都不是商标强国，只有量的优势，而没有质的支撑。据世界品牌实验室编制的 2013 年"世界品牌 500 强"中，中国仅有 25 个品牌上榜，而美国则有 232 个，法国有 47 个，日本有 41 个。目前，中国拥有自主品牌的外贸企业约占外贸企业总数的 11%，所占比例明显偏低。国内有 15% 的知名商标在国外被抢注，类似案件每年都超过 100 起，涉及化妆品、饮料、家电、服装、文化等多个行业。自 20 世纪 80 年代起，中国出口商品商标已被抢注 2000 多起，造成每年约 10 亿元无形资产流失。❶

深圳精英事务所近期对全球 180 个国家、地区范围内进行监测发现，在墨西哥大量中国商标被抢先申请注册，包括阿里巴巴、中国电信、国美、小米……总数达 63 个，而如王致和、洽洽、少林功夫、天津狗不理、北京同仁堂、"天坛"牌茶叶、"五星"牌啤酒、桂发祥、十八街等在内的知名商标和品牌都曾遭遇抢注厄运。中国商品以"质次价低"的形象出现在国际市场，其品牌的知名度和忠诚度总体水平较差，而由于不少企业商标意识的薄弱，也使其失去了向海外推广品牌国际化的优势。当然也为中国亟待出海和意愿出海的企业敲响了加强海外知识产权保护的警钟。❷

千年前的中国瓷器一度在世界流行，但是我们却没能永葆"瓷器大国"的荣耀。中国瓷器曾经一度是众多欧洲贵族争抢拥有的奢侈品，而千年后瓷器的知名品牌却大多来自欧美国家。而中国陶瓷却再也难以书写曾经的光荣，在

---

❶❷ 更多详情请参见：中企出海商标先行［EB/OL］．中国（北京）保护知识产权网，http：//www.bj12330.com/bj12312/bzdt/bdxw/853270.shtml，2015-03-30．

瓷器市场受到了太多的挑战，尤其是中国陶瓷再"出海"，更是面临着前所未有的挑战。

从2013年开始，中国陶瓷面临出海就频遭反倾销制裁的境遇，给国内陶瓷企业带来巨大的损失。随着欧盟对中国陶瓷餐具征收的反倾销税逐步增加，印度尼西亚、墨西哥、巴西等国也相继宣布对中国家用陶瓷发起反倾销调查。外部的压制使得中国陶瓷企业出海受阻，然后中国陶瓷其自身的弊病也是出口不顺的重要原因。总体来看，中国陶瓷产品整体创新不够，海外市场竞争力不强，尤其在品种、花色、质量等方面与国际知名品牌还有很大差距。而中国陶瓷中低端的定位加上贴牌生产也使得出口之路更为艰辛，加之国内企业竞相恶性竞争，猛打价格战，也使得中国陶瓷企业走出去之路坎坷之余更是雪上加霜，以量取胜的中国陶瓷现状在国外并没有产生效力。❶

中国陶瓷行业抢占国际市场，出海之路究竟在哪里？这让国内众多陶瓷企业陷入了深思中。纵观国际市场整体形势，国内陶瓷企业寻求出海之路并希望在海外获得良好的市场反响和效应，势必要从质量和品牌上进行多重打磨。而面对商标频被抢注的现象，在走出去的同时也要加强海外商标注册和保护，注重知识产权的整体布局，才能为品牌国际化提供有力保障。❷

【细软说法】

面对国际市场所带来的出海压力，中国企业想要在出海之路上走出一条康庄大道，势必要加强品牌的影响力和独特竞争力，在商标保护和知识产权整体布局方面优先设置。同时，国内企业的抱团出海，强强联合，打造中国陶瓷出口"一盘棋"的整体格局似乎也成为一条不得不走的路径。通过企业组成产业联盟，避免恶性低价竞争，敢走品牌路线，才能真正实现中国陶瓷的转型升级，以更强有力的竞争合力走出去。

随着中国企业正在经历国际化第三阶段成熟期，中国企业也将面临向世界"输出品牌"和在全球"创建知名品牌"的重任。只有以质量为内核，以品牌为外衣，以知识产权布局为依托，才能真正为打造全球知名品牌和更好开拓世

---

❶ 中国陶瓷再"出海"品牌形象待重塑［EB/OL］. 中国知识产权资讯网，http://www.iprchn.com/Index_NewsContent.aspx? newsId=83919，2015-03-31.

❷ 回顾与探问：中国自主品牌出海之路［EB/OL］. 搜狐博客，http://roll.sohu.com/20120720/n348615554.shtml，2012-07-20.

界市场赢得契机。而随着中国知名企业及国际化企业出海需求的增加,从国际市场寻求合作,加强自主品牌建设和跨国品牌并购联盟,借力发展,取长补短,争取国际市场技术标准认证,将是促进企业更好走出去和迎进来的双赢之路。而商标先行和知识产权的战略布局的优化也将是力促出海之路更顺畅的有利之刃。

68　知识产权联盟：助企业创新，破维权软肋

在移动互联时代，传统产业纷纷拥抱互联网，产业转型升级和创新发展已是大趋势。对于企业的发展，知识产权、资本和产业发展深度融合更是关键。为此，2015年4月国家知识产权局印发《产业知识产权联盟建设指南》，指导产业知识产权联盟建设。联盟的创建，恰好为协同发展提供了良好平台和环境。

侵权不断催生知识产权联盟护航

2015年6月，中国体育赛事转播著作权第一案，新浪诉凤凰网非法转播中超联赛判决，新浪胜诉。该判决明确，体育赛事节目的制作、摄制蕴含了制作者的创造性劳动，体育赛事转播画面属于《中华人民共和国著作权法》意义上的作品。故对赛事的转播属于侵犯著作权的行为。[1]

此案对中国体育赛事网络视频直播节目的著作权认定与竞争秩序维护产生重要影响，唤醒了业内人士保护互联网体育知识产权的意识。2015年7月21日，全国首个互联网体育知识产权保护联盟在京成立，该联盟由腾讯、新浪、乐视三家互联网公司共同倡导发起，由相关体育产业权利人和运营主体共同组成。该联盟旨在促进互联网体育知识产权保护，积极推进体育赛事视频正版化，并将尝试构建体育知识产权保护的快速联动机制和纠纷的快速处理机制，加强了行业自律，明确体育赛事播放的权利界限，避免一权多授，引发市场混

---

[1] 更多详情请参见：互联网体育知识产权保护联盟成立［EB/OL］. 中国知识产权网，http：//www.chinaipmagazine.com/news‐show.asp？14374.html，2015‐07‐22.

乱。如果发生纠纷也能够互相配合及时处理侵权内容，快速解决纠纷。

另以半导体照明产业为例，我国企业专利积累很薄弱，国外的半导体照明企业经过多年专利积累，基本形成了技术垄断局面，在全球布置了专利网，致使中国企业每年向外企缴纳不少的专利费，每年进口的芯片价值超数千亿美元。痛感于此，中国半导体协会执行副理事长徐小田表示将筹建半导体产业知识产权联盟，希望在使用、创造和服务各个方面让开发者、使用者能够合作起来，把知识产权的效率发挥更大的社会效应。❶

知识产权联盟对接资源合力造势

知识产权虽重要，但对于很多小微企业来说却是短板。小企业由于资金、人员等各方面原因，导致知识产权意识淡薄，更谈不上企业知识产权的布局。一旦企业面临知识产权方面的侵权行为，也难以拿起法律武器进行有效维权。随着知识产权联盟的产生，这些"软肋"将借合力寻到一个可有效解决的途径。

昆明五华知识产权创新联盟即是很好的例证。此联盟是昆明北理工科技孵化器有限公司联合入孵企业、科研院所、大专院校、知识产权服务机构共同建立的新型联合体。联盟成立以来，邀请各科研院所、大专院校的专家教授到园区为科技企业举办知识产权讲座等培训共计13次，培训人数达800余人次。联盟中的企业均为科技型初创小企业。联盟不仅能够引导企业建立知识产权保护制度，还可以帮助企业在内部设立专门的知识产权部门及配套工作人员，这样企业就能依托知识产权部门随时注意市场动态，进行舆情监测。

联盟的另一大主要作用是促进成员间的资源共享。联盟作为串起企业沟通的桥梁，更好地实现优质资源共享和配置。假设一家企业拥有了大量的知识产权资源，而另一家企业又急需此资源，联盟机制下的企业进行资源置换和资源共享就解决了难题。❷

强强联合的成功案例远不止于此，联盟催生企业之间加强人才、资源、技术、渠道、智力、知识产权支持等方面的共享，而这些优势的共享势必会形成

---

❶ 中国半导体协会将筹划成立知识产权联盟 [EB/OL]. 赛迪网, http://www.ccidnet.com/2015/0724/10002941.shtml, 2015-07-24.

❷ 知识产权保护催生产业联盟——五华区已建成三个联盟 [J/OL]. 昆明日报, http://daily.clzg.cn/html/2012-01/18/content_254286.htm, 2012-01-18.

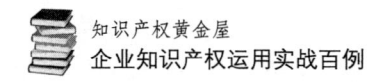

以强带弱、弱变成强、强为领头羊的示范效应,也让更多企业在各自提升的同时又增加了企业合力,促进共享,实现共赢。

【细软说法】

在市场竞争中,企业出现"傍名牌"、恶意竞争等事件不胜枚举,如果没有一个好的产业联盟或知识产权相关组织加以引导和对负面因素进行疏解,那么企业永远都只能单打独斗,甚至通过自己的"手段"解决问题。知识产权联盟的出现,不仅帮助企业解决相关知识产权问题,也可以进行市场秩序的维护和良性生态的构建,最终形成良性循环的资本平台。

随着市场、企业对知识产权联盟的需求,也使得各种规模的联盟陆续建立起来,但是这并非意味着市场对于知识产权联盟的准入没有任何要求。知识产权联盟作为组织性和发挥能动作用的主体,不滥用职权,有效实施反垄断和反不正当竞争策略,对联盟内企业进行维权援助、加强优质资源配置、促进企业共赢发展、提供企业所需智力支持是联盟的根本职责所在。

第七章 互联网产业的知识产权新问题

纵横捭阖

出自汉·刘向《战国策序》:"苏秦为从,张仪为横,横则秦帝,从则楚王,所在国重,所去国轻。"《鬼谷子·捭阖》:"捭之者,开也,言也,阳也;阖之者,闭也,默也,阴也。"

指在政治或外交上运用手段进行分化或拉拢。

- 大小公司PK，手握专利让得大于失
- "双十一"营销战之外的法律暗战
- 同名歌莉娅乱入迷人眼，电商合法商标也需善用
- 电商商标侵权白热化，品牌全类保护免入窘境
- 被"惯坏"的独家版权，好声音或遇新瓶颈
- 游戏侵权肆意，维权策略审慎抉择
- 理清职务软件著作权归属，维权不侵权
- 知识产权成反垄断"狼牙棒"，企业自律共赢过阶梯

阿里巴巴和苏宁的故事、腾讯和360的故事、小米的故事、盛大的故事……近年来，互联网世界上演的故事大都具有曲折的情节，让人目不暇接、眼花缭乱。这其中，有大公司之间的策马疆场，也有小公司和大公司的争奇斗艳，纷纷扰扰之间，演绎纵横捭阖的商战大戏。

"创意经济将成为21世纪的黄金产业，政策制定者应重视知识产权的保护，尤其是网络高速发展的时代。"英国创意产业之父、创意集团和创意商学院的主席约翰·霍金斯在2005上海知识产权国际论坛上接受《第一财经日报》专访时说。

在网络环境下，传统的知识产权保护体系受到前所未有的冲击，而新的网络知识产权保护系统还很不完善；法律确认、保护的范围等还有争议；取证难等问题也是受网络技术制约的，以及社会与网络社会道德规范的矛盾与冲突，导致了网络共建整体行为的失范，使不少现实社会中遵纪守法的网民成为网上目无法纪的匿名侵权人。❶

首先，网络时代的到来使传统的知识产权保护体系受到了前所未有的冲击，网络大大改变了人们的生活方式和交流方式，传统知识产权的无形性、专有性、地域性、时间性等特点，在网络环境中基本已经都不存在了。取而代之的是网络环境下的作品数字化、公开公共化、无国界化等新特征。传播形式发生很大变化，速度更加迅捷，而且作品一旦在网上被公开，其传播、下载、复制等一系列的行为就很难被权利人所掌握，即使发生侵权，也很难向法院举证。网络传输的普及和应用，为权利人实现自己的权利带来了困难。权利人无法知道自己的作品被谁使用了、使用了多少次，很难主张自己的权利。

其次，随着网络的迅猛发展，大量的作品正在越来越多和越来越快地从传统形式（主要是纸媒介的形式，还包括录音、录像等形式）转换为网络形式，并在网上传播。在这一过程中，不可避免地会出现作品的权利人以及传统形式的邻接权人与网络形式的传播者之间的权利冲突乃至纠纷。但是我国目前的网络知识产权保护体系尚未完善，虽然已经制定了相关法律法规来约束网民的行为，但由于法律的滞后性和保守性，立法还远远不能适应网络技术的发展速度。网络侵权行为具有涉及地域广，证据易删除、难保留，侵权数量大，隐蔽性强等诸多特点，这些问题的解决都依赖于网络技术的发展。而且对于网络技

---

❶ 王运明．浅论网络知识产权保护问题［EB/OL］．找法网．http：//china. findlaw. cn/data/zscq_3425/6/23958. html，2011 - 05 - 13.

术的立法，还面临着确认难、取证难、侵权责任分担复杂等一系列亟待解决的难题。

最后，人们在传统的社会现实与网络社会中的道德观念存在很大差异。传统社会依靠法律法规、社会道德以及社会舆论等的监督，以及周围人们的提醒或者注视，传统的法律和道德都会相对较好地被维护。而网络社会是一个相对自由的空间，既没有中心，也没有明确的国界和地区的界限，人们受到的时间空间的束缚大大缩小。每个人上传到网上的信息都是以文字、图片、声音等显示出来，没有真实的署名，很难对网民的身份加以确认，所以任何人都可能通过匿名的方式逃过道德、舆论的监督，从而使网络的监管很难得到切实的落实。也正是由于网络知识产权保护体系的不完善，网络道德与社会道德的矛盾冲突，使得网络知识产权的侵权行为大量发生。

69 大小公司 PK,手握专利让得大于失

创博亚太,是一家专注于向电信运营商提供应用平台以支持其向客户提供移动增值业务以及移动支付解决方案的公司,与腾讯相比算是一家小公司,却因专利和商标问题和腾讯这一互联网巨头两次交手。

2010年11月12日,早在微信出品之前,创博亚太即在3802类别(即时通信)申请了"微信"商标,并开发了创博亚太科技微信系统。于是,当2013年微信拥有4亿用户后,腾讯将其商标进行注册时,却发现"微信"商标早已被注册。于是,创博亚太和腾讯便有了这场"微信"商标之争。不仅有商标之争,在专利方面,创博亚太也大胆"叫板"巨头腾讯。2013年4月,创博亚太状告腾讯侵权其名为"提供与位置信息相关联的在线黄页电话簿的系统和方法"的专利(专利号:ZL200910084756.8,下称"在线黄页专利")。

商标纷争3年,专利争夺2年,创博亚太一不小心成了炮灰。一审法院以公共利益原则,认为微信的用户已达到天量级,如果核准创博亚太微信商标申请成功,将导致微信庞大用户的行为受到影响,并以此为理由将"微信"商标判给了腾讯。当然,创博亚太对一审不服,已表示要上诉。创博亚太的专利也因被证明无效,最终也输掉了这场专利诉讼。

虽然创博亚太和腾讯的商标、专利大战均以失败告终,但并不能说明,小公司 PK 大公司必败,而事实上小公司叫板大公司所得远大于所失。特别是当小公司的专利能经受得住专利审查时,其优势更为明显。

首先,专利权具有排他性。获得一份专利授权,并不代表必须实施此发明,但是通过它可以禁止或许可他人实施此发明。若此专利权经得起专利无效程序检验,其便无可抗辩。所以,当小公司手握这种专利时,便可禁止侵权方生产、销售等。无论侵权方实力多么雄厚,都无能为力,只能以高额的专利许

可费用和解，或者放弃此产品。也就是说，如果创博亚太赢了这次专利战争，便可以从腾讯那儿获得高额专利许可费。

其次，专利诉讼的成本并没有想象那么高。手握能经得起审查的专利，便不用聘请特别知名的大律师，只需聘请经验丰富的专利律师即可。

最后，小公司对抗大公司的专利诉讼，对小公司来说是一次绝佳的品牌宣传机会。若没有和腾讯对抗过，创博亚太可能还处于"酒虽香，但巷子太深"的状态，但是，现在创博亚太这家公司已经引起了很多人的注意，并将"具备技术实力"品牌印象植入了人心。

【细软说法】

当然，小公司PK大公司，并取得胜利也绝非易事。小公司必须做好万全的准备。

首先，小公司必须有前瞻性预判，在细节处理上足够谨慎。比如，专利申请应及早，并在专利申请时就要具备布局意识。在申请专利前，做好专利检索、分析、专利申请文件的撰写和答辩，并做好周边专利以及专利组合打造，争取在某一细分领域打造公司的专利资产组合，将其变成专利的战略武器。

其次，在申请和维护专利时，找专业的知识产权代理公司代理相关业务。

最后，小公司在进行诉讼时，还应有品牌推广意识，将专利诉讼事件当成品牌推广的机会，利用公关策略，在公众心中树立正面向上的印象。

70 "双十一"营销战之外的法律暗战

说起"双十一",大家都知道是淘宝天猫商城的购物狂欢节;谈起"618",则似乎又成了京东商城的购物节。两者争霸,估计会得到很多人的认同,而这两个数字的背后则是淘宝和京东两大电商的狂欢节争夺赛。经过一系列的宣传和推广,两个数字显然成了知名网购促销品牌。令人想不到的是,它们还纷纷进行了商标的注册申请,申请类别及保护防御商标都在其中。然而,这样的争夺除在营销手段上发力之外,法律上又是如何暗战的呢?

据查,阿里巴巴早就申请了"双十一"的商标,在2012年年底就已经获得了该商标,但是2014年,因为京东的一条广告才让世人皆知。2014年京东想要把"双十一"的广告送往电视台,广告的故事场景则是买假货的尴尬,于是广告语便出现了"又瞎淘了吧?同一低价,买一真的,'双十一'就上京东"。正是此举触怒了阿里巴巴,阿里巴巴以商标为砝码要求撤掉这个广告。

此举一出,京东没有办法,只好修改了广告。然而,阿里巴巴的行为却引来了行业的微词,说阿里巴巴有违公平竞争和互联网开放原则。

不管怎样,阿里巴巴的商标布局几乎算是完美。经查询发现,阿里巴巴不仅注册了"双十一"商标,在与电商相关的第35类、第38类和第41类上,阿里巴巴还注册了"双十一狂欢节""双十一网购狂欢节",连"双11""双11狂欢节""双11网购狂欢节"等数字版的"双十一"也均作为防御商标被阿里巴巴注册,甚至原本与"双十一"没有太大关系的"双十二"也成功被阿里巴巴注册为商标。可以说,阿里巴巴在商标品牌保护上做足了功夫。❶

---

❶ 更多详情请参见:京东营销玩过火引出阿里商标大招[EB/OL]. 新浪科技, http://tech.sina.com.cn/i/2014-11-08/01339771684.shtml, 2014-11-08.

不过，即使这样，也不等于其竞争者拿"双十一"毫无办法了，因为即使注册了商标，还是存在法律风险的，还可以到国家工商行政管理总局商标局进行无效等。可是，京东、苏宁和国美并没有提出类似的申请，从这里找法律的瑕疵还是很有可能的。如果把"双十一"变成通用词，这个商标就失去效力了，而京东没有进行类似的撤销申请，只是一味地打口水战，显得太没力度。[1]

并且京东在"瞎淘"这个词的运用上也没有进行过法律的慎重考量，其做法是一种有针对性的隐喻。不只京东不注意，其他电商也存在这方面问题，例如国美的广告中就有"某东"的用法，而大家一看就知道在说其竞争对手。其实这都是存在一定的潜在法律风险的。

【细软说法】

相信各种节点都会被电商抢注来完成自己的购物狂欢节。在分别学习了电商的商标布局后，感觉火药味更浓了，其实没有这个必要。就好像影院的票房一样，如果是好的电影，即使同期上映，也不会在票房上有多大影响，因为大众的鉴赏能力是雪亮的，同期上映也可以全部观看。并且我国的市场如此巨大，没有哪一家电商能够完全控制得住。曾经的聚美优品就出现过这样的例子，由于聚美优品使用自己的物流，结果系统一下就瘫痪了。所以重要的不是狙击对手，而是壮大自己。像阿里巴巴一样，永远把别人甩在身后。

---

[1] 京东营销玩过火引出阿里商标大招［EB/OL］. 新浪科技, http://tech.sina.com.cn/i/2014-11-08/01339771684.shtml, 2014-11-08.

71 同名歌莉娅乱入迷人眼,电商合法商标也需善用

网络购物在互联网技术和用户需求不断升级的今天已经成为人们越来越依赖的消费方式。面对消费者,各大商家的争夺战如火如荼,各种价格战、品牌战、商标战、版权战等更是屡见不鲜、层出不穷。由于传统商业模式有一定规模、位置、区域等界定,而电子商务平台作为一种泛商务形式,不受时空限制,使得各种不法商家更易钻上"高仿""傍名牌""山寨"的空子,而由此引发的知识产权系列纠纷自然格外突出。近日,"歌莉娅"这一知名服装品牌引起的商标侵权案就受到各大媒体广泛关注,网络新闻点击率也是一路上升。其实,商标侵权案在我们看来已经不再新鲜,而与"歌莉娅"相关的这起侵权案由于扣上了电商的帽子,自然更加引人注意一些。

歌莉娅创立于1995年,英文名为GOELIA,专门为都市女性提供时尚服饰,是全国知名的女装品牌,也是国内首批进军电子商务的服装品牌。2012年,"歌莉娅"商标所属广州市格风服饰有限公司(以下简称"广东歌莉娅"),进一步加强品牌升级,设计出新的商标图样"歌莉娅"及新的广告语"环球发现,活出美丽",并将新图样同步申请注册成为商标,指定商品为服装、紧身内衣(服装)、外套、内衣、衬衫、裤子、T恤、裙子、运动衫、上衣,有效期至2023年。但不管如何加以防范,随着电商的风生水起,歌莉娅也难以幸免,遭遇了商标侵权。[1]

2013年,广东歌莉娅在接到淘宝和京东反馈有商户假冒"歌莉娅"商标销售女鞋的信息后,并和自己曾多次接到用户反馈出现"歌莉娅"假冒鞋子

---

[1] 更多详情请参见:粤"歌莉娅"状告浙"歌莉娅"[EB/OL]. 光明科技,http://tech.gmw.cn/newspaper/2014-11/13/content_101970190.htm,2014-11-13.

的情况加以比对,发现自己已经陷入一场仿冒危机之中。经调查,一家在淘宝和京东上以"歌莉娅女鞋旗舰店"和"歌莉娅鞋业旗舰店"销售有"歌莉娅"标识的杭州娅品贸易有限公司(以下简称"浙江歌莉娅")浮出了水面。浙江歌莉娅注册人宋建伟2002年就取得了第1806510号"歌莉娅 Geliya 图形"的商标,商标的核定使用商品是鞋类,有效期已延至2022年7月。❶

然而,据广东歌莉娅声称,浙江歌莉娅在淘宝、京东网上专卖店售卖的女鞋却没有按照自己注册的商标规范使用,甚至在其网站中还多次出现与广东歌莉娅"环球发现,活出美丽"广告语类似的"环球发现,分享美丽"的广告语,把广东歌莉娅的"送巴黎游"还一度改为"送菲律宾游"。如此高度的仿造在广东歌莉娅看来,这不仅是对它们品牌的"过度消费",对品牌造成了一定的伤害,也让消费者误以为出现的"仿冒歌莉娅鞋子"也是广东歌莉娅自身公司所为。如此一来,2013年6月,广东歌莉娅对淘宝和京东的浙江歌莉娅所属的"歌莉娅鞋业旗舰店"进行了网页公证和购买公证,一场长达两年的商标维权案由此展开。

随着调查和举证的深入,浙江歌莉娅在销售、营销等方面很多手法使得消费者在购买时产生了对"歌莉娅"品牌的误认和混淆,也构成了浙江歌莉娅主观恶意侵权的最有利证明。广东歌莉娅甚至还通过法院保全证据,将浙江歌莉娅计算机中一份1300万元金额销售记录的证据同步提交,并要求浙江歌莉娅赔款500万元。经过法庭调查、法庭辩论等环节,合议庭经合议后作出一审宣判,认定浙江歌莉娅所注册的商标由三部分组成,"歌莉娅"字样只是三个部分之一,浙江歌莉娅使用的"歌莉娅"商标与商标品牌价值高的广东歌莉娅注册商标相同,没有规范使用自己的商标,并且生产、销售经营额非常大,恶意程度高,不符合申请注册和使用商标的诚实信用原则,违反相关商标法相关规定。故裁定浙江歌莉娅应立即停止侵权行为,销毁侵权产品,并给予广东歌莉娅200万元赔偿。由此,一场轰轰烈烈的电商商标侵权案至此画上了句号。❷

"傍名牌"的问题在国内尤其是电商行业确实比较普遍,由于《中华人民共和国商标法》《中华人民共和国反不正当竞争法》《企业名称登记管理规定》

---

❶ 三个"歌莉娅"在电商平台"不得不见"[J/OL]. 南方日报, http://epaper.southcn.com/nfdaily/html/2013-08/22/content_7218812.htm, 2013-08-22.

❷ 血战到底歌莉娅打响电商商标维权第一枪[EB/OL]. 光明网, http://liuxue.gmw.cn/2015-06/17/content_16011416.htm, 2015-06-17.

等系列法律有待完善,取证难等因素也使得一些不良商家会钻空子,对商标加以混淆和模糊,侵权也就变得那么"肆无忌惮"。然而,电商的商标侵权由于其影响大、波及范围广,也势必在人们日益提升的维权意识中得到更有利的反击。任何想要打擦边球、存侥幸的做法都将得到反侵权的打击,修订后的《中华人民共和国商标法》的规范和完善也将"模糊"与"明知"、"赔偿"与"取证"加以规范,也为电商商标维权提供了强有力的认定依据。❶

【细软说法】

　　商标的"同名"会造成用户的混淆,但是商家不应该以此为牟利契机,欺骗消费者,混淆视听,而刻意的混淆更是不明智的行为。随着监管部门的打击力度加大,企业自身维权意识的加强,对危机预警能力的提高,知识产权保护壁垒的强化将会成为企业竞争的强心力,从而更好更快赢得市场、赢得先机。"合法商标"也要合法化运用才能真正做到既不侵权又维护自身权益,真正让知识产权发挥效益,构建健康良性的商业生态圈。

---

❶ 真假"歌莉娅"引风波 京东等电商现"山寨乌龙" [EB/OL]. 中国新闻网, http://finance.chinanews.com/life/2013/08-15/5165096.shtml, 2013-08-15.

72　电商商标侵权白热化，品牌全类保护免入窘境

随着移动互联网的兴起，人们的生活方式和消费行为发生巨大改变，以国际品牌为代表的大品牌在各行各业占据主导地位，也改变了中国企业的发展模式。品牌专家曾朝晖曾说："中国95%以上的企业只有产品没有品牌，如不能完成从'做产品'到'做品牌'的转变，我们将是'肢体国家'而不是'头脑国家'。"那么，在品牌竞争时代，企业该如何定位商标、布局品牌战略呢？❶

当前，随着人们的品牌意识增强，商标被抢注、侵权等纠纷不断，究其根源，由于企业对商标注册、品牌认识模糊，认为品牌就是公司名称，公司名称又是经工商局合法批准的，想当然认为公司名称自然就是产品名称。即使注册了商标，对商标也不善经营，致侵权纠纷不断。

商标被抢注，跨类别商标引纷争

2014年，一家名为"奇虎投资公司"的企业向国家工商行政管理总局商标局申请了100多家互联网创业公司的品牌或应用商标，其中不乏"爱奇艺""京东商城"等知名互联网公司。这些商标已经进入公告期，如果3个月内没有异议，这些商标都会划到"奇虎投资公司"名下。

该消息激起互联网界千层浪，如果这家公司成功注册这些商标，可能会有大批互联网公司因为商标侵权而被告上法庭，而这些大牌互联网公司面临的品

---

❶ 更多详情请参见：电商企业如何能不吃知识产权的亏？[EB/OL]. 金华新闻网, http://www.jhnews.com.cn/2015/0702/510016.shtml, 2015-07-02.

牌、经济方面的损失是可想而知的。最后,庆幸的是这些商标大多并未注册成功。

看来,这种投机取巧借大牌互联网公司东风的行为并不少见。

百度公司就曾不幸经历过被"傍大牌"的恶劣影响。2008年2月14日,一家生产避孕套的公司注册"百度"商标的第10类"医疗器械"成功,"百度牌"套套闪亮登场。该公司高调打出"享性福,找百度"的广告,引起消费者的围观和质疑,给百度公司的品牌造成极坏的负面影响。2010年3月29日,百度公司以该争议商标注册误导公众、损害百度公司利益为由,向商标评审委员会申请撤销争议商标。经过几轮艰辛诉讼,最后百度公司终于在2012年赢得了"品牌战役"。❶

这种"搭便车"行为在商标注册中屡见不鲜。虽然大部分互联网公司最终赢得了官司,但也为此耗费了大量的时间和精力。另对于格局瞬息万变的互联网行业来说,很可能因为无休止的侵权战而错失发展良机,也使得公司原有的发展计划遭到推延、营销战略被迫更改等问题也难以消弭。总体而言,品牌战争背后仍然没有最大的赢家,提前做好商标保护是根本。❷

跨类或全类商标保护品牌免侵扰

全球"品牌定位之父"艾·里斯曾说:"毁灭一个品牌最容易的方法是把这个品牌名称使用在所有的事物上,这就是品牌稀释策略!"国内企业的驰名商标正在遭遇跨类抢注行为的不断侵蚀。防止品牌被稀释的最佳办法就是商标全类保护。

一般情况下,申请注册一件商标,申请费连同代理费以2000元计,仅需9万元就可以实现商标45类全保护,也即拥有此商标的450个商品和服务项目。海尔的企业品牌战略即是按照商标全类无死角布局,产品总商标将各类别家电产品统一以haier总商标统筹。假设"海尔"实际只注册了电器、洗衣机等商标类别,而没有进行全类保护,那么恐怕像海尔饲料、海尔水泥、海尔玩具、海尔地产等行业早被他人瓜分了,势必给真正的品牌造成视觉混乱和负面影响。

---

❶❷ 商标战略陷窘境 互联网公司难耍大牌 [EB/OL]. 中华商标超市网, http://news.gbicom.cn/wz/32946.html, 2014-08-20.

所以，有商标才会有品牌，有品牌才会有名牌，加强商标保护和经营才能真正提升企业市场竞争力。对电商企业来说，这更为重要。

跨类或全类商标保护，可以防止其他企业在性质、用途存在冲突或者不良影响的商品种类上注册。试想，如果"娃哈哈"商标被人注册为"农药"，当消费者喝"娃哈哈"矿泉水的时候，肯定会有心理障碍。为避免品牌被消解，"娃哈哈"将自身45个商标都全类保护，还把诸如"哈哈娃""娃哈娃"等相似商标做了系统保护，保证了"娃哈哈"品牌唯一性。目前，"娃哈哈"已申请注册了500多件商标，在确保企业独家享用"娃哈哈"品牌的前提下，同时还可以展开其他所有相关行业的经营或商标许可，如"娃哈哈儿童乐园""娃哈哈童装世界""娃哈哈儿童发展基金"等。[1]

如何构建长效的商标保护机制？

电商企业迅猛发展，商标侵权不断，电商企业更要加强商标保护，尤其是加强商标第35类服务商标和42类计算机软件类的全类保护，这样才能避免在品牌竞争中陷入商标陷阱。那么，如何建立长效的商标保护机制呢？

首先，建立知识产权管理部门，完善知识产权管理制度。这对大企业也许不是问题，如果企业还没有能力成立专职部门，建议选择一个可靠的专业知识产权代理机构也是一个不错的方法。

其次，管理新产品发布流程。新产品发布前应先申请相关产品商标、域名、专利，做到科学管理发布流程，谨记一条："产品发布，商标先行"。

再次，申请商标时选择正确的产品和服务类别。在申请商标时选择正确的产品和服务类别非常重要，如果申请的产品和服务不对，遇到有人侵权时，即便企业有注册商标证，维权也会发生困难。

最后，要争创驰名商标。我国对驰名商标进行跨类别和全类别保护，未被认定为驰名商标的普通注册商标，《中华人民共和国商标法》只保护其在注册的相同或类似商品或服务上注册和使用的权利。企业拥有了驰名商标，在遭遇其他企业"搭便车""傍名牌"等投机行为的时候，在维权过程中会省却很多麻烦。上述百度公司被侵权案件，就是凭借对其"驰名商标"的认定才最终胜诉的。

---

[1] 余宝宇. 品牌从商标的实际注册和全类保护开始［EB/OL］. 新浪博客，http://blog.sina.com.cn/s/blog_5ec7886d0100doke.html，2009－07－04.

第七章
互联网产业的知识产权新问题

【细软说法】

为了预防侵权、防止恶性抢注、真正形成品牌核心竞争力,商标及早注册、品牌全类注册或国际注册都是企业保护自己减少纠纷、提升市场竞争力的有效途径。

企业的发展战略是离不开品牌战略的。品牌战略是企业的核心竞争力,是企业赖以生存的生命线,品牌战略起到长久、深远、全局的作用。所以企业始终要以品牌战略为核心来构建其他经营战略,以立于不败之地。

73　被"惯坏"的独家版权，好声音或遇新瓶颈

"互联网+"热潮的掀起使得互联网成为各大商家挖掘商机、赚得金银满钵的来源地，也成为因利争斗的角斗场，其中对版权的争夺尤为激烈。在这个泛娱乐化的时代，对电视节目独家版权的争夺又成为各大商家抢夺的重点。

以中国好声音为例，随着2015年7月17日中国好声音第四季的强势回归，也让它再次成为众人关注的焦点。中国好声音始播于2012年，随即一炮打响，成为一档在关注度、知名度、影响力等方面都具有极好口碑，全民皆知的成功音乐选秀节目。中国好声音已连播四季，让用户出现了一定程度的审美疲劳，从品评角度来看，第一季导师转椅选秀的新颖模式和选手过强实力的展示都让受众眼前一亮，为之振奋，而第二三季却未能如预想一样有所超越，除了第四季以新导师周杰伦的加盟在导师阵容上制造了一些亮点和话题效应外，更多的惊喜还是没有出现。中国好声音是否能靠第四季的华丽来袭继续"HOLD住"大众的眼球，我们不得而知。❶

面对中国好声音一季一季整体效应的下滑，我们不禁要问，究竟是什么分散了中国好声音的效应？从中国好声音网络播出路线的演进我们似乎能看到些许端倪。早在2012年首播季时，中国好声音采取版权分销模式，将自己的视频资源无偿提供给各大网络平台，而自身的网络版权只卖1000多万元，中国好声音的网络搜索指数高达100多万，比电视节目前50强的指数总和还多，互联网累计播放量超过15亿次。

然而，2013年第二季播出时的中国好声音已经在版权策略上发生了根本

---

❶ 更多详情请参见：好声音陷入颓势：独家版权成掣肘[EB/OL]．百度百家，http：//wangxinxi.baijia.baidu.com/article/114003，2015-07-22．

性的变化，从版权分销到独播转变。搜狐视频以1亿元取得了中国好声音的独家网络版权，开播前中国好声音所获赞助金额已高达1.3亿元，搜狐也靠着独家网络版权轻松赚了一个亿。第三季、第四季更是将中国好声音的网络独家版权推向了抢手的极致，各大网络媒体竞相争夺，最终分别以2亿元和2.5亿元的价格花落腾讯视频。独家版权策略的转变使得中国好声音和竞得媒体赚得金银满钵，但是节目传播效应也开始下滑。

中国好声音从版权分销到独家版权策略的转变让大家莫衷一是。但总体来说会在以下方面制约其发展。

首先，中国好声音以腾讯视频为独播渠道，将产品传播和流量入口都留在了腾讯，也压制了其他视频网站对中国好声音的宣传传播力度，这在某种程度上不仅令其损失了用户，也收窄了音乐新人展现自我的传播平台，更让其商业价值受到了影响，为他人做了嫁衣。

其次，独播模式对服务器的要求大大提高，因服务器可能出现的不稳定情况将造成用户体验度不佳，从而影响节目的整体传播和用户体验口碑。

再次，在当今碎片化的受众时代，人们更喜欢自由地接收自己喜欢的节目，独播策略在某种程度上将会限制中国好声音大量"粉丝"的用户习惯，从而导致更多的群众被挡在门槛之外，甚至造成大部分受众人群的流失。

第四季的中国好声音版权，同样采取独享模式落户腾讯音乐，将会导致节目与歌曲的流传广度被大大限制。最后，独家性也必然造成互联网巨头一家独大，抢占住市场入口，这与中国好声音所需要的广度传播和大范围的推广是相悖的。独家版权策略的排他性将会使得更多优质的推广资源被拒之门外，单凭一个渠道显然难以支撑起中国好声音强大的传播诉求和造星需要。

【细软说法】

中国好声音的独家版权模式给独享版权商和自身都带来了丰厚的版权利润，但是从综合效应来说，却是得不偿失。考虑到这类综艺节目的生命周期性，中国好声音要长续发展必须打破利益链条闭环，将更多的利益发散出去，让渡给市场，真正用音乐学员和中国好声音的品牌为其赢得收益，为节目的长效发展开拓更广阔的空间。

中国好声音在某种程度上是成功的，撬开了通向市场、圈住用户的第一块砖，但是如何赢得节目的生态发展，对于独家版权和版权分销的选择至关重

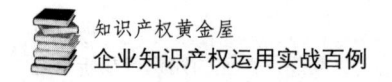

要。以中国好声音的节目性质和长远发展来看,独播或独家版权下的发展模式势必会制约其发展高度和广度。打破产业发展限制,提升品牌影响力,版权采用全网式分发还是独家分发的网络版权策略在类似中国好声音的发展路上将值得思考和借鉴。

74 游戏侵权肆意，维权策略审慎抉择

游戏一直以来都是山寨的重灾区，模仿简直就是公开的秘密，大家广泛流传的那些游戏，几乎都能找到源头或出处。然而什么才算是对游戏的侵权呢？相信从《地下城与勇士》和《地下城勇士与魔女》中不难看出一二。

《地下城与勇士》是由腾讯代理引进的一款超人气格斗网游作品，即便不是游戏迷，你可能也听过它的名字。2014年7月2日，模仿《地下城与勇士》的北京掌娱无限软件技术有限公司和上海永晨软件科技有限公司，因其共同开发的《地下城勇士与魔女》游戏侵犯商标权，被腾讯请求法院判令侵权方立即停止使用相关文字标识，并赔偿各项经济损失共计300万元。

腾讯对这款游戏的知识产权保护还是很全面的，不仅注册了商标，成为该商标在中国大陆地区的专有使用人，也在版权登记或相关专利的申请等方面做足了保护工作。腾讯诉称，《地下城勇士与魔女》是一款单机小游戏，与《地下城与勇士》游戏名称及注册商标相似，并且游戏风格相同，而且《地下城勇士与魔女》游戏也迟于腾讯公司游戏的上线运营时间，在掌娱公司和永晨公司开发的游戏中均使用了"地下城""勇士"字样。鉴于《地下城与勇士》游戏的知名度，法院也因此判定其侵犯了腾讯的商标权。而腾讯全方位的知识产权保护也是其赢得这次维权之战胜利的关键所在。[1]

目前运行比较好的游戏大多被改编成电视剧，如《仙剑奇侠传》系列。而好的文学作品，也具备改编成影视剧或游戏的可能，如《鬼吹灯》等。其

---

[1] 更多详情请参见：《地下城与勇士》商标权案 腾讯一审获赔30万 [EB/OL]. 中国知识产权资讯网，http：//www.iprchn.com/Index_ NewsContent.aspx？newsId=74494，2014-07-02.

郭敬敬. 法律专家告诉你，怎么做游戏才算侵权 [EB/OL]. 网易游戏. http：//www.cbigame.com/game/news.detail.php？id=11158，2015-01-21.

中，授权是关键因素。最理想的状态是，从一开始就做好产业链的布局，进而从知识产权保护上层层跟进。

关于游戏侵权的界定，目前我国法律还尚不明朗。有网友"吐槽"腾讯游戏几乎都是模仿而生，其中像《英雄杀》模仿《三国杀》等已经不是什么新鲜事了。但根据当年沸沸扬扬的"'三国杀'诉'三国斩'"案件来看，模仿游戏规则还不能界定为侵权。相对来说，角色、音乐、图片等元素则更容易在文字、美术、音乐作品等层面判定侵权。作为源代码侵权也容易判定，只要重视，取证工作也不难。

【细软说法】

维权难似乎成为很多行业都存在的问题，而在游戏领域则表现尤甚。诉讼时间长、举证难度大、诉讼成本高、法院认定赔偿额不高等原因均会导致很多受害人和企业放弃维权，最终被侵权后也只有"哑巴吃黄连，有苦难言"，而这种"姑息"势必会导致侵权更加猖獗。利益面前，当收益远高于成本才会更大地调动人们的积极性，而一些行业很多人却忽略了为行业树立标杆和形成生态氛围。维权之路虽然修远，但是总是不乏有效手段能遏制侵权。法院的合理选择、侵权范围认定、维权策略等都是企业决定维权时要审慎选择的。

75　理清职务软件著作权归属，维权不侵权

王先生原本在一家科技公司任职，后因为一些矛盾离职。一个月之后，这家科技公司的法定代表人陈总联系王先生，表示诚心请他回公司工作。最后，王先生与陈总友好协商，达成协议：王先生以合作人的身份到公司工作，不领薪水，不用遵守公司的管理制度，只是根据一定比例分担风险、分享利润。

重返公司不久，该公司进行一项软件攻关项目，难度较大。该项目的负责人找到王先生，请求协助。王先生通过大量工作、模拟演示，最后成功解决了这个问题，并把自己修改之后的软件提交给了该项目负责人。

后来，王先生和该公司因某项目的分歧发生了矛盾，王先生再次离开该公司。离开后不久，王先生发现自己曾经帮着修改的那套软件被该公司销售。王先生遂将该公司告上法院，要求确认自己的软件著作权。但是，该公司坚持认为，该软件是在工作中创作的，是职务作品，王先生不享有此软件的著作权。

那么，王先生是否享有此软件的著作权呢？

这就涉及存在劳动关系的情况下软件著作权的归属，以及不存在劳动关系的情况下软件著作权的归属问题。王先生是否享有此软件的著作权，首先要理清王先生与公司是什么关系：是劳动关系，还是一种合作关系？

对于非职务作品而言，著作权一般属于作者所有。无论是传统作品还是计算机软件都是如此，除非有其他特殊法律规定或者作者与他人有特殊合同约定。对于职务作品而言，《中华人民共和国著作权法》第16条规定："公民为完成法人或其他组织工作任务所创作的作品是职务作品，除本条第二款的规定以外，著作权归作者享有，但法人或其他企业有权在其业务范围内优先使用"

"有下列情形之一的职务作品,作者享有署名权,著作权的其他权利由法人或其他组织享有,法人或其他组织可以给予作者奖励"。❶

判定王先生与该公司是何种关系?从《中华人民共和国劳动法》来判定,王先生与该公司原来曾签订劳动合同,但是合同随着王先生辞职已经被解除。王先生再次回到公司和协议约定,双方实际上已经是一种合作关系。故法院判定,王先生与该公司是一种民事合作关系。这种软件著作权对于王先生来说,不应是职务作品的范畴。

另要注意的是,即使员工为完成工作所创作的作品是职务作品,但其著作权不一定属于企业。符合以下情形之一,职务作品著作权才属于企业:

• 作品类型为工程设计图、产品设计图、地图、计算机软件等,主要利用企业的物质技术条件创作,并由企业承担责任的;

• 合同约定著作权由企业享有;

• 法律法规另行规定由企业享有。

职务作品不具备以上情形的,著作权由员工本人享有,但企业有权在业务范围内优先使用。作品完成两年内,该员工未经企业同意不得许可第三人以与企业相同的方式使用作品。❷

另外,由企业主持、代表企业意志创作、并由企业承担责任的作品是法人作品,企业视为作者,享有著作权。

如果是员工在职期间利用业余时间自行创作的作品,著作权由员工本人享有,不受职务作品相关规定的限制,具体条件包括:没有利用任何物质技术条件,在工作任务之外,由本人对作品承担责任,且没有特别约定。

一般情况下的职务作品,著作权归作者所有,单位有优先使用权。

职务软件的著作权一般归属单位,为什么软件职务作品的著作权不是职工所有而是单位所有呢?因为软件的开发通常需要单位很大的投入。如果投入单位不享有著作权,将无法通过著作权的行使收回投资并取得回报,软件产业也就无从发展。

所以,职员在工作中要明白如何争取自己的著作权,懂得自己著作权的归属,尤其是软件著作权的归属。既要维护自己的合法权益,也要避免"跳槽"

---

❶❷ 更多详情请参见:浅谈软件著作权的归属问题:如何认定职务作品 [EB/OL]. 人民网, http://ip.people.com.cn/n/2013/1012/c136655 - 23173728. html, 2013 - 10 - 12.

后对原单位自己参与过的软件进行侵权的行为。❶

【细软说法】

  软件职务作品属于特殊职务作品，与普通职务作品在著作权归属上有差别。如果软件被认定为职务作品，其著作权虽由单位享有。但是，创作该软件的职员还是享有署名权，应该从该单位获得一定的奖励。

  所以，职场人士要注意了，不仅要明白软件作品的职务归属判别，还要明白自己应享有的权益。莫让努力成空头，懂得、运用著作权是首要。

---

  ❶ 职务软件著作权的归属规定 [EB/OL]. 找法网, http://china.findlaw.cn/ask/baike/33475.html, 2012-11-09.

76　知识产权成反垄断"狼牙棒",企业自律共赢过阶梯

曾经一度引起全民关注的百度和360的大战,表面上看是由于自身商标权和版权被侵犯而引起的知识产权之争,但实际上还夹杂着互抢市场的不正当竞争问题。不论谁赢得了最后的胜利,广大用户在这场战争中没能赢得两家大头的关注。

战争就是相互搏杀,虽然滴血未见,但双方的利益之争还是造就了一场鲜血喷涌的紧张局面。百度和360大战始于2012年的一纸诉状。2012年北京百度网讯科技有限公司、百度在线网络技术(北京)有限公司将北京奇虎科技有限公司、奇智软件(北京)有限公司一并诉至北京市第一中级人民法院,索赔经济损失1000万元。百度起诉的主要理由是两被告推出的"360安全卫士"软件擅自篡改百度搜索结果页面而造成混淆。

面对百度搜索引擎一家独大的局面,360也想从中分得一杯羹。于是360在打造自己浏览器的基础上进入了搜索引擎的市场,其市场份额也是一度飙升,甚至从10%上升至30%左右,其市场攻占速度令人吃惊!而此举也让百度坐立难安,如果再不出手的话,360将会横扫百度所有的利益链了。听上去虽有些夸张,但是由于没有安全软件入口的级别高,百度的底气显然有些不足。于是2013年4月,百度杀毒中文版出炉;同年9月,百度安全卫士也出现了,用意之明显无须赘言。百度推出的杀毒软件或者安全卫士对于用户来说也是好事,至少人们又多了个选择可以体验。但百度利用其浏览器的漏洞默认安装并限制卸载的行为在360看来就是一种"流氓"行为,也被看作是一种不正当竞争行为,百度此举也让360暴跳如雷。

而利益也成为这场大战的真正原因。一个做搜索引擎,一个做安全软件,

看似毫不相干，实际上营利模式几乎如出一辙。由于360能够反其道而行，以真正为用户考虑为出发点做安全软件，使得规模越做越大，功能越来越多，游戏、软件、广告等都可以推荐。而百度的竞价排名无异于推荐或广告。从这点看，二者都是从自己的利益出发的互联网经营模式。

当然，360和百度也只有真正地从保护用户的选择权和知情权出发，把用户关心和看重的放在第一位，才能让这些巨头们构筑的互联网真正成为为民所用、为用户所喜欢的互联网。

【细软说法】

一切都并不像表面那么简单。知识产权一方面是企业保护自己合法权益的守护神，另一方面对于一些巨头企业来说又是巩固自己的垄断地位、阻击对手的"狼牙棒"。垄断不利于市场竞争、不利于产业升级，那么如何让知识产权成为阻断垄断和鼓励壮大的隐形天桥呢？企业在注重自我知识产权布局和保护的同时，避免恶性竞争，加之政府监管、相关知识产权网络制度完善和企业自律，恐怕是构建良好竞争氛围、实现多方共赢的不二选择了。

第八章 新兴产业的知识产权发展

凡事预则立，不预则废

> 出自《礼记·中庸》：「凡事豫则立，不豫则废。言前定则不跲，事前定则不困，行前定则不疚，道前定则不穷。」豫，亦作「预」。意指：不论做什么事，事先有准备，就能得到成功，不然就会失败。

- ■ "高通":从专利到专利标准,从小微到霸主
- ■ 小米进军汽车领域,兵马未动专利储备先行
- ■ 洞悉苹果赚钱之道,不靠暴利靠专利
- ■ 一场商标案,特斯拉竟以著作权逆袭
- ■ 大品牌跨界,新旧商标如何布局至关重要
- ■ 暴风影音先著名商标布局,后DT转型谋发展新局
- ■ 免费奶酪不再,网络音乐无版权禁传播
- ■ 微信试测"打赏",开启内容变版权新风
- ■ "小时代"引爆版权全产业时代
- ■ 数字出版:从致富到制胜新版权运营

与传统产业或成熟产业相比，新兴产业更需知识产权战略，知识产权战略是新兴产业培育的核心要点。"十二五"期间，我国加快培育和发展战略性新兴产业，唯有拥有自主知识产权、真正建立在知识产权基础上的新兴产业，才能与"战略性"一词匹配❶。新兴产业是真正建立在知识产权基础上的新产业，没有知识产权就没有新兴产业。与传统产业或成熟产业相比，新兴产业更需知识产权战略的原因有四。

从管理来说，新兴产业面临四大"不确定"。一是原始创新的不确定——这是真正的不确定性。原始创新与一般创新活动相比，最大的特点是在探索中前进、不确定性强。在原始性创新活动中难免会遇到许多困难和失败，会和现存的传统观念及方法发生冲突，需要持之以恒的探索和长期积累，整个过程充满了不确定性。索尼公司开发的单枪三束彩色显像管，历时7年，而且在开发过程中所消耗的资源几乎导致索尼公司破产。二是技术的不确定。某个领域的技术创新并不能代表其创新一定能取得突破性进展，其研发的新技术也不一定具备产业化能力。何况在培育期核心技术尚未确定，主流产品变化频繁，主导产品没有形成。三是人才的不确定。专业创新人才积累不易，而具有一定积累的专业创新人才比较容易自行成立公司，新兴企业面临核心人才流失的问题。四是竞争的不确定性。由于知识产权只授予第一个获得创新成果的主体，许多企业彼此追逐和竞争，存在着竞争的不确定性。

从市场来看，新兴产业的风险大。由于技术创新只有在创新过程完成并取得创新成果之后，才能形成产品并投入市场，两者之间存在时间差，而市场需求的变化则可能导致新产品市场效果达不到预期。并且，客户往往是第一次购买新产品，新产品由于缺乏行业标准、品质不定、可信度较低。这样势必也会给新兴企业带来较大的市场风险。

从内部结构分析，企业必须维持新结构与旧结构的平衡。经济学家达斯古普塔、斯蒂格利茨、苏雷、雷甘纳姆的专利竞赛模型表明，一个企业在某时点上作出发明和获得专利的概率，仅取决于企业目前的研究开发费用，而与过去的研发经验无关。企业既要生产原有产品获取利润，又要花费资金开发新产品，面临新结构与旧结构的双重压力，带来资金、管理等诸多困难。

从竞争者关系分析，一旦新兴技术未被特许授权，就容易引起仿制。知识

---

❶ 田力普. 培育和发展新兴产业需要知识产权战略［N/OL］. 经济日报. http://paper.ce.cn/jjrb/html/2012-05/04/content_ 206837. htm, 2012-05-04.

产权保护制度保证了新兴技术公开可能带来的仿制风险。新兴企业在研发出新兴技术成果后，下一阶段的任务就是要将新兴技术与产品相结合，生产出高附加值的产品，并寻求技术产业化。一旦技术研发成功或产品投向市场，为新兴企业带来高的市场占有率和利润，就会有其他商家竞相仿制。此时，知识产权制度犹如一道屏障，可以阻止其他企业"搭便车"的行为，赋予产权主体阶段性市场垄断权利，从而使新兴企业收回前期投入和取得应有利润。

从以上四点来看，知识产权战略对于新兴企业发展至关重要。

77 "高通"[1]：从专利到专利标准，从小微到霸主

60.88 亿元——只看数字即可谓天价，但这对"高通"来说，只是小菜一碟。它是国家发改委宣布的对"高通"垄断的惩罚款，其实相当于它 2013 年在中国利润的 8%，而"高通"的利润主要来自于专利授权。

"高通"到底有多少专利？据说"高通"总部有一座标志性的专利墙，上面贴着"高通"获得的各式专利证书，密密麻麻，极具震撼力，而这还只是"高通"上万件专利的一部分而已。这上万件专利中有 3900 件是 CDMA 的专利，占 CDMA 所有专利的 27%。三星、LG、HTC 和小米等厂商迅速崛起，就是得益于"高通"广泛的专利授权和芯片提供。除了将专利授权给手机厂商，"高通"还以其海量的专利数量，任性地授权给 C 卡厂商、基础设备厂商、芯片厂商和测试设备提供商等。[2]

从专利到专利标准

"高通"公司现在依靠其海量的专利储备，可谓是行业内的一方"霸主"，但 30 年前，"高通"也只是"不名"一件专利的初创企业。

1985 年，雅各布博士和另外 6 个合伙人挤在自家的房间里创建了一家微型企业，这也是"高通"这个名字的由来。最初它主要研究军方的 CDMA 技术，希望将它用于长途货卡车上的通信设备。并于次年获得了第一件专利，研

---

[1] 从本书案例 40 可知，对"高通"这个商标的使用中美两家企业还有争议和诉讼。但鉴于"高通"的知名度，本案例中直接使用"高通"指代美国企业。——编者按

[2] 更多详情请参见：高通被罚 60 亿 为什么损失最大的却是小米？[EB/OL]. 搜狐网，http://mt.sohu.com/20150211/n408937285.shtml，2015–02–11.

发出了用于个人移动通信的 CDMA 技术。

正如雅各布博士后来回忆：如果没有互补性资源，将专利进行商品化，再好的专利也很难创造出价值。但"高通"成功将此专利进行了商品化，研发了 OmniTRACS&reg 系统。自 1988 年货运业采用"高通"公司的 OmniTRACS 系统至今，该系统已成为运输行业最大商用卫星移动通信系统。

早期的成功使得公司更加勇于创新，向传统的无线技术标准发起挑战。尽管"高通"分别于 1989 年在圣地亚哥和 1990 在纽约展示了其商用无线通信系统的优越性，但要打入当时几乎被传统运营商所垄断的电信行业，几乎是不可能的。为了突破行业壁垒，成功打入通信行业，"高通"作了一个大胆的决定：既然无法进入原有的产业，我们就自己创造一个产业。

要建立一个新的产业，就要努力建立行业标准。1993 年电信工业协会（TIA）开始采用以 CDMA 为基础的 IS－95A，并成为北美的数字标准。成功建立行业标准后，"高通"又通过想与传统运营商进行差异化竞争的电信运营商 Airtouch，建立了独立的电信系统环境，并自己开始制造 CDMA 商用电信设备。随后，"高通"的发展势头就从未停止，在 1995 年 CDMA 成为美国 PCS 行业标准后，"高通"的电信系统又成功地覆盖了韩国和日本的市场。1999 年，ITU 选择 CDMA 为 3G 无线通信系统的主要技术。2000 年，全球 CDMA 用户突破 5000 万户。

接着，"高通"又逐渐将旗下的制造生产部门脱手，完成了由重资产向轻资产的成功转变。1999 年"高通"将通信设备部门卖给了爱立信。2001～2002 年，"高通"将旗下的手机制造生产部门卖给了日本的京瓷公司；芯片由中国台湾的公司代工。而"高通"自身却将全部的精力用在研发上，并开始将收取许可费作为其很大一部分收入来源。2003 年，"高通"通过专利授权获得了 8.38 亿美元，CDMA 芯片业务成为"高通"大量收益来源。

从小微企业到行业霸主

在 3G 时代，"高通"公司始创了 CDMA 技术，几乎垄断了与 CDMA 相关的所有技术专利的使用权。每个要采用 CDMA 技术的商家和企业都无法绕过"高通"的门槛，须向它缴付高额的专利许可费。据悉，美国"高通"公司占据着全球 CDMA 芯片市场 90% 的份额，拥有所有 3000 多件 CDMA 及相关技术的专利，其 CDMA 核心专利就达 600 件；而在 3G 技术 WCDMA 的核心专利

第八章
新兴产业的知识产权发展

中,"高通"公司已掌控其中的25%,仍是业界领先的巨头之一。❶

凭借大量专利,"高通"公司成为无线通信领域的高级"玩家",但因为其高昂的专利许可使用费,"高通"曾与全球范围内众多无线通信企业产生过大量的知识产权纠纷,还曾在2005年被诺基亚等6家企业以高额专利许可费、捆绑销售构成垄断,被诉至欧盟。不仅在欧盟,"高通"在韩国和中国也都接受过反垄断调查,并被开出罚单。

【细软说法】

尽管许多人反感"高通"公司以专利构筑竞争屏障,但"高通"也是众多公司仰慕和学习的对象。"高通"能通过知识产权运用,从一个小微企业变成了行业霸主,无论是它开发技术的能力,还是其将技术进行商品转化时的策略,都值得我国企业学习。我国很多企业目前处于行业核心技术壁垒之外,和刚起步时"高通"的处境一样。若想和"高通"一样突破技术壁垒,成为行业霸主,也应该像"高通"一样,从最初就重视研发,并将研发出的技术努力商品化、产业化;当碰上行业壁垒时,采用大胆而创新的专利运营模式以及营销模式,破除行业壁垒,逆境而上。

---

❶ 高通的前世今生 [EB/OL]. 国家知识产权局, http://www.sipo.gov.cn/mtjj/2014/201403/t20140305_912394.html, 2014-03-06.

78 小米进军汽车领域，兵马未动专利储备先行

技术专利储备，小米进军汽车野心浮出水面？

当谷歌的无人汽车、百度造汽车、乐视的汽车生态作为昔日谈资渐渐远去时，眼尖的读者不难发现：2014年3月到2015年3月在国家知识产权局网站上跃然出现小米科技的9件与汽车有关的专利，包括车辆定速巡航、车辆操控、车辆导航、停车信息预测等，这让小米要进军汽车领域的传言甚嚣尘上。尽管小米发布官方说明，表示小米没有进入汽车领域的想法，但是种种小米专利布局储备的迹象引发了大众对小米进军汽车行业的更多猜想。[1]

猜测不一，都是专利优先部署"惹的祸"

据悉，小米科技相关负责人在接受《每日经济新闻》记者采访时表示："小米造车的传闻，我们已经发布了官方的说明，目前我们并没有进入汽车领域的想法。"一个名为小米公司发言人的认证微博账户在6月23日发布声明，称："汽车和小米无关！目前小米公司专注手机、路由器、小米电视三大业务。围绕提升移动互联网体验、视频内容服务、设备互联互通，小米就是让用户喜欢我们的产品，满意我们的服务，没有其他的了。"[2]

---

[1] 更多详情请参见：小米造车已有迹象［EB/OL］. 搜狐媒体平台，http://mt.sohu.com/20150709/n416487467.shtml，2015-07-09.

[2] 申请了汽车专利 小米却还在否认造车［EB/OL］. 环球网汽车频道，http://auto.huanqiu.com/roll/2015-07/6942293.html，2015-07-08.

事实上，本次技术专利储备浮出水面，透视小米进军汽车行业也并不是无端倪可寻。早前，雷军就曾多次造访特斯拉，并投资二手车交易平台，入股凯立德，种种迹象让小米入主汽车领域的意图更加凸显，小米副总裁黎万强曾访问美国也是为了汽车技术的研发。在2013年年末，雷军通过旗下智谷公司布局知识产权的运营，小米开始申请与空气净化相关的专利，2014年12月推出了空气净化器产品，而小米这次汽车相关专利文件的申请是否就是小米进军汽车领域的准备呢？在赫然显现的专利申请文件面前，小米的一再否认也让我们越看越迷糊。

"互联网+"潮头，小米举动昭示汽车风口大有可为？

在智能手机和移动端勇立潮头时，在互联网风口下的企业又开始搜索下一个目标市场。小米作为互联网运营的成功范例，在汽车领域的"大张旗鼓"是否预示汽车领域成为下一个风口，大有可为？腾讯、百度、阿里巴巴都有自己的车联网系统，甚至还涉足汽车相关生态领域的交易、出行等各个方面；乐视、博泰等企业在整车制造中的小试牛车也颇有成效。在曾经举办的中国车联网大会上，雷军曾高调露面并表示，小米与某知名车企秘密研制的小米纯电动汽车预计最快2015年即可实现量产，消息一出立刻引起业界哗然！

小米昔日专利短板之路

回顾整个2014年，小米连续遭遇专利战，先是华为、中兴发出专利律师函，后有董明珠在公开演讲中直指小米是侵犯专利的"小偷"。2014年年底，爱立信曾起诉小米使用了自己的专利技术但拒绝支付相关费用，最终由印度新德里高等法院做出禁止小米手机进口并在印度销售的裁决，也让小米海外市场开拓的步伐得到了阻滞。专利战一度让雷军认为是整个小米的"成人礼"，小米在多次的专利挫败中也学会了吃一堑长一智。此次汽车领域专利部署先行就是最好的印证。

【细软说法】

不管小米对于本次进入汽车领域的猜想反应态度如何，国家知识产权局网站上的数据赫然显示小米此次多件关于汽车专利的提前布局，不仅吸取了之前挫败的经验和教训，也学会了在未来想要涉及的领域进行专利优先部署。小米作为互联网营销的赢家，继续发挥自身营销和技术优势，是否会在车联网和汽

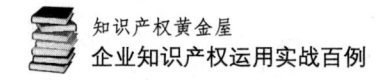

车驾驶辅助方面大有可为、再掀波澜，我们不得而知。但是小米此次对于专利的优先部署在众多业内人士看来确是明智之举，小米一边引发大众猜想，一边获得行业点赞，收获颇丰，风光无限。

不管小米最后是否深度进军汽车领域，对于任何一个科技创新型的企业，专利布局作为取得市场话语权的有效砝码已经不容忽视。专利优先部署、专利合理布局都将为企业进军任何一个领域提供最强有力的支撑。

79 洞悉苹果赚钱之道，不靠暴利靠专利

在互联网大行其道的今天，手机俨然已经成为大家必不可少、赖以生存的必需品。而正是这个所谓的必需品，也撬动了整个行业的流动和市场份额的洗牌。说到手机，我们不得不想起之前的诺基亚、联想、索尼、LG、HTC 等知名品牌，包括几年前比较火热的三星和苹果的巨头争夺战。而发展到今天，一切的格局似乎都在改写，苹果、三星已然独占鳌头，小米、华为、乐视也是后来居上，纵观整个市场好不热闹。

就洋品牌苹果来说，它既被追捧又被非议。追捧者信奉它的品牌影响力，信奉它的技术一流；非议者抗议洋品牌在中国的"肆无忌惮，横行霸道"，搅扰了整个市场的安宁和既定秩序。然而，不管是追捧者还是非议者，对于苹果在中国获得高额盈利的手段却莫衷一是。

据某知名研究机构表示，全球手机行业 99% 的利润几乎都流入苹果和三星两家手机制造企业手中。就苹果而言，仅在 2014 年第 1 季度就占去了全球手机行业 73% 的利润，其巨大的吸金能力让人咋舌，也让其他对手恨得牙痒痒。而苹果手机 iPhone 6 和 iPhone 6 Plus 于 2014 年 10 月 17 日开始在中国大陆发售以来，更是让苹果被冠以"暴利"之名，网络上关于苹果成本核算及暴利比例的各种推算和演进更是不绝于耳。那么，在回归理性思考之后，我们不禁要问：苹果手机究竟是不是靠暴利赚钱呢？如果不是，那什么是苹果能够大肆攫取高额利润的根本呢？究其核心，从苹果多年的发展足迹我们似乎也能窥得一二：品牌影响力不可或缺，但究其内核大概就是苹果背后的核心专利和研发能力。❶

---

❶ 更多详情请参见：刘植荣. 苹果赚钱不靠暴利靠专利 [EB/OL]. 中经论坛, http：//bbs. ce. cn/bbs/viewthread. php？tid = 1720704，2014 − 11 − 02.

苹果作为全球研发表现最好的 5 家公司之一，在研发方面的投入是相当惊人的。根据苹果公司 2014 年 10 月 20 日发布的财务报告（未经审计），2013 财年（2013 年 9 月 28 日至 2014 年 9 月 27 日），公司销售总额为 1827.95 亿美元（五成以上来自苹果手机），销售成本为 1122.58 亿美元，销售毛利 705.37 亿美元（销售毛利＝销售总额－销售成本），销售毛利润率 38.6%（销售毛利与销售总额比值的百分比）。其中 60.41 亿美元的研发费用，这相对很多企业对于研发力量的投入来说还是相当可观的。❶

而说到苹果专利方面的实力更强。据 2012 年报告显示：苹果公司及其职员持有 15500 件专利，其中美国专利 8500 件，拥有专利最多的个人就是苹果公司的创始人之一、已故前首席执行官乔布斯，他一人就拥有 313 件专利。在苹果看来，技术研发也是依靠专利来调节规范的，如果没有专利保护，一个公司很难回收研发成本，这在某种程度上也会阻滞企业科技创新的力量，从而制约企业的整体发展。❷

【细软说法】

手机市场的历次演变和强者制胜的卡位战，也让我们看到，除了价格战、核心技术战，专利战有时也能成为左右局势的关键。不管是苹果、三星，还是诺基亚、联想，抑或是小米、华为和乐视，技术一直被视为互联网行业的法宝。然而，技术发展到今天已经不再是不可攻克的，攻不破的是为技术建立的知识产权保护壁垒——专利。企业取胜的关键很大程度上是对自己核心技术的有效保护和善加利用。苹果的成功虽然不能说根本原因是其专利，但是说专利是驱动苹果取得市场竞争胜利的关键之一实在不为过。苹果的技术研发及应用水平毋庸置疑，而面对同质化市场的今天，如何快而不破，相信苹果竖起的专利壁垒和开展的专利保卫战已然形成了一座牢而不破的铁壁铜墙。

无论是产品还是理念，无论是品牌还是实体，无论是企业还是国家，强的从来不是高度而是深度，取胜的从来不是表象的市场指标，而是创造的市场价

---

❶ 刘植荣．苹果赚钱不靠暴利靠专利 [EB/OL]．中经论坛，http：//bbs.ce.cn/bbs/viewthread.php? tid＝1720704，2014－11－02．

❷ 怎样看苹果手机的丰厚利润？[J/OL]．羊城晚报，http：//www.ycwb.com/ePaper/ycwb/html/2014－11/01/content_570334.htm? div＝－1，2014－11－01．

值，尤其是不断驱动和提升市场价值的发明和原始创新。苹果的专利围墙，在很长一段时间内，也许是很多同行企业无法逾越的鸿沟，这也将是苹果为做强做大企业而建起的坚强后盾。企业要靠技术，更需要树立在这技术背后的专利战略和专利壁垒的城墙。

80 一场商标案，特斯拉竟以著作权逆袭

"汽车界苹果"特斯拉刚进入中国市场，就发现一场官司早已等着它来面对。2006年和2007年，广东商人占宝生分别独立申请注册英文"TESLA"和中文"特斯拉"两个商标。[1]

中国对商标权的确认是"注册原则"优于"使用原则"，即使特斯拉先于占宝生使用"TESLA"商标，但占宝生注册在先，且商标权规定：未经注册商标所有人的许可，在同种商品或者类似商品上使用与其注册商标相近或者近似的商标的属于侵权。因此，美国特斯拉已无法使用"TESLA"商标注册，特斯拉也无法起诉占宝生侵犯其商标。

2012年，国家工商行政管理总局商标局异议裁定，占宝生注册的"特斯拉"商标，在时间上先于美国特斯拉注册的"TESLA"商标，而和特斯拉拥有的另一个商标"特斯拉图形+TESLAMOTORS"使用商品也未构成类似，核准占宝生注册"特斯拉"商标。之后，特斯拉试图从占宝生手中直接购买商标，但未能实现。这对满怀豪情要开拓中国市场的美国特斯拉汽车公司（Tesla Motors）来说，无疑是当头一棒。但是唯有先正名，才能继续开疆辟地。

2014年8月5日，本无胜诉可能的特斯拉竟赢了，达到它所期望的结果，和广东商人占宝生握手言和。占宝生放弃使用"TESLA"等有关标识，特斯拉公司放弃向占宝生索赔。那么，在商标权案基本处于劣势的特斯拉靠什么"法宝"成功"逆袭"获胜的呢？

原来，在这场"商标权"的争夺案中，特斯拉惊喜地发现，对方申请的

---

[1] 特斯拉入华这一年都发生了什么？[EB/OL]. 中国经营网，http://www.cb.com.cn/companies/2015_0407/1122707.html, 2015 – 04 – 07.

第八章 新兴产业的知识产权发展

商标，竟然使用了美国特斯拉 LOGO 的图形设计。全面了解知识产权保护规则后，特斯拉以著作权和不正当竞争反击对方，最终为特斯拉商标顺利进入中国市场扫清了障碍。

占宝生注册的商标 TESLA 图形来源于美国特斯拉 LOGO 的图形设计，LOGO 的图形设计作为一种独创性设计，是有著作权的。所以，从著作权来说，特斯拉的使用早于占某，名下也拥有其著作权。如果对方的商标图形侵权，那么对方拥有的商标合法权自然也失去合法基础。特斯拉因此对占某提起著作权诉讼，完美赢得这场官司。

商标权和著作权虽同属知识产权，两者之间还是有区别的。我国商标权以"注册原则"确权，而著作权是"先创作原则"，首先归属作者（未转让之前）。❶

商标权规定未经注册商标所有人的许可，其他企业不能在同种商品或者类似商品上使用与其注册商标相近或者近似的商标。这就有种可能，如果不是驰名商标，别人可以用"TESLA"注册其他商标，比如"TESLA"服装等。但是，如果商标和商标图形 LOGO 有独创性，登记了著作权，则可以排除该著作权的非许可人利用相同或相似的图形注册其他商品商标，这无形中为特斯拉的商标权属增加了一层保护。❷

不正当竞争的诉讼，在商标权、著作权官司中也很常见。它使法院对"TESLA"是特斯拉公司"字号"的事实进行了认定，这对以后想借这一名义做点生意的经营者也提出了警示。

【细软说法】

企业在品牌经营中，往往把商标权、著作权隔离开来，缺乏对知识产权的完整认识。通过特斯拉商标争夺案可以看出，著作权、商标权、专利权的相互融合，对企业的品牌经营带来了意想不到的收益。而这也是企业合理利用知识产权而应得的收益。

需要提醒的是，作品创作完成无须登记即享有著作权，而将作品进行著作权登记只是方便用于其后的诉讼，作为证据能力较高的权属证据。

---

❶❷ 特斯拉入华，为何先打一场著作权官司？[EB/OL]. 虎嗅网，http：//www.huxiu.com/article/39476/1.html，2014－08－06.

81 大品牌跨界，新旧商标如何布局至关重要

"互联网+"为品牌的跨界融合提供了无限可能，你永远不知道一觉醒来，谁又跨过了行业边界，成了你的竞争对手。

从免费杀毒一路"打"过来的奇虎360陆续推出了空气净化器、儿童手表和手机；网络视频做得好好的乐视也盯上了电视、手机等智能市场；全球最大的软件公司微软开始跨界做硬件，手机、平板电脑、游戏机、儿童玩具应有尽有；而以硬件手机产品起家的小米却开始涉足净水器、插线板、体重秤和苏打水，试图在完全不同的领域拓展出一片新天地……品牌跨界似乎成了科技圈的一种新时尚。

近些年来，越来越多的科技公司选择在站稳脚跟之后"玩一把"跨界，纷纷将业务延伸到其他产业，哪怕是原本八竿子打不着的行业。从公司发展上看，这些科技公司的跨界行为很容易理解，原有主营业务已经形成气候，在原有市场已经拥有了一定的话语权，这时候，纵向发展之余再向横向拓展，将品牌延伸到其他行业，希望在更多的市场分一杯羹就成了必然的发展趋势。

不过，初心虽好，但品牌跨界尤其是大幅度的跨界延伸，却不是那么容易的。跨界绝不是简单技术和产品扩展问题，不考虑商标战略，很容易卡在品牌认知上，被"界"给"玩"了。

纵观这些跨界的科技公司，奇虎360、微软、乐视、小米等一众科技公司无论拓展到什么领域，都在新产品的醒目位置使用了原来的主商标。奇虎360从软件到硬件产品都带有"360"数字LOGO标识，小米的净水器、空气净化器、路由器、电视、插线板、体重秤等一众产品都与小米的拳头产品——小米手机使用了同一个LOGO。顶着一个"马甲"做着完全不同的事儿，消费者真地不会产生混淆吗？在大家都认为"小米=手机"的情况下，突然推出小米

苏打水，使用的还是一模一样的商标，有多少人会将其误认为是"傍名牌"的山寨产品？另外，在主商标已经与公司原有主营业务形成对应关系的情况下，频繁地将主商标使用在跨界新产品上，是否会削弱公司已经建立起来的、在原有业务上的品牌认知度？

除此之外，一些科技公司的主商标带有明显的主营业务的痕迹。例如，靠计算机软件起家的微软，主商标 Microsoft 就来自 microcomputer（微型计算机）和 software（软件）的缩写；做视频内容的乐视网，商标则由"乐"的拼音"Le"和代表电视的"tv"两部分组成。在跨界做新产品的过程中，若这些公司还沿用之前的商标，则不免会令消费者感到困惑，为什么硬件产品上会有软件（soft）的标识？为什么手机上的 LOGO 上会出现"tv"的字样？如此不专业的行为对公司品牌认知与品牌形象来说无疑是一种损害。

回过头来再来说说奇虎360。奇虎360于2015年5月宣布将要进入手机行业，与智能手机厂商酷派联手推出一款名为"奇酷"的手机，虽然没有沿用360的主商标，而是从合作双方的名称中各取一个字组成了这款跨界产品的新名称。但是在与手机相关的第9类中，早已存在多个"奇酷"商标注册申请。不仅如此，2005年，韩国韩通株式会社就已经在第9类"便携式通信设备"等产品上申请了近似的"酷奇"商标，并于2008年6月注册成功，也就是说，360跨界生产的第一款手机，还未上市就面临着要改名的窘境。而之前奇虎360的跨界手机已经由"悟空"更名为如今的"奇酷"，再一次更名的话，别说品牌认知了，连品牌信任度都要没有了。

品牌跨界，实际上意味着要用户改变对原有品牌的认知。如何在不损害原有品牌认知度与品牌形象的情况下令这种改变自然而然地发生？这很大程度上取决于科技公司在跨界过程中的商标策略与标语演变。关于科技公司跨界过程中的商标策略，科技公司可以从以下几方面开展工作。

产品未动，商标先行

近年来，商标抢注已不是什么新鲜事，但凡有点知名度的品牌商标，多多少少都会被他人抢注在其他类别上，抢注人或是想要"傍名牌"，或是想要通过转卖商标获得高额利润。一方面，商标遭抢注，有可能导致假冒伪劣商品充斥市场，科技公司多年积累的市场知名度、美誉度将会受到影响，品牌价值降低；另一方面，品牌跨界本就是在主营业务之外的不同行业进行拓展、延伸，若是商标已经被他人抢注在想要拓展的领域，那么科技公司开拓市场的战略规划无疑将被打乱或受影响，最终陷入像奇虎360这样，要么花费大量金钱赎回商标，要么被迫放弃商标的两难境地。因此，"产品未动，商标先行"是创业公司跨界前必须谨慎考虑的第一步。

全面查询，及时注册

实际上，从乐视公司商标注册申请中可以看出，乐视手机原本可能并不叫现在的名字，也不会打上Letv的烙印。乐视公司曾在2010年年底申请了"LePhone"商标，但是，联想在2010年年初就已发布过"乐phone"（LePhone）手机。深圳市一家科技公司也推出过立丰（LePhone）手机，并且深圳市的这家科技公司2009年就已经在第9类"手提电话、手提无线电话机"等小项上申请注册了"立丰LePhone"商标，并在乐视公司申请"LePhone"商标前就已注册成功。在这种情况下，乐视公司贸然以高度近似的名称申请同样类别的商标，无疑是不明智的。最终，乐视的"LePhone"商标在第9类上，最终只收获了"动画片"这一小项。

商标查询是商标注册过程中不可忽略的一个重要步骤。可以说，商标注册之前需要进行商标查询已经成为一个老生常谈的问题，但因存在跨类别近似、驰名商标保护等检索难点，很多科技公司在进行商标查询时会出现漏检等失误，一些公司甚至还会放弃商标查询，这就不可避免地会出现因商标近似而被驳回的情况。没有经过专业、全面、无疏漏的商标查询，商标不能及时注册成功，最终将会影响到公司的跨界发展。

商标去行业化、产品化

显然Letv这个商标已经不太适合开始做手机的乐视公司了，更换商标，将商标去行业化、去产品化势在必行。重新注册一个带有乐视风格的商标，将新商标去行业化，让其可以涵盖新产业是很有必要的。同样，开始做硬件产品的微软商标，也需要去"soft"化，将商标更换为一个包容性更大、涵盖范围更广的新名称。

除此之外，乐视、微软这些科技公司还可选择重新诠释商标这一方式。不过，在原有的商标释义已经根深蒂固的情况下，重新诠释商标无疑意味着更多的宣传与推广，并且相应地，广告与标语也要随之变化。想要重新诠释商标、改变消费者的品牌认知，在时间与金钱上，科技公司们显然将付出更多。

谨慎选择商标类别，申请注册防御商标

跨界的科技公司一般都是在本行业已经作出一定成绩的知名公司，为了防范商标抢注等行为，科技公司在有条件的情况下应及时将核心业务类别、辅助类别以及可能拓展的业务类别进行注册，尽可能明确、全面地指定商标的保护范围。如有可能，采取全类别商标注册的方式也是一个不错的选择。

另外，为了防范不法商家"傍名牌""搭便车"等行为，科技公司在进行商标注册时还可以采取注册防御商标的形式对商标进行全方位保护。在这方面，阿里巴巴就堪称科技公司商标注册的典范，不仅将"阿里巴巴"几乎进行了全类别注册，还将与阿里巴巴近似的"阿里爸爸""阿里妈妈""阿里爷爷""阿里奶奶"等山寨商标一一收入囊中，用自己"山寨"自己的方式有效地保护了公司的合法权益。

（本案例出自中华商标超市网）

【细软说法】

品牌跨界，最好在知识产权上做足功夫。一定要经过先期的市场调查，看看哪里还"有缝可钻"。还要认清自身的优势在哪里，如果只顾一味"过度消费"原有的品牌，不见得能够有好的效果。就像奇瑞曾推出过一款高档车瑞麒，虽然质量没问题，但过多的"A"标识使普通消费者一看就以为是普通档次，以致最后成绩不佳退出美国市场。

如果想借力原有的品牌优势，可以在各个渠道上或者连带原来的品牌搞活动，打响新产品品牌的知名度，但在商标上最好远离原有的品牌，以便打造全新的品牌。

没有一种商业模式或产品能够永远立于不败之地，因此很多公司在发展到一定阶段之后都面临着业务拓展与品牌延伸的问题。打破传统思路，走向不同的领域，跨界拓展是大胆的尝试，也是包括科技公司在内的企业的共同出路。但跨界不是简单的技术和产品扩展，如何延续原有行业的辉煌战绩，科技公司们还需谨慎操作。在未来的商业经营中，包括商标在内的知识产权战略将越来

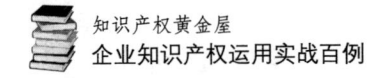

越重要,商标的注册步骤、注册类别等问题将深深影响科技公司日后的跨界发展。因此,提前考虑好商标注册策略,最大限度地减少商标注册漏洞,未雨绸缪,科技公司跨界的脚步才能保持平稳。走好商标策略这第一步,方能在以知识经济为主导的"互联网+"时代越走越远,得到长足发展。

82 暴风影音先著名商标布局，后 DT 转型谋发展新局

随着信息网络化的发展，网络视频已经成为互联网新兴行业代表，也成为用户获取视频信息的一个重要渠道。随着北京市工商局发布的《2014 年度北京市著名商标认定工作公告》宣布暴风影音获得著名商标认证，也开启了互联网视频企业首获"计算机程序（产品）"类著名商标的先河。❶

2003 年，暴风科技首次推出集在线视频和本地播放服务于一体的播放器——暴风影音。随着暴风影音不断技术革新和发展创新，在在线高清视频点播和万能播放功能等方面都达到了国际领先技术水准，并获得战略优势。

暴风影音之所以能够获得著名商标的头衔，与其近三年的销售额、纳税额、利润等重要经济指标息息相关。据艾瑞咨询 iUserTracker 数据统计显示，2011 年 1 月至 2014 年 12 月，暴风影音 PC 端日均有效使用时长在主要互联网视频服务平台中位居行业前列，2013 年 9 月至 2014 年 12 月排名行业第一。2014 年 12 月，暴风影音 PC 端日均有效使用时间约 3000 万小时，每日人均使用时长达到 64.49 分钟，均超过其他视频公司，位于在线视频行业第一位。暴风影音著名商标的获评也得益于其较高的市场占有率，为消费者公认，并在相关市场和同行业中具有较高的知名度，著名商标的称号实至名归。❷

然而，暴风影音在著名商标布局之后并未停止继续前行的脚步。自 2015 年 3 月成功拆除 VIE 登录 A 股后，创造连续 30 多个涨停，暴风科技也大力宣布将实施全新的、极具想象空间的"DT 大娱乐"战略，将在 5～10 年内打造 DT 娱乐帝国，实现从一家网络视频企业全面转型成为 DT 时代的互联网娱乐

---

❶❷ 更多详情请参见："暴风影音"成北京首个著名商标的视频企业 [EB/OL]. 中国知识产权资讯网, http://www.iprchn.com/Index_NewsContent.aspx?newsId=86269, 2015-06-08.

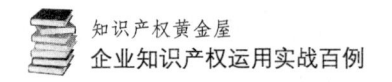

公司的华丽蜕变。

暴风科技在率先谋求著名商标的知识产权布局之后，大举谋求从数据运算和产品改造着手关联公司现行各项服务和商业模式的 DT 转型，大力发展视频、音乐、游戏等业务，积极开拓除延续广告、增值服务等营利模式之外的虚拟现实现场直播和点播，以期获得 O2O 服务模式的新的增长极。❶

【细软说法】

在当今以"变"适应"万变"的科技时代，互联网竞争的加剧使得不断谋求产业新转型、营利模式新突破成为支撑企业续存发展的关键所在。暴风科技先商标后 DT 转型的战略将为互联网行业，尤其是网络视频行业带来新的借鉴意义和发展导向，为把互联视频产业推向一个新的发展高度而开启试航之旅。

企业发展除了要顺应市场和用户需求、紧跟时代脉搏之外，很多时候其实也是企业自身的"革命"。大胆创新、大刀阔斧也许会经历变革的阵痛乃至巨痛，但是哪一次成功的背后不都是打破原有格局、谋求新格局的大变之举呢？今天的企业，尤其是互联网企业，在瞬息万变的科技面前，除了进行优先合理的知识产权布局、加强自我保护堡垒建设之外，更多地是要走出市场、走向民众，谋求可持续发展，以立于不败之地。

---

❶ 暴风科技成立"DT 大娱乐中心"全面转型互联网娱乐公司［EB/OL］. 网易新闻，http：//news.163.com/15/0610/12/AROHJLT100014SEH.html，2015－06－10.

83 免费奶酪不再，网络音乐无版权禁传播

《奔跑吧兄弟》大火，就连节目里的"撕名牌"游戏也成为一项全民娱乐的项目，甚至连各大音乐公司和平台也加入了这场"撕名牌"游戏，而且真地"撕"开了。

2014年11月，QQ音乐"撕"网易云音乐，侵犯其623首网络音乐版权；2014年12月，酷狗也"开撕"网易云音乐，理由是音乐版权授受，提出高额赔偿。

案件审理中，忍无可忍的被"撕"方网易云音乐发起反击：申请诉前禁令，请求法院责令QQ音乐停止传播、提供201首音乐作品；2015年1月起诉酷狗涉嫌侵害300首歌曲的播放及下载权益。

"互撕大战"即将结束，2015年又风起云涌：2月，微信封杀网易云音乐、封杀虾米音乐；6月，另一位"挑战者"——阿里音乐"撕"酷狗侵权，随后是酷狗的"反撕"维权……

网络音乐版权纠纷何时休？国家版权局一直在关注当前网络音乐版权存在的问题：网络音乐服务商之间的恶性讼争不断升级，导致网络音乐秩序失衡。没有一家网络音乐服务商不存在版权问题，只是问题的严重程度不同，行政投诉、民事诉讼不断。

以独家版权形式使用网络音乐作品，不利于网络音乐产业的长期健康发展。主要网络音乐服务商竞相购买独家版权，导致版权价格暴涨，网络音乐服务商之间的转授权谈判艰难，增加了网络音乐服务商的资金压力，也影响到网络音乐良好商业模式的形成，不利于优秀音乐作品合法有序地广泛传播。

2015年7月8日，国家版权局下发了《关于责令网络音乐服务商停止未经授权传播音乐作品的通知》，要求各网络音乐服务商于7月31日前将未经授

权传播的音乐作品全部下线。如果在此"红线"以后仍继续传播未经授权的音乐作品，国家版权局将依法从严查处。这明确了国家版权局保护音乐作品版权、维护互联网音乐版权环境、促进互联网音乐产业发展的态度和决心。❶

据了解，此次国家版权局希望通过创新监管方式和措施，推动网络音乐服务商对各自传播音乐作品的版权情况进行自查自纠。传播音乐作品的主要网络音乐服务商网站和 App 都将被纳入版权重点监管范围。与此同时，根据被监管的网络音乐服务商报送的授权信息，国家版权局将形成音乐作品权利信息库，发布重点音乐作品预警名单，预防侵权行为的发生。

网络音乐版权纠纷可以因此平息了么？北京大学文化产业研究院副院长陈少峰表示："通过对正版的保护，音乐版权将成为网络音乐服务商的核心竞争力，其中平台型服务商由于自身无法生产音乐内容、只能购买版权而受到相对较大的影响，届时行业内会掀起新一波的版权争夺战。"❷

【细软说法】

"天下没有免费的午餐"，即便是在虚拟的互联网上，依靠音乐、视频创造利润的商家以及个体享有者，也应该尊重他人版权，通过支付一定费用来获得播放权和享有权。

音乐产业链复杂而多元，在歌手、乐手和唱片公司的背后，还有词曲作者、录音师等一大批执着于音乐并且依靠音乐生活的音乐人。规范网络音乐版权，需要充分考量网络音乐产业链上的各个环节，积极平衡各方利益，这既能助力建设良好的网络音乐版权生态，也能保护民族创新能力，保障"互联网+"的健康发展。

音乐产业能否获得健康有序的发展，其重点在于能否建立一个规范的版权市场体系。音乐产业，实质就是一个关于版权的产业。相对应地，经营音乐产业的企业，只有重视版权，真正使其变为音乐产业发展创新的源头，活水方能源源不断，才能在纠纷中胜出，才能在今后越来越激烈的市场竞争中立于不败之地。

---

❶ 更多详情请参见：未获授权网上传播音乐作品，停！［EB/OL］. 中国出版网，http：// www. chuban. cc/bqmy/201507/t20150710_ 168310. html, 2015 - 07 - 10.

❷ 新一波音乐版权争夺战在即，未授权网络音乐本月全部下线［EB/OL］. 中国网，http：// sd. china. com. cn/a/2015/shehuigongyi_ 0713/252900_ 2. html, 2015 - 07 - 13.

84 微信试测"打赏",开启内容变版权新风

2014年8月,微博已启动内测"打赏",被"打赏"的公众账号作者将会获得读者的"小费"。在"打赏"界面,用户可以自愿选择设置好的2元、20元、50元、80元、100元和200元金额,或自己输入其他金额,付"小费"通过微信来支付。仅仅4个多月时间,有30万人次尝试过"打赏",其中医疗、财经、科技行业的作者被打赏次数最多,"打赏"功能让垂直领域的专业用户直接受益。"打赏"功能在微信公众平台的试推出,表明了微信规则的制定正趋规范化,也表明了它们对生态的维护和保护原创内容的决心。❶❷

那么,微信"打赏"对用户将有哪些影响呢?

遏制微信"搬运工",鼓励优质原创文

目前,在众多微信公众号中具有原创能力的实在是少数。微信一家原创、多家忙"搬运"的侵权和内容同质化问题一直困扰着微信的发展。随着国家版权管理的不断完善,微信官方也开始着手对版权问题进行整治。

微信官方于2015年1月22日针对微信认证的媒体号推出原创功能,可群发带有"原创"标识的文章,紧接着2月3日又推出"抄袭处罚规则",并新

---

❶ 更多详情请参见:黄子津. 微信公众平台新出"打赏"功能,你发现了吗?[EB/OL]. 网络营销能力秀, http://www.wm23.cn/redian/421709.html, 2015-03-28.

❷ 微信内测公众号打赏功能,内容付费背后或为版权铺路?[EB/OL]. 凤凰科技, http://tech.ifeng.com/a/20150327/41024934_0.shtml, 2015-03-27.

增手机侵权举报功能。❶

"微信之父"张小龙曾说:"20%的用户到订阅号里面去挑选内容,然后80%的用户在朋友圈里去阅读这些内容。"随着微信原创标识、抄袭处罚、打赏等强力推出,将激发真正有实力的用户创作出更多更好的内容,真正扶持优秀的自媒体形成自己独特的有价值的品牌。预计,将会出现一波公众号内的"优胜劣汰",更有助于微信生态森林的建造。❷

许多企业投人力、物力兴建微网站、微社区,多数因为侵权没风险,懒于原创,选择当"微信搬运工"。现在看来,"搬运工"的日子似乎要宣告结束了。

"打赏"打击侵权、鼓励原创,实质就是版权意识的加强,提醒各个微信自媒体,要小心!"工欲善其事,必先利其器",只有尊重版权、尊重原创,才能免于随时被投诉、被销号的风险,才能真正有活力,形成自己的风格。

【细软说法】

从微信发布的各种官方政策以及国内国际版权管理的发展来看,微信将会越来越加大对版权的重视和保护。微信"打赏"对于坚持原创的公众账号是最大的鼓励和支持。

微信已经成了人们日常移动社交的重要入口,只要在服务和交易上为用户做到最佳的体验,将会有越来越多的品牌企业和个人选择通过微信来积攒用户、营运品牌。版权的强化使整个微信生态得到净化,微信才有可能成为前景最佳、最小成本得最大效益的市场运营平台。

一旦内容付费或"打赏"模式正式建立,一些市场嗅觉敏锐的企业或个人等将会更加专注于微信公众平台的原创,进行产品、新歌、新书等的大量推广,或直接提供版权下载,而微信平台也将真正成为与客户直接互动、发布、推广、销售和服务的综合窗口平台,成为一个真正去中介化,形成独特价值的共享平台。

微电商、大生意,最核心的版权一定要认真面对!只有重视版权,微电商才能风生水起,才能真正形成有价值的品牌。

---

❶ 卢松松. 微信打击抄袭,"搬运工"的末日要到来了吗? [EB/OL]. http://lusongsong.com/reed/1412.html,2015-05-18.

❷ 微信之父张小龙告诉你2015年微商该怎么做![EB/OL]. 商界. http://event.sj998.com/moshi/452376.shtml,2015-01-07.

85 "小时代"引爆版权全产业时代

作为2015年暑期档最受瞩目的电影之一，电影《小时代4：灵魂尽头》上映两日票房达到2.06亿元。最新数据显示，"小时代"系列电影票房累计15.1亿元，破华语系列电影票房纪录。尽管其内容被批拜金、物质、矫情、空洞，但"小时代"却一路爆红，创造了多个数据奇迹，而更被称为超级IP（知识产权）玩家，把IP运营到极致，宣告一个版权全产业时代的到来。

短短几年时间，"小时代"跨越小说、电影、电视剧、游戏，成为迄今为止中国市场上发展最迅猛的文化品牌，版权的多样化开发也为原著作者郭敬明带来了巨大的经济效益——仅仅凭"小时代"系列前三本小说的电视剧和电影版权，郭敬明就坐拥千万元许可费。经过不断的探索与实践，郭敬明对"小时代"的版权开发已经进入全产业链模式：由最初的全球范围的销售、出版发行图书音像制品，逐渐衍生出数字出版、影视改编、游戏开发，以及明信片、贴纸等诸多产品，而这些衍生品的火热又重新带动原著书籍的销售。"小时代"在商业上的巨大成功无疑显示出小说等内容版权广阔的发展前景，我国版权运营与开发逐渐进入立体化、多样化的全产业链发展阶段。❶

"小时代"IP全产业链模式的成功，得益于原著作者郭敬明的商业头脑，以及充分利用互联网科技、新媒体营销的新创意。微博、微信、网络社区、论坛等，不畏丑闻，不惧话题，在口碑和争议声中强化"小时代"的存在感，激发人们的兴趣去体验实证其好坏。作品的品牌在纷争中慢慢建立，进而衍生其他品类又得到不断关注。最终使得"小时代"借着IP融合网络营销的力量，

---

❶ 更多详情请参见：《小时代》电影音乐剧轮番上映，版权进入全产业链模式［EB/OL］. 电子报刊网，http://www.newspaper365.org/yule/dianying/2015-04-16/56031.html, 2015-04-16.

犹如一棵大树开枝散叶，最终硕果累累。❶

作品的著作权不仅是一个概念，更是一个无形的价值品牌。大音希声、大象无形，无形的IP，如果运作得当，可以创造出无数的有形财富。郭敬明之于"小时代"，就是围绕一个核心版权进行全辐射全角度发力，每个与版权的对接点都能碰撞出耀眼的火花。

优质内容的版权资源才是产业链发展的关键，而最终是否成功，IP全产业运作能力更是核心。"小时代"就是一个很好的例证。

【细软说法】

"小时代"超强的知名度和热议度带来强大的"吸粉"效果，使得其版权衍生出的周边产业也具有非常大的"吸金"潜力。一句话，版权的品质是前提，是首要。

在版权的二次开发过程中，版权的运营能力是关键。一方面，版权的改编、制作团队决定了版权衍生品的质量；另一方面，在营销为王的网络时代，对版权衍生品的运营推广，逐渐成为影响其成败的一个重要因素。"小时代"的版权全运营手段是典范。因此，在版权的开发和产业链建设上也要注意幕后团队的建设。

古人云：不谋全局者，不足谋一域。随着经济全球化和移动互联时代的到来，对于传统创作者来说，版权的运用、保护、管理已不能仅限于出版这单一模式，应有全局战略眼光，修炼运营以版权为基础的全产业产品开发能力，逐渐形成一条成熟的版权产业链，甚至构架出一个或多个版权发展生态圈。这才是王道。

---

❶ 作为IP，《小时代》能留下什么？[EB/OL]. 百度百家, http://yuleguan001.baijia.baidu.com/article/105458，2015-07-11.

86　数字出版：从致富到制胜新版权运营

香港报业7月迎来了2015年来最难熬的一周。7月11日，有着56年历史的《新报》因巨额亏损宣布停刊。7月17日，创刊76年的《成报》因股权问题暂停发行印刷版。壹传媒旗下的《壹周刊》将裁员一半，9月决定是否结业。

原来每日的读书看报，仿佛一夜之间被互联网改变。伴随着报刊的衰落，实体书店也越来越少。"微阅读"的兴起使得看新闻不再通过报纸而是通过网络。

相比传统出版行业的势微，国家版权局关于中国数字出版产业报告的几组数据让人震惊。

2014年，中国的数字化阅读率为58.1%，首次超过了图书阅读率。数字出版产业收入达3387.7亿元，比2013年整体收入增长了33.36%。❶

互联网广告、移动出版与网络游戏依然占据数字出版产业收入榜前三位。移动出版和网络游戏的收入分别为784.9亿元和869.4亿元。移动出版和网络游戏是拉动数字出版产业收入的主力军。

互联网期刊收入从2006年的5亿元增长至2014年14.3亿元。电子图书收入，2006年为1.5亿元，2014年为45亿元。截至2014年年底，我国数字出版产业的累计用户规模达到12.48亿人。在线音乐、网络游戏的用户规模在2008～2014年呈现跨越式的大幅度增长。❷

全民阅读已上升到国家战略，随着移动互联网的迅猛发展，数字阅读成了

---

❶❷　更多详情参见：数字化成为中国主流模式［EB/OL］. 腾讯教育，http://edu.qq.com/a/20150715/043101.htm, 2015-07-15.

人们获得信息和知识的主要途径之一,电子出版具有巨大的市场需求和服务拓展空间。

更多的商家从中嗅到商机,早已布局:2013年百度以1.915亿元收购纵横中文网;2014年腾讯接入起点中文网,即将收购盛大文学。其他巨头也被网络版权的巨大魔力吸引,盛大文学、腾讯文学、百度文学正通过泛娱乐化运营和全平台资源整合,三分网络文学市场。而网络作家年入千万更刺激着一个个的后来者。❶

"众筹出版"的雨后春笋、出版行业的传统守旧、新媒体时代的出版蛋糕越来越美味,也让有心的机构看到机会。2014年6月,版权交易平台"集文网"上线。版权既然是文化产业的核心价值,那么就需要通过交易平台,让版权的价值真正透明、流动起来。

传统出版嫁接到网络,一切都在变异、融合,各大运营商家通过多种模式,使出版与图书影视、戏剧表演、动漫游戏、文化创意等相关产业形成多层次、多领域深度融合发展,升级网络内容建设的同时,不断推进版权价值的最大化。

全版权运作已势不可挡,越来越多的数字出版企业参与到内容生产、技术方案提供等产业板块,新兴出版企业对数字内容生产的布局逐渐深入。

对此,国家新闻出版广电总局副局长孙寿山说,科技进步推动新闻出版业走过了"铅与火""光与电",迎来了"数与网"时代,智能化、万物互联、大数据将成为未来媒介发展趋势。内容为体、技术为翼,是数字出版的核心竞争力,内容的竞争,实质就是版权的竞争。❷

国家版权局副局长阎晓宏阐析,在市场经济环境下,版权作为产权化的智力成果具有财富属性、产品属性和高附加值属性,文化产业的发展很大程度上依赖并取决于版权创造、利用和保护的水平。❸

---

❶ 网络文学的"新版权时代"[EB/OL].中国经济网,http://wap.ce.cn/tuijian/201501/20/t20150120_4385094.html,2015-01-28.

❷ 孙寿山谈数字出版:融合引领创新,创新驱动发展[EB/OL].新浪科技,http://tech.sina.com.cn/i/2015-07-16/doc-ifxfaswf7399933.shtml,2015-07-16.

❸ 版权产业开启崭新时代 成中国经济新增长点[EB/OL].中国印刷网,http://www.cpp1.cn/News/2012-10/10/125303.htm,2012-10-10.

第八章
新兴产业的知识产权发展

【细软说法】

江山如此多娇，引无数英雄竞折腰。在移动互联时代，出版行业的竞争，已由传统的"版权创富"转向多层次的版权运营的竞争，即"版权制胜"的争夺战中。

云时代现已到来，数字出版步入一个大规模生产、分享和应用数据的时代。如何看清行业发展新趋势，围绕版权的最大价值化，不断创新各种运营模式，是每个意欲涉足文创产业的人应该深思的问题。

唯有版权保护的智力支撑，新闻出版、广播影视、文学艺术、文化娱乐、广告设计、软件、信息网络等众多文化产业才能成为有源之水，得以存活、壮大。

第九章 新经济时代的知识产权服务

事半功倍

出自《孟子·公孙丑上》:"万乘之国,行仁政,民之悦之,犹解倒悬也,故事半古之人,功必倍之,惟此时为然。"《六韬·军势》:"夫先胜者,先见弱於敌而后战者也。故事半而功倍。"意为只用一半的功夫,而收到加倍的功效,形容用力小而收效大。

- 专利书写不当痛失良机，专业机构为"独创"护航
- 雷士军：专利孵化很重要，交易平台促产业化
- 知库宝：开启商标管理智能时代
- "领头鸭"变驰名招致侵权不断，联盟"执法"为维权兜底
- 企业商标商号之争，吴良材如何巧遏痛点
- 版权质押，文创企业的绿色通道
- IBM：有效的管理，运营出强大的知识产权能力

随着经济全球化和贸易自由化深入发展，知识产权的地位和作用越来越突出。从国内形势看，尽管中国的知识产权事业经过20多年的发展并取得了长足进步，但与发达国家相比，仍处于初期发展阶段，还存在着一些亟待解决的问题。国民的知识产权意识还比较淡薄，运用知识产权制度的能力和水平普遍不高，知识产权制度没有在企业普遍建立起来，企业的创新能力不强，拥有自主知识产权的企业数量较少。[1]

国外跨国企业从战略的高度出发，在中国建立众多知识产权壁垒，给国内企业造成了重大损失，我们只有建立健全有效的知识产权服务体系和坚定实施知识产权运营战略，才能有效地从封锁中杀出一条血路。

新经济时代的知识产权服务体系，就是要以企业主人翁的心态提供专业服务，其服务内容包括：对知识产权战略与发展进行研究，提供专业方案；协助实施知识产权战略，逐步实现知识产权资本运营；协助企业开发自主知识产权，培训企业人员；对知识产权注册的各项事宜提供建议及注册，协助完成日常法律事务；完善、监督、落实知识产权的各项管理制度；监测及侵权预警，调整创新方向和内容，对侵权及时调查、取证，有效保护企业知识产权；帮助企业实施品牌战略，培育、协助企业实现品牌的经济价值等。

新经济时代知识产权服务体系的梳理、建立、健全是对传统知识产权服务和运营方式的突破。由于现代知识产权制度是一项复杂、庞大且不断变革的制度，集经济、科技、文化、法律等多领域为一体，涵盖专利、商标、版权、商业秘密等多个种类，因此，知识产权的服务和运营工作，绝不是一般人可以胜任的，需要高端人才。但是，从国内情况看来，这方面的人才奇缺，企业往往很难招聘到，要自己培养也需要很长时间和大量财力物力，非一般企业可以做到。因此，寻求高质量、高效能、高精尖知识产权服务的支撑，是企业、特别是中小企业省时省力的有效手段。

在西方发达国家，知识产权制度建立时间比较长，知识产权人才比较多，企业人员、尤其是技术人员对知识产权也有比较深刻的了解。特别是，在这些国家，知识产权侵权一旦确立，付出的代价很大。因此，公司无论大小，通常都有专门的知识产权兼职、专职人员。而且西方发达国家是知识产权制度的主要受益者，它们技术先进，财源广阔，有更多的资本可以用来投入知识产权建设。

实践证明，知识产权服务体系的支撑是企业快速发展的有效手段。

---

[1] 李鹏. 知识产权托管：探索企业服务新模式 [J/OL]. 中国科技财富. http://www.doc88.com/p-6969875012676.html，2014-09-19.

87　专利书写不当痛失良机，专业机构为"独创"护航

"本以为自己手握的是号令天下的利剑，但当我准备振臂一呼时，却发现它只是一根鸡毛。"每次旅顺王某想起他的"独创"发明被"侵权"，试图维权却以失败告终，都痛心疾首、后悔莫及。一切都源于自己当初为了省钱，使得所申请的专利保护范围狭窄，而自己的独创也变成他人的商机。

王某曾给用于碑石刻字的小电磨加上个水管，以起到防尘的作用，并为此申请了专利。后来，王某想将这件专利投产，进行批量生产，但还没等他把厂子建起来，就发现市场上遍地都是类似的产品了。他认为这些产品都对他的专利构成了侵权。于是他四处咨询律师，试图维权。但当律师看过他的专利申请材料时，都劝他打消维权的念头。因为他的专利申请书写得有问题。专利申请里权利范围这一项，他在撰写时将自己的专利加了太多限制性描述，使得他的专利覆盖的范围太狭窄。市场上的那些类似产品，都不在他的专利保护范围之内。最后他只能打消维权念头，并放弃了他极具市场潜力的"原创"产品。[1]

王某的专利申请书写得不专业，从而也丧失了专利多维保护的机会。同时，王某专利布局意识和专利战略能力的不足也使得他以省钱的心态，只选择自己来申请专利，从而出现以上的纰漏。并且在"侵权"发生之后，又没有能力来保护自己的"独创"。究其根本，还是王某没有意识到专利申请的重要性和专业性。像王某这样的民间发明人还有很多，为自己的发明投入了很多精力，申请专利时却草草了事，甚至不愿意投入金钱和时间，导致申请的专利质量不高，从而也给了别人利用的机会。

---

[1] "伤不起"的企业快学习，"等不起"的专利盼着你 [EB/OL]. 大连日报, http://szb.dlxww.com/dlrb/html/2013-03/13/content_808681.htm?div=0, 2013-03-13.

据调查，我国专利申报书页数普遍较少，平均为 6~8 页，而美国专利申报书则平均为 27~28 页。这说明我国专利技术复杂程度低，保护诉求小。专利申报是一项专业的工作，里面涉及很多专业的技巧。专利申请书的撰写就直接关系到专利权的大小，不同的构思、不同的撰写角度关系到专利将来维权的成败。个人申请的专利要求书可能因为写得不够专业无法修改甚至被驳回。并且，《中华人民共和国专利法》对于修改的要求是不能超出原来权利要求书和说明书的范围的，如果专利申请书写得很随意，修改的时候就会处处受限。

【细软说法】

专利应该何时申报或者在哪些国家申报，大多数企业和个人没有明确的想法。甚至有些企业会先将产品投入市场看看效果，再决定要不要申请专利。这样的做法看似精明却实在是不明智。往往你还在试错的时候，别人就已经占领了先机，而自己要申请的专利便会因失去新颖性而得不到授权。所以，对于不具备专业的专利申请能力的企业和个人，建议找专业的代理机构代为申请。专利代理机构不仅在专利申请书的撰写上，还会在专利权范围的界定、专利布局、专利与商业秘密结合保护上，给出专业的意见。当然，在挑选专业的代理机构时，除了资质、荣誉等考量之外，代理机构的口碑、服务客户类型及售后服务都应该纳入考量的因素之中。

88 雷士军：专利孵化很重要，交易平台促产业化

"雷士军"这个名字和小米创始人"雷军"的名字只相差一个字，经常被人调侃"有没有手机卖？"每当此时，他都会回敬："我有专利卖，你们买吗？买了我的专利，说不定你也能成个创始人什么的呢！"虽然有调侃的成分，但雷士军的话一点都不假，并且，在雷士军的家乡，他的名气并不比雷军差，并且在当地十分受欢迎。

传播技术创新的种子

他的名字第一次被铭记，是因为他给农民带去了"流动图书馆"。1997年，作为山东省夏津县科学技术协会的公务员，他参加了全国各地都举行的"科技下乡"活动。他发现这个活动虽然有意义，但因为传统的农业技术推广体系"线断、网破、人散"，虽然各级机关都踊跃给农民送去科技图书和光盘，但"后续服务"却没跟上——农民并不能消化、吸收这些科学技术。

于是，他从自己的积蓄里拿出了7000元，买了2000册图书、一些录像带、VCD和播放设备，建立了一个"流动图书馆"，利用节假日，在农闲时节，走村串户地给农民送去了技术。1997~2000年，雷士军向当地农民借阅书刊4000多人次，给农民放映科技录像200多场。他的这一举动得到了乡亲们的赞扬，也得到了上级领导的嘉奖。❶

---

❶ 更多详情请参见：雷士军. 别让"非职务发明人"成为"乞丐"[EB/OL]. 科学博客，http://blog.cdstm.cn/273591-viewspace-179055.html，2013-10-13.

第九章
新经济时代的知识产权服务

关注技术，让他成了专利大户

雷士军下乡给农民送技术，给他们带去福音的同时，也让自己有了发明创造的灵感。

2004年，雷士军下海创业，创办了山东秦汉数码科技有限公司，公司的主营业务是软件开发和电子商务。这让长期根植于农村的雷士军在农村这片土地上掘到了一大桶金。

长期接触农村，雷士军发现，在农村发展沼气新能源有很大的潜力。传统沼气池的出渣、清池、换料，活儿又脏又累，操作不当还会危及生命，急需更新换代。于是，雷士军组织一些技术力量，开发了"新型自动出渣沼气池"。

这种产品根据沼气的生成原理、环境条件变化和管理要求，在设计和结构上进行了大胆独特的创新，重量轻、耐酸碱、抗老化、不渗漏、管理使用维护方便，不仅能随时出料清池，沼渣、沼液还可以自动灌溉到农田菜地，也可以自动流入容器内，实现远距离运输，解决了沼气池定期清池、换料的难题，使用寿命可达几十年。该产品投入批量生产后，深受用户欢迎。正是由于雷士军长期扎根农村、了解农村，才使其在农村觅得了如此难得的商业良机。❶

帮助民间专利产业化

雷士军创立了公司，发明的专利得以转化成产品，服务于大众，但他发现很多人没有他么幸运。很多"非职务发明人"因为没有单位的经济支持，在自己的发明申请了专利后，每年还要缴纳代理费、申请费，不少人对此也是难以负担，甚至因专利之重荷而变得穷困潦倒、负债累累。

湖北潜江市的任文林搞了1000多个发明，申请专利158件，其中的40余件是国家专利。但这些专利都未投入生产，他只能自己来出专利申请和维护费用，将近20多万元。安徽的姚玉飞也一样，为了搞发明，他花光了积蓄，把房子也卖了，技术却卖不出去，生活穷困潦倒……

于是，雷士军下决心创建一个帮助"非职务发明人"的网络平台，架起

---

❶ 雷士军. 别让"非职务发明人"成为"乞丐" [EB/OL]. 科学博客, http://blog.cdstm.cn/273591-viewspace-179055.html, 2013-10-13.

一座方便商家与"非职务发明人"沟通的桥梁，征集优秀的民间发明，帮助"非职务发明人"把专利技术转化为生产力。一方面，可以使专利权人解除经济之困，另一方面，企业也可以接触到有市场潜力的发明创造，提高企业的竞争力。

【细软说法】

将更多科研成果转化为商品，不仅需要国家政策的扶持，还需要多建立专利交易平台，以促进专利的孵化。现在很多时候我们并不是缺技术而是缺应用，并不是缺专利而是缺转化，并不是不转化而是缺平台。如何把沉睡的专利唤醒，促进专利价值最大化，让专利真正能够成为创富生财、转化生产力的利器，是专利人、专利机构、国家层面等需要共同重视和推进的问题。

89　知库宝：开启商标管理智能时代

随着我国商标保护意识不断增强，企业与个人商标申请量持续增长。2014年，我国商标申请量达到了 228.54 万件，连续 13 年位居世界第一。与此同时，商标注册、商标管理与保护等各类商标事务也似乎成为企业与个人商业发展的头等大事。在这种情况下，嗅觉敏感的运营商们针对商标事务开发了各类商标软件、App。一时间，商标软件市场风起云涌，各家运营商纷纷摇旗呐喊，市场的厮杀变得异常激烈。

商标软件市场厮杀　鸡肋软件占半壁江山

纵观近几年市场上出现的各类商标软件，商标取名、商标设计等哗众取宠的软件几乎占据了商标软件市场的半壁江山。这些软件看似可以为企业解决商标取名、LOGO 设计等商标事务，实际上在实用性方面还是不尽如人意。

众所周知，我国商标注册实行"申请在先"原则，若准备申请注册的商标与他人已注册或正在注册的商标相同或近似，则会注册失败。而这些软件中既没有植入商标数据库作为查询对比，也没有相关的商标近似判断标准作为约束，仅仅通过排列组合与素材搭配生成商标名称或 LOGO，得出的结果往往看似可以注册，实则存在较大注册风险。

可喜的是，随着需求的提高，目前市场上也渐渐出现了一些较专业的商标软件，它们增加了一些商标知识和商标行业资讯，内置商标注册流程，以"免费注册"的模式吸引用户下载。然而，通过使用发现，这些商标软件中有很大一部分是治标不治本的"鸡肋"软件，华而不实的功能并不能为企业解决当务之急。

商标管理问题凸显 "免费"模式难解企业危机

近年来，随着我国企业及个人对商标的重视程度急剧提高，很多企业为了确保产品及服务得到全方位的法律保护，申请的商标数量往往也很多。但久而久之，这些涉及多个产品线、多种申请类型的商标，在申请时间、申请进度、产品市场均不同的情况下也给企业造成了商标管理的压力，成了企业发展的一块心病。一些有条件的企业投入巨额成本，通过设立专人专岗、人工市场监控等方式进行商标管理。但与此形成鲜明对比的是，企业商标被侵权、被抢注等现象仍时有发生，企业商标依然得不到有效监管。

随着企业商标数量的不断增加，企业商标管理成本与难度也随之增加，商标管理效率却不断下降，稍有疏忽就会影响到商标的正常使用，进而影响企业的正常经营，最终造成企业整体收益的下降。企业商标管理问题逐渐演变为阻碍企业发展的大危机！

但是，市场出现的这些较专业的商标软件，大部分仅仅优化了商标注册流程，对于解决企业商标管理问题无疑是扬汤止沸，治标不治本，以"免费"噱头吸引企业盲目扩充商标数量的手法在企业看来并不明智。企业商标管理的问题得不到根治，申请更多的商标只是加重企业的管理负担，甚至因商标管理不当而引发企业商业危机。

当然，偌大的软件市场也不乏精品。业内人士认为，目前市场上有一款全面商标管理的软件——知库宝，它针对企业及个人商标查询难、管理混乱、信息滞后等难题提供了较好的解决方案。当然，作为一款商标管理软件，知库宝的进步空间仍然很大。伴随着技术的不断更新和市场新需求的增长，商标软件市场的竞争也会越发激烈，商标软件市场或将进行新一轮洗牌。

（本案例出自中华商标超市网）

【细软说法】

面对知识产权管理时代的到来，原始管理已经过时，寻求创新的方式才是解决问题的根本途径。而在这个商机的指引下，谁先抢得市场，满足用户需求，并能够切实提供解决方案，谁才能赢得先机。

90 "领头鸭"变驰名招致侵权不断,联盟"执法"为维权兜底

知名商标被侵权已经不新鲜。很多人利用名牌效应"搭便车""傍名牌",甚至利用知名品牌的好口碑和知名度加以仿制,以谋求市场份额和获取利益,这样的案例数不胜数。作为很多"吃货"喜爱的周黑鸭也多次被侵权,而打假维权似乎也在周黑鸭蒸蒸日上的发展历程中占据了很大部分。一路走来,周黑鸭维权之路可谓艰难而漫长。

周黑鸭的创始人周富裕于1997年在汉口航空路电业菜场内开设了自己的第一家卤制品专卖店。现如今,周黑鸭已成为一家专业从事鸭类、鹅类、鸭副产品和素食产品等熟卤制品生产的品牌食品企业。早在2004年,周富裕就将他的周黑鸭带入江城,客户一直追随。2005年,周富裕还向国家工商行政管理总局申请了"周黑鸭"35类的注册商标。从2007年至今,周黑鸭已申请了29类、31类、40类和43类商标。2008年5月,经湖北省工商管理局批准,周富裕将企业正式更名为"湖北周黑鸭食品有限公司","周黑鸭"系列产品自然成为其主营业务。同年,周黑鸭为保证产品质量和品牌维护,一直坚持着"不做加盟、不做代理、不传授技术"的直营理念,周富裕将周黑鸭成功转型成为连锁直营模式。2009年,"周黑鸭"文图一体商标注册成功。2010年,"周黑鸭"被评为湖北省市"著名商标"。2011年,"周黑鸭"被认定为"中国驰名商标",一举成为武汉市唯一一家荣获中国驰名商标的食品加工类商标

品牌。而后,周黑鸭 400 余家直营店也在北京、深圳、长沙、南昌等地纷纷落地。❶❷

然而伴随着周黑鸭的红火,各种侵权事件纷至沓来。据统计,截至 2011 年,被工商部门责令整改的假冒周黑鸭店多达 174 家,其中 6 家因侵权被立案查处。最多时候,武汉出现的假冒店超过 100 家,而周黑鸭自己开的店也不过数十家而已;常州各种包含"周黑鸭"字样的"金牌周黑鸭""武汉周黑鸭""正宗周黑鸭""周记周黑鸭"等就有 20 多家;打开合肥市的电子地图输入"周黑鸭",也能查询到几十家关于"周黑鸭"的店面。周黑鸭的源发地武汉是周黑鸭被侵权的重灾区,其中以武昌火车站区域的假冒周黑鸭现象最为猖狂。这批侵权店面最早出现于 2008 年,2010 年后已形成一定"规模"。这在周黑鸭看来,维权范围大、波及范围广,势必要投入很大的财力、人力和物力,时耗也会大大拉长,这些因素都使得周黑鸭维权底气不足,深感维权之路任重而道远,维权打假一度成为周黑鸭的最大难题。

周黑鸭的名气为这些假店带来了不少利润,在高额利润面前仿冒店面自然络绎不绝。据周黑鸭员工介绍,武昌火车站一家周黑鸭自家较大的店面,平常时段每天的营业额为 5 万至 8 万元,节假日如春节期间,日营业额超过 10 万元。假店的生意即使没有那么火爆,但是每日营业额也在 1 万元左右。而在火车站这样的地段,这个测算是相当保守的。面对高额利润,侵权事件逐步攀升,周黑鸭也是一再维权,很多时候都处于申请维权、工商查处、风头过后这些假冒店又照开不误的境地,实在让人头疼。最严重的时候,还引发火车站内一个拥有两家"山寨店"的店主,花 2 万元雇凶砸真店的事件发生。频繁更换招牌也让假店和执法部门玩起了"躲猫猫",一检查就换自己的牌子,不检查就换回周黑鸭的招牌,而周黑鸭数以百万元计的维权支出竟然都打不倒这些顽固的"李鬼"之流。❸

随着媒体的介入,周黑鸭维权难和打假难也引起武汉市领导的高度关注。作为促进武汉市发展的中国驰名商标和知名企业,执法部门也认识到应该全力

---

❶ 更多详情请参见:山寨换名侵权"周黑鸭"维权难于登天 [EB/OL]. 中国商网, http://www.zgswcn.com/2013/0502/161153.shtml, 2013 - 05 - 02.

❷ 武汉"周黑鸭"成"驰名商标"却引来侵权无数 [EB/OL]. 中国新闻网, http://www.chinanews.com/cj/2011/08 - 10/3247920.shtml, 2011 - 08 - 10.

❸ 武昌站 13 家周黑鸭 10 家是假冒,一天营业额或超万元 [EB/OL]. 凤凰财经, http://finance.ifeng.com/a/20131209/11237993_ 0.shtml, 2013 - 12 - 09.

予以支持和保护，加强侵权市场整顿。为解决周黑鸭打假涉及的管理权限与利益交叉冲突，实现长效治理，彻底铲除侵权行为，经武汉市工商局牵头，最终，武昌区工商局、武昌火车站地区综合管理办公室、物业管理相关方武昌火车站（博强实业公司）、武汉市城投公司达成协议，进一步加强承租户守法经营、门店招牌规范管理、违法线索发现制止、辖区摄像头证据提取等方面的大力支持，全力为执法部门提供打假支援，这也让周黑鸭长期以来的维权之路似乎看到了些许曙光。❶

【细软说法】

针对周黑鸭频现的被侵权问题，维权难和执法难似乎是最大的问题。由于周黑鸭食品有限公司对"周黑鸭"的图形和文字都进行了注册，其拥有注册商标所有的使用权和收益权，未经授权的所谓"周黑鸭店"构成侵权行为已经成为不争的事实。而周黑鸭不间断的维权举动给国内企业，尤其是拥有知名商标和品牌的企业在打假维权方面树立了正面的形象。尽管维权之路有几多艰辛，但是从未停止，维权的斗争仍在继续。相信在法律不断健全、监管部门执法水平不断提升的基础上，企业与执法部门的联合维权，执法部门有效执法，势必会让侵权行为无处躲藏，从而迈上合理竞争、正当营业、注重商标和正当权益保护的光明之路。

由于目前国内维权法规不够健全，企业还需要在现有法律条例下，用法律武器维护自身的合法权益。同时，随着维权意识的不断提升，相信执法部门也会在违规侵权方面给予违规者和不法者更加严厉的侵权处罚，从多方面梳理和肃清侵权的潜在威胁，以便更好地扶持中国企业建设和保护自己的品牌，给民族品牌发展创造更好的环境，也为合法企业增加更多维权的底气和信心。

---

❶ 周黑鸭打假成难题，十家假冒店为何经久不倒？［EB/OL］. 腾讯大楚网，http：//hb.qq.com/a/20140123/006829.htm，2014-01-23.

91 企业商标商号之争，吴良材如何巧遏痛点

现在是一个品牌至上的时代，每个人都能随口说出一大堆品牌出来。就拿眼镜行业来说，不说声名在外的洋品牌，就我们耳熟能详的国产品牌就有不少，如宝岛、吴良材、大明、海昌、博士伦、暴龙、精益等。随着市场需求的激增，眼镜行业被戏称为暴利行业。此戏称的背后，意味着更大利润的争抢，甚至连品牌在内的商标和商号也成为争抢的目标。

暂且不论眼镜作为一个小产业的"暴利之罪"，单就其市场经常出现的知识产权竞争，尤其是商标商号的纠纷，也能引发无数企业思考。

以吴良材眼镜为例。上海吴良材的前身叫"澄明斋珠宝玉器号"，创办于清康熙年间，兼营眼镜业务。20世纪30年代吴家后人将总店开在了繁华的上海南京路上，并申请公私合营，领取定息。随后公司曾多次改名，最终定为三联吴良材。经过多年的苦心经营，吴良材成为眼镜行业的一块响亮招牌，并于1993年被原内贸部评为"中华老字号"。而在吴良材声名鹊起之后，各种仿冒、移花接木、"傍名牌"的威胁接踵而至，对于"吴良材"眼镜，这些行为不仅是对其品牌名声的践踏，更是对其固有的无形资产所催生的价值体系的动摇。后来，吴氏后人也向法院起诉，要求享有吴良材的商号权。从此，吴良材眼镜与吴氏后人开始了一场关于商标与商号权之争的持久战。而在上海以外地区有关吴良材商号之争的纠纷也让吴良材尝尽了维权之苦。吴良材的发展史也可以说是一部维权史。

最终，法院判定，上海吴良材胜诉，判决苏州吴良材变更企业名称，赔偿

上海吴良材经济损失 17 万元并致歉。❶

通过此案可以看出，商标与商号之争、商标权和企业名称（或商号）权的冲突是一个重灾区，并且矛盾愈久愈难以化解。

究其原因，是因为商标和字号、企业名称都属于标志权利，均是依照相应的法律程序获得的商业标志，都受到相应的法律保护。商标主要用来识别商品或服务来源，而企业名称主要用于识别不同主体。❷

在我国，企业登记和商标注册是分开的，国家工商行政管理总局商标局是授予商标权的唯一机构，商标管理实行全国统一注册，享有在全国各地的保护，地方工商行政管理机关对商标正常使用秩序进行管理，无权批准或授予商标。但地方工商行政管理机关对企业的注册登记却可以实行分级登记管理，作为企业名称和商号没有排他性。这使得商标与商号总是会出现"交叉反应"。而国家规定从事商业、公共饮食、服务等行业的企业名称牌匾可适当简化，特许经营等方式也使得很多企业可以轻而易举的搭上品牌的便车，"傍名牌""移花接木""以次充好"的商标、商号混淆现象也就让人见怪不怪了。❸

【细软说法】

商标、商号之争既是不可争辩的事实，也是难以一时解决的冲突矛盾。如何更好地保护自己的商标，维护自己的品牌利益，不给别人对商标和商号的混淆机会，企业应该注重维权，尤其是要善用知识产权的力量确保自身利益不受侵犯。

要解决类似的争端，估计也只有从商标申请和企业注册登记源头上对所隶属部门重新进行严格的界限归属，从源头上减少商标、商号之争，这才不失为一个好办法。同时，还要注意保持企业在注册商标和商号时的统一性，将商号也注册成为商标，充分发挥保护的排他性。

针对侵权现象，企业不仅要学会反击和自我保护，更要学会以特许经营者特许服务品牌的侵权和要求变更企业名称登记作为反击的重要诉求，避免不正当竞争和权益损害所带来的损失。

---

❶ 更多详情请参见：吴学安. 从"吴良材"之争谈商号与商标同等保护 [J/OL]. 检察日报，http://newspaper.jcrb.com/html/2009-05/16/content_17731.htm, 2009-05-16.

❷ 聂士海. 身陷同名商号重围的"宝岛眼镜" [J/OL]. China IP Magazine, http://www.chinaipmagazine.com/journal-show.asp?id=1498, 2012-10.

❸ 吴学安. "吴良材"之争的商号制度之"痛" [EB/OL]. 经济参考报, http://finance.sina.com.cn/roll/20040616/0835816744.shtml, 2004-06-16.

92 版权质押,文创企业的绿色通道

资本是文化的血脉、气质与容颜,资本血脉的通畅将直接决定文化的发展。由于产业"零资产、弱担保",融资难的这个问题一直困扰着文创企业的发展壮大。现在,国家要求依法合规地推动知识产权质押融资发展,文化银行也开始成立,版权也可以抵押贷款,文创企业的"融资难"似乎有了一条新的绿色通道。❶

2014年5月28日,浙江温州市首家文化企业专营金融机构——温州银行文化支行正式揭牌成立。针对文化产业"投入大、周期长、轻资产"特点,支行推出了知识产权质押等多种金融产品:著作权(版权)质押、知识产权质押、股权质押、景区收费权质押等。企业可凭借著作权、知识产权、软件登记证书等获得50万至500万元不等的授信额度。❷

此支行刚一成立,一家文化公司马上就成为受益者。2014年7月,温州正栩影视有限公司通过质押电视剧版权,拿到该行发放的第一单500万元贷款。公司负责人孙榕表示申请很顺利,文化银行的版权抵押对于公司可谓是"雪中送炭",对于其他企业也是"对症下药",是解决融资难问题的一项有效手段。孙榕说原来贷款都是找银行,现在是银行主动服务,一切都变得方便、快捷。而本次获得的500万元贷款也将用于公司下一部电视剧的拍摄。

据了解,目前在无锡、杭州、温州等地也都有文创银行。银行方面表示,抵押的影视版权必须经专业的资产评估机构对之进行评估,合法登记后,银行

---

❶ 宋珏. 温州文化创意产业园渐成时尚新地标[EB/OL]. 新华网, http://www.zj.xinhuanet.com/finance/region/2015-02/06/c_1114282477.htm, 2015-02-06.

❷ 王舒,潘舒畅. 一部电视剧版权质押获贷500万元[EB/OL]. 中国知识产权律师网, http://www.ciplawyer.cn/article.asp?articleid=13202, 2014-07-10.

第九章
新经济时代的知识产权服务

才能予以授信。

其实几年前,大牌导演、知名文创企业也不乏知识产权抵押融资贷款的先例:2005 年,张艺谋执导的《满城尽带黄金甲》即以电影预售合同为担保,从渣打银行获得了 1000 万美元贷款;2007 年,华谊兄弟制作影片《集结号》,从招商银行成功贷款 5000 万元;2008 年,华谊兄弟、保利博纳、光线传媒三家知名娱乐企业,先后以版权质押方式,获得了北京银行 1 亿元的影视项目打包贷款;2009 年,华谊兄弟从工商银行贷款 1.2 亿元,用于《唐山大地震》等 4 部电影拍摄……❶

版权质押是权利质押的一种,在债务人届期未履行债务时,债权人可依法就该项权利中的财产利益进行拍卖、变卖或通过其他方式加以处置,并以处置所得优先受偿,以担保债权的实现。

因此,对于版权质押,文化银行须谨慎审查版权权属问题。同时,要通过有效转让合同或许可使用合同等书面证据把握版权变更脉络,核实出质人是否对所出质的版权拥有合法处分的权利。

文创产业获得快速发展的核心是资金,版权可以抵押融资相当于为企业开辟的一条获取资金的绿色通道。知识产权融资让文创产业的"知识产权和品牌价值"等无形资产得到最大的价值化和运用。这一融资方式带来的高效、低成本,不仅使得企业很好地利用了自身版权这一无形资产,也使企业得到了持续发展。

【细软说法】

文创产业在一些发达国家的重要性已经超过传统的实体性产业。例如,韩国提出"文化救国",将文化产业列为国家的支柱产业。文创产品出口在世界贸易格局中占据重要地位,文创资本运营的成功与否将左右文创产业的发展。随着知识产权质押贷款的出现,其势必会为文创产业发展助力添翼。

"你的问题,就是我的机会",文创企业的难题,就是文创银行成立的前提。行业出现发展瓶颈并不可怕,可怕的是在固有的思维定式中打转,没能寻找出发展路径。版权抵押贷款,就是一种充分挖掘企业潜在无形资产价值所在,对接行业需求的有效举措。

---

❶ 文化银行需解版权质押之困 [J/OL]. 中国知识产权律师网, http://www.ciplawyer.cn/article.asp? articleid = 12459, 2014 – 05 – 14.

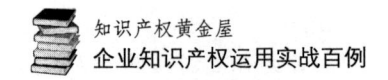

中小型文创企业在文创银行的支持中看到了生机，那么其他行业是否也能从相应渠道获得机会呢？企业要充分利用自己最有价值的资源与文创行业的版权对接。实现知识产权商业化和价值化的增值也是企业在发展中需要重点开拓和挖掘的渠道之一。

93　IBM：有效的管理，运营出强大的知识产权能力

知识产权的申请、管理以及运营都需要专门的人才和科学的管理制度去运作，无论是针对商标、专利还是版权。知识产权的任何方面和每一个环节，都需要企业的知识产权管理者根据企业整体的技术和市场战略进行决策。例如，专利的申请，是使用"地毯式专利布局"策略，或是"策略性专利布局"，还是其他方法，都直接关系到企业专利在某一技术领域的垄断力以及企业在市场的竞争力。专利运营和专利管理更需要企业对专利价值有精准的判断。

有些企业不重视知识产权管理，需要申请专利时就随意找一个负责人去申请，申请完之后就将其束之高阁，对申请的专利没有后期的管理。很多企业没有专门的知识产权管理部门，甚至会质疑为什么企业要在知识产权管理上投入大量的财力和物力，最终只是将知识产权事务归属于法务部或者是由技术人员兼任。IBM董事也曾质疑过知识产权管理的重要性，他们还聘请了一些第三方专业人员对IBM知识产权管理进行评估，最后发现IBM强大的知识产权每年给IBM带来的收入有将近30亿美元。随后，IBM也逐渐转变了对知识产权管理的态度和认识。

能将企业内部的知识产权运转出高额利润，IBM有一套完备科学的管理体制和独特的管理制度作为支撑。IBM知识产权管理制度实行的是"中央集权"和"地方自治"相结合的方式。"集权"是指IBM所有的专利和商标都是以公司总部的名义申请并拥有的，总体的知识产权战略也都是由IBM纽约总部来制定。"地方自治"是指战略制定的依据是根据来自各个业务部门以及各个国家和地区知识产权部门所反映的具体情况而制定的。"地方自治"还表现在IBM在不同的业务部门和不同的国家地区都设有知识产权部门，让这些知识产权的专业人员能够更好地靠近业务部门和发明人，以及时挖掘保护这些知识产

权的成果,给这些业务部门提供有效的知识产权方面的咨询服务。❶

为了能使这套知识产权体制运行良好,IBM 有一整套行之有效的、从最初想法的管理到核心知识产权的商业运营的流程。整套流程里面又分很多精细的细分流程,比如 IBM 的专利提案管理机制。这套体制要求 IBM 每个研发团队都选出一个既有丰富的技术发明又有专利申请经验的资深工程师,带领并指导其他的员工进行专利布局和提案工作。在这种制度指引下,再辅以专利申请奖励制度,IBM 整体形成了一种申请专利能够为组织创造价值的风气。在这样的制度下,IBM 已经数十年蝉联全球企业专利数量榜首,并且这些专利的质量都非常高。另外,IBM 还会定期为公司员工进行知识产权培训,以提高企业员工的知识产权意识,从质量上进行把控和提升。❷

【细软说法】

IBM 强大的知识产权运营及管理机制也许为国内的企业树立了一个良好而先进的知识产权管理方式。当然,企业在实际的知识产权管理过程中,也应该根据自身的发展阶段制定科学的知识产权发展战略与制度,并建立有效的知识产权管理流程以及激励机制,使企业可以通过知识产权的积累、管理、保护和应用,为企业的市场竞争力和整体实力提升提供保障。

---

❶❷ 更多详情请参见:谷丹. 剖析 IBM 的知识产权管理模式[EB/OL]. 中国法院网,http://old.chinacourt.org/html/article/200903/06/347325.shtml,2009-03-06.

第十章 知识产权管理创新

运筹帷幄

出自《汉书·高帝纪下》:"夫运筹帷幄之中,决胜千里之外,吾不如子房(张良)。"唐李谭《妒神颂》序:"运筹帷幄,孙吴讵可比其能?料敌戎旗,卫霍不足方其妙。"指在后方决定作战策略,也泛指策划机要的事。

- 政府"知产"托管大采购，助力企业发展新途径
- "德化经验"见证版权的力量
- 政企市场三联动，70%企业专利空白待填补
- 数字化转型唤醒"沉睡"的文化版权资产
- 电视台紧握版权，以便全媒体时代突围
- 大学校名PK不断，IP保商业也护智慧
- 名人书信拍卖：当著作权遭遇物权和隐私

党的十八届四中全会提出，我国要完善激励创新的产权制度、知识产权保护制度和促进科技成果转化的体制机制。2014 年，国家知识产权战略实施工作部际联席会议成员单位在加强知识产权管理和服务、促进创新成果转移转化等方面，做了大量工作并取得显著成效。

推动科技创新更多地要依赖经济体制改革和经济发展方式转变，从而让市场产生对科技创新的拉力和推力。在新常态下，政府应更多地从宏观层面营造良好的创新环境，而不是干预微观主体的创新活动，特别是要加强面向知识产权的创新管理。[1]

知识产权制度是科技创新最重要的驱动力。目前，国际知识产权制度体系仍在形成过程之中。加强我国知识产权管理，不仅能够促进科技创新，而且能够在国际谈判中争取到更多的话语权。

一项科技活动的产出，除人才培养、创新条件改善、管理制度形成之外，最重要的创新成果就是知识产权，或者说都可以通过知识产权来体现。因此，应当面向知识产权加强创新活动的管理。

目前，我国在知识产权管理方面还存在很多问题。第一，总体来看我国知识产权数量多、增长快，但是质量有待提高。第二，知识产权保护制度不完善，保护水平差。第三，知识产权的社会认知程度低，很多行政执法者对知识产权并不了解。第四，国家科技创新中的知识产权管理有待加强。

建立面向知识产权的国家科技创新管理制度可以从以下几个方面入手。第一，用知识产权管理代替科技成果管理。在国家知识产权制度下，建立国家科技计划项目知识产权登记制度。第二，建立国家科技计划和科技重大专项立项的知识产权目标评估制度。第三，研究制定科学的知识产权评价标准，引导高质量的创新产出。第四，促进国家科技计划知识产权产业化。第五，完善知识产权保护制度环境，提高保护水平和力度。

据此，各级政府可根据我国的科技和经济发展现状，制定与国情、省情、本地相适应的引导政策，解决自主创新过程中制约知识产权创造、运用、保护和管理的全局性、体制性、政策性瓶颈问题，着力提升自主创新主体运用知识产权制度和国际规则的能力，着力提升政府知识产权公共服务和宏观指导的管理能力，着力提升知识产权中介服务机构的效能，创造有利于创新技术成果产

---

[1] 加强知识产权导向的创新管理 [EB/OL]. 人民网，http://scitech.people.com.cn/n/2015/0208/c1057-26526095.html, 2015-02-08.

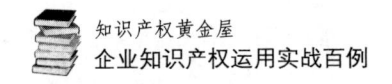

出和产业化的知识产权政策法律环境。为促进自主创新，各级政府应当按照科学发展观的要求，针对不同的创新主体制定科学的、切实可行的绩效考核指标，引导各创新主体加强知识产权管理、提高自主创新能力。注意避免重数量轻质量、重政绩轻效益、重短期效益忽视长期效益的"面子"指标。要让自主创新与自主知识产权从口号变成实实在在的核心竞争力，彻底转变我国的经济增长方式，使我国尽快成为创新型国家。

94　政府"知产"托管大采购，助力企业发展新途径

激发企业的知识产权意识，并不是一朝一夕的事情。随着市场经济的发展、"刘易斯拐点"的出现，经济战略上的转型使知识产权具备越来越重要的任务，大多数企业也开始意识到知识产权的作用。然而因为日益激烈的竞争，企业在现实中遇到知识产权纠纷问题，除了诉讼之外，几乎没有别的解决办法。而一旦涉及诉讼，不仅面临维权的困难，所耗费的时间、人力都令人感到疲累。所以，更高效、更严谨、更有序的知识产权管理和服务模式亟待出现。而知识产权托管则成为当今新经济时代下，进行知识产权综合服务和整体解决方案提供的不二选择。

随着人们对知识产权概念的接受，很多企业的知识产权管理都交给专业行业代理机构为之托管，而政府机关层面也在知识产权托管建设方面展开了积极的筹划和部署事宜。例如，2008年年初，北京就启动了知识产权托管工程。

所谓的知识产权托管，就是将企业对知识产权管理的需求与代理结构的服务相结合，为企业量身定制专属的知识产权服务。

通常知识产权托管工程可分为两个层面实施：一个是中小企业的托管，另一个是大中型企业的托管。"小托管"一般为了解决中小企业面临的现实困境。例如一般小企业都没有设立知识产权部门，也没有知识产权意识，有可能在无意识的情况下就侵权了，或者被侵权也无法维权。所以"小托管"旨在解决中小企业面临的知识产权现实问题。通过"小托管"，企业既能够享受到免费的知识产权咨询、培训等服务，也能将企业的整体知识产权交给服务机构

代为管理，减少人财物的支出和负担。❶

"大托管"就是以大服务平台为基础，很多时候甚至是建立相关的知识产权联盟平台。联盟内根据行业划分不同板块，在平台上进行技术转让、许可、打击侵权等服务。这样既能够降低企业的知识产权管理成本，也能够通过平台为企业提供差异化、定制化的全方面服务。❷

托管作为一种有效的管理模式已经得到越来越多企业的认可和社会的支持。随着托管体系和服务内容的不断丰富和完善，相信托管将会为企业提供更为全面的服务，也将把知识产权服务行业推向一个新的创新服务分水岭。

【细软说法】

知识产权商用化是实现知识产权价值最大化的有效途径，是实现知识产权从"权利"向"价值"转化，从而为企业带来现实价值的关键环节。将知识产权具体事务交给专业知识产权机构代为处理是企业知识产权走向商用化的重要步骤。未来，政府与代理机构合作推进知识产权托管服务体系的建立，为企业提供更多高质量的托管服务将是大势所趋。

政府在知识产权事务中扮演着举足轻重的角色，大的方针政策需要政府来制定和把控，知识产权综合意识的提升也需要政府的良性引导。而政府多年来在知识产权方面的努力也是有目共睹的，近些年我国的知识产权，尤其是商标注册量、专利申请量均位列世界第一就是很好的势头。但是如何将这些资源利用好，如何串联起专业机构的服务能力，为企业提供更为标准化的托管服务则任重道远。近些年出现的专业知识产权托管及知识产权联盟也为专业服务的升级提供了一条很好的路径。

此外，政府对专业知识产权托管服务的批量采购也成为近年来的一个趋势。政府集中服务购买，将能集聚更多优势托管服务资源，从而为中小企业提供更为有利的扶植和帮助。这不仅凝聚了优势的托管服务力量，也有利于优势资源整合、企业有序发展，同时也进一步提升了政府的知识产权管理及服务能力。可谓一举多得，多方受益。

---

❶❷ 更多详情请参见：知识产权托管工作模式 [EB/OL]．找法网，http://china.findlaw.cn/data/zscq_ 3068/6/21429. html，2011 – 05 – 10.

95 "德化经验"见证版权的力量

山寨可能是每个中国行业面对的最头痛问题了，几乎每家企业都曾有过一段仿制别人或者被别人仿制的经历。中国企业如何做到"不侵权，也不被侵权"？德化陶瓶业用版权为工美设计创新护航，很好地回答了这个问题。

福建省德化县是我国陶瓷文化发祥地和三大古瓷都之一。在德化陶瓷中有传统陶瓷雕塑、西洋工艺瓷和日用陶瓷三大类，以传统陶瓷雕塑的独创性最高。传统陶瓷雕塑是陶瓷艺术创作者运用捏、雕、刻、塑、削、刮、接、贴相结合的技法，把优质原料和精湛技艺融为一体而成，体现了中国传统文化的特点，具有独创性。❶❷

陶瓷企业作为劳动密集型和知识密集型相结合的企业，开发创新的投入一般占总体成本的20%以上，市场占有率及利润主要依靠产品创新。开发新产品需要付出的高成本，让不少企业望而生畏，于是想方设法模仿别人，剽窃他人的创意，甚至不惜重金买通工人，带出样品或者模具，让人防不胜防。在很长时间里，德化陶瓷就处在同行业之间互相模仿、竞相杀价，开发出新产品还未上市即被别人模仿的无序竞争环境中。

面对混乱的市场，德化县通过不断摸索认识到，造成市场混乱的真正原因是版权保护意识的淡薄。只有依靠《中华人民共和国著作权法》，营造版权保护环境，才能真正激发产品创新，产品才能实现不断升级换代，产业才能持续发展，整个德化陶瓷行业才能形成良性循环发展。

---

❶ 更多详情请参见：德化经验：版权的力量 [EB/OL]. 德化网，http：//www.dehua.net/news/show-190628-3.shtml，2011-05-03.

❷ 国家版权局：德化陶瓷版权保护经验将全球推广 [EB/OL]. 中国经济网，http：//www.ce.cn/culture/gd/201506/11/t20150611_5617695.shtml，2015-06-11.

德化县遂开始版权登记服务，在向企业宣传版权保护的同时，在2001年成立版权登记服务中心，免费为陶瓷企业办理版权登记服务和展示。此服务措施一经推出，立即得到众企业的热烈赞同和积极响应，纷纷把各自企业的每件产品进行版权登记。另外设立奖励机制，对于登记数量多的企业给予奖励。版权保护增强又带动了产业的发展。据了解，2001—2013年，德化陶瓷产业产值持续增长，产值年均增长达17.72%，相较2001年21.20亿元的产值总量，2013年的150.12亿元产值总量相当于2001年的7倍多。

福建德化陶瓷因其出色的版权保护受到世界知识产权组织的肯定，将向全球推广"德化经验"。同样得益于良好的版权保护制度和氛围，首批入选国家级非物质文化遗产名录的民间传统技艺"蔡氏漆线雕"，市场前景看好。

五洲陶瓷有限公司总经理郭建州很好地诠释了版权对于企业的力量："没有版权，就意味着企业产品雷同、价格恶性竞争。有版权，则意味着享有垄断权。"合法的垄断权让企业享有对版权作品的定价权，企业可以依据版权作品的研发投入、生产成本、管理成本及产品附加值确定市场价格。❶

【细软说法】

在我国的知识产权保护机制中，专利的申报周期相对较长，并不适合工艺陶瓷外观设计创新快的特点，无法及时给予保护。而版权登记很方便、快速。陶瓷雕塑作品、陶瓷美术作品可登记版权。根据《作品自愿登记试行办法》的规定，作品登记证书是著作权归属的初步证明。

版权登记对德化陶瓷产业的发展起到以下作用：第一，版权登记有利于宣传新产品，防止侵权；第二，登记版权后，有助于企业维护自身权利；第三，版权登记是企业申请行政保护和司法保护的重要依据。版权登记，真正使德化陶瓷企业"不侵权，也不被侵权"成为现实，真正为企业的创新保驾护航。

企业的发展，离不开创新，创新若要持续，就不能忽视版权。通过德化陶瓷的经验，企业要改变以前只顾低头创新、只重技艺的老思路，要有既答好试卷，也记得署名标明是自己的创作的意识。唯有不断加大版权保护力度，提高版权服务水平，深入挖掘版权产业潜力，让创新和版权同行，企业方能行远！

---

❶ 版权保护：为工美设计创新护航［J/OL］. 中国文化报，http://epaper.ccdy.cn/html/2015-06/17/content_157105.htm, 2015-06-17.

96　政企市场三联动，70%企业专利空白待填补

70%企业专利空白，专利意识淡薄还是另有困惑？

据济南市知识产权部门《2013 年第 3 季度济南市企业数据报告》显示，济南市总体 15 万多家企业中的 70%，也就是 10.5 万家在专利这块属于空白，都没有申请专利，更不用谈专利布局和管理。这种没有专利的企业，在整个中国市场屡见不鲜，济南也只是一个缩影而已。❶

对于很多企业来说，产品有市场卖点和需求，即使谈不上供不应求也不愁卖。没有专利，产品照样能卖，生意照样能做；申请专利，对于企业尤其是传统制造领域内的企业，仿佛是无关紧要的。

在创新驱动时代，没有专利就等于创新得不到保护，成果得不到保护，核心权益得不到保护，对企业未来发展来说，是非常致命的。没有创新，企业便会失去发展的核心源动力；缺乏创新保护，企业的创新产品便会难抵"山寨"的侵袭，失去市场竞争力。既然创新保护、专利保护如此重要，那么这些企业为什么毫不在意？是真的意识薄弱还是另有困惑？❷

据济南高新区某企业负责人表示，很多企业不申请专利可能会丧失竞争力，但在现有的专利环境下，申请专利也可能让企业承受失去竞争力的风险。比如，可口可乐或者某些食品行业，它们都是以秘方作为商业核心利益的，如

---

❶ 更多详情请参见：创新驱动时代，为什么"70%的企业没有专利"[EB/OL]. 人民网，http://scitech.people.com.cn/n/2015/0706/c1057-27256681.html，2015-07-06.

❷ 现实很骨感，70%的企业没有专利[EB/OL]. 汇桔网，http://www.wtoip.com/news/a/20150706/9339.html，2015-07-06.

果申请专利,就意味着核心技术的公开,可能你今天公开,明天各种山寨、仿冒品都开始横行无忌、充斥市场了,面对性价比决定买方市场的消费者来说,他们可能不会管所买产品是否有专利。伴随而来的,企业的商业核心价值自然随着山寨的横行和冲击土崩瓦解,荡然无存。❶

专利政策强力高开,企业仍感水土不服

从山东省专利申请企业分布情况来看,国家出台的一系列专利贷款等企业扶持政策,因为中小传统企业专利意识普遍薄弱,未加利用。作为从济南高新区孵化出来的科技型创新企业,彼岸电力在专利布局和运用方面意识较强,但是实际应用过程中仍出现了不少问题。该公司曾被报道以专利质押获得了 1000 万元银行贷款,在众人看来是"专利质押贷款"的典型。而从其自身看来,贷款并不完全是无形资产"专利"质押来的,而是因为企业有通过专利获得有形资产的能力。

利好政策不叫好三疑问

有些企业很多时候把专利政策运用在企业管理中还有一些疑难之处,体现在三方面:一是专利申请涉及技术核心公示,企业担心商业机密被泄露;二是专利质押贷款评估水平参差不齐,企业没有统一标准;三是企业普遍专利保护意识、专利布局、专利战略应用能力薄弱、不足。如此种种,导致专利政策能定不能行、叫好不叫座、能看不好用。

【细软说法】

知识产权作为企业一种无形资产,如何做到精准评估、有效利用、科学布局,将对市场、企业、政府提出更高的要求。只有充分发挥政府、企业、市场的联动作用,才能真正让专利政策做到能用、实用、好用。

专利作为企业发展壮大、转型升级的抓手,如何加强政府、企业、市场的"三位一体"能效,可以从以下几个方面着手:政府层面,应发挥其监督和引

---

❶ 现实很骨感,70% 的企业没有专利 [EB/OL]. 汇桔网. http://www.wtoip.com/news/a/20150706/9339.html, 2015 - 07 - 06.

导作用，加强侵权惩罚力度，从源头上保护创新，让创新者获利，让侵权者受罚；市场层面，政府应指导专利权质押贷款机构加强科学评估体系建设，加强专业机构、专业人员的评估技能、风险预估的提升；企业层面，应多方协力，提升企业专利保护意识，加强企业专利布局、专业策略应用水平的提升，做好专利前端、中端、后端的关联布局，解决企业因申请专利而担心商业机密被泄露的隐忧。

97 数字化转型唤醒"沉睡"的文化版权资产

据了解,因年代久远、缺乏有效的开发和利用,大批极具历史价值、学术研究价值和欣赏价值的文化版权资产,只能长年沉睡在档案室里,其社会价值和经济价值均无法得到有效实现,甚至面临被毁损的危险。❶

中华唱片已有百年历史,其保留的录音资料是国家和民族宝贵的文化资源。这些珍贵的唱片文物,不仅记载着中国唱片的发展历程,更反映了时代的变迁和发展。

为了留住中国百年好声音,2011年,中国唱片总公司(以下简称"中唱")为抢救海量老唱片文物而申报"中华老唱片数字资源库及应用"项目。截至2014年第1季度,中唱共完成近两万条开盘胶带母版、6000余面金属母版的数字化采录,同时完成了媒资管理系统和蓝光光盘存储系统的建设。该项目是国家"十二五"文化改革发展的一项重要成果,预计将在2015年下半年完成主体工作。❷

老唱片母版资源经数字化处理后,为数字出版与发行提供了音源质量与数量的双重保障,通过数字音乐内容的集成分发平台,将实现数字音像内容的版权管理、认证授权和网络分发,为传统音像出版的数字化转型提供必要条件。同时形成一系列唱片模板音频采录规范和技术标准,带动音乐产业的数字化转型和新的营利模式构建,促进中唱在音乐产业链的上游和关键环节增强核心竞争力;通过数字音乐公共传播平台的建设,带动中国音乐文化产业繁荣发展。

---

❶ 更多详情请参见:中国音乐产业启动"数字化转型"抢救珍贵老唱片[J/OL].搜狐文化,http://cul.sohu.com/20140806/n403157323.shtml,2014-08-06.

❷ 中华老唱片数字资源库全面完成后预计年获利1000万元[EB/OL].版权网,http://news.e-bq.com/home/2014/0527/220691.html,2014-05-27.

预计项目完成后，中唱将从数字化经营中获得每年 1000 万元的可观经济效益，逐步形成稳定持续的商业模式，并将对手机、网络等数字音乐版权增值服务产业产生巨大拉动效应。❶

中唱总经理周建潮表示，文化版权资产的抢救不仅是重新储存，如果简单储存，只能还是沉睡。要创新各种运营方式，真正使资产的历史价值、学术研究价值和欣赏价值得以体现。例如，中唱推进老唱片数字化采录工作的同时，已开始和多家数字音乐内容运营商接洽，在数字音乐网络增值业务等方面达成了合作意向。另又与中国移动等通信运营商签订了协议，通过手机铃声、音乐下载等方式，实现沉睡已久的宝贵版权资产与消费者重新见面。❷

据悉，我国现有文化企业 9000 多家，由于版权形式特殊，价值难以评估，所以不少企业的大量版权尚未被认定为资产，还处于长期闲置和未发掘状态。真正像中唱这样重视版权资产、重新进行有效版权运作的企业很少。

例如，上海文艺出版集团旗下的上海人民美术出版社就拥有民国至今 8000 多种连环画中的 60% 多的版权；珠江电影集团有限公司拥有故事片 300 多部、纪录片 500 多部，下属的白天鹅音像出版社拥有歌曲 1 万多首，下属的乐团拥有的歌曲和节目数千部。❸

许多企业的版权资产管理意识非常淡薄，更没有考虑如何有效管理、充分利用这些版权资产，甚至不知道自己的家底，任由自家最具有核心竞争力的文化版权资产深藏闺中。原本可以价值无限的版权资产变作一堆无用的"箱底"。

中央文化企业国有资产监督管理领导小组办公室主任王家新认为，国有文化企业的当务之急，是着手摸清、梳理版权资产。这样既可以保障国有资产的合法权益，又可以推动企业充分利用这些资产，提高自身的营利能力。

如今已进入移动互联时代，商业模式呈现多样化，创新渗透各个行业。传统文化产业正向移动互联科技靠近，形成以版权等知识产权为核心，从内容、平台到软件、分发、硬件终端的互联网文化产业生态体系。

---

❶ 中华老唱片数字资源库全面完成后预计年获利 1000 万元 [EB/OL]. 版权网, http://news.e-bq.com/home/2014/0527/220691.html, 2014-05-27.

❷ 李红艳. 两万余老唱片借数字化"复活"[J/OL]. 北京日报, http://bjrb.bjd.com.cn/html/2014-05/23/content_181834.htm, 2014-05-23.

❸ 别让文化版权资产沉睡"箱底"，用数字化抢救老唱片 [EB/OL]. 人民网, http://culture.people.com.cn/n/2014/0807/c87423-25419998.html, 2014-08-07.

互联网文化产业时代的到来对人们的交流方式和生活方式带了深刻变革，对传统文化版权产而言更是挑战和机遇。如何挖掘传统文化版权资产这座"金矿"，围绕它进行多维度的开发，这是许多文化企业必须正视的问题，同时更是时代变革赋予的机遇。

【细软说法】

很多时候人们都是自己守着金矿却喊没饭吃，直到别人把自己拥有的好东西挖掘干净，才明白自己也曾经富有过。

知识产权对于文化产业来说，就是金矿。在移动互联时代，运用数字化转型加强版权资产管理，既是国有文化资产管理的重要内容，也是打造企业核心竞争力的重要手段。激活无形的版权资产，让文化和科技真正融合，将助力文化企业实现跨越式发展。

同时，对于非文化产业的企业，版权资产同样是一座金矿。清理版权资产，势必涉及现代化的登记和估算手段操作。版权管理涉及授权、许可、转让等，需要一大批版权交易机构，另有设立版权基金、版权信托等使文创产业持续利用、保值增值的整个产业链条。这对于有志于迈向专业化的版权服务机构，将是一个难得的机遇。

98　电视台紧握版权，以便全媒体时代突围

版权保护已被提升到国家战略发展的层面，党的十八届三中全会文件中第一次出现了"加强版权保护"的提法。强调版权管理、加强版权保护对于文化单位、文化产业具有重要的意义。

2013年年底，中央电视台召开全台版权工作大会，提出全台版权发展规划，对央视未来5年的版权发展进行了详细布局，打响了广电系统将版权作为资产进行管理和运营的第一枪。

2014年5月，地方电视台的佼佼者湖南卫视宣布"芒果TV独播战略"，不再分销自制节目版权，全面扶持自有互联网视频平台"芒果TV"发展。湖南广电副台长穆勇介绍，在多年实践的基础上，湖南广电形成了以法务为主导的版权管理模式，台办公室法务科对包括商标、版权、专利在内的知识产权进行统一管理，建立了先进的版权信息数据库管理系统。[1]

紧接着，安徽卫视也表示，《我为歌狂》第二季的节目版权归安徽卫视所有，各广播电视台和网站不得擅自播出。

蝴蝶效应在广电系统引发层层涟漪。江苏卫视、湖北卫视、山东卫视等众多地方电视台在观望的同时，有的已在酝酿自己的独播策略。地方电视台也在版权资产管理和运营上频频出手。

对于各电视台捂紧版权"口袋"的做法，业界存在不同声音。业内人士认为，加强自有节目网络版权的背后，是各电视台已经意识到，在新媒体时代，以往通过拼版权获得用户和广告主的做法已经过时。突破现有体制系统束

---

[1] 更多详情参见：捂紧"口袋"，地方电视台向版权要效益［EB/OL］. 中国知识产权资讯网，http：//www.iprchn.com/Index_ NewsContent.aspx？newsId=73166，2014-05-23.

缚，加强自身改革，强化节目的版权管理和运营，对版权进行多元开发，不断延伸产业链才是实现产业生态发展的重要途径。❶

版权作为文化产业的基础、电视媒体的核心资产，以及抢占竞争制高点的重要战略资源，正在成为全媒体时代新的竞争格局中愈发重要的一颗棋子。这也将成为电视媒体未来生存发展壮大过程中不可替代的核心竞争力。❷

【细软说法】

　　长期以来，电视台一度扮演行业老大的角色，在版权内容制作、分发和播出上拥有非常强的话语权。然而，互联网的发展、视频网站的崛起，分流了电视台的广告和用户，给电视台带来冲击。此外，一段时间以来，电视台在同视频网站的合作中并未获得明显的优势，所谓的资源互换，也大多是为视频网站做"嫁衣裳"。

　　收紧优质版权是电视台版权意识加强的体现，虽然在短期内，独播策略可能会让电视台错失部分经济收益，但从长远来看，依托核心节目的版权，可助推电视台打通全媒体发展道路。

　　将内容掌控在自己手里，自己来做渠道，精耕细作，实现节目版权价值最大化，未来很长一段时间内，将成为电视媒体需要探寻的发展之路。而关于版权的全类管理也将对电视系统提出更高的要求。

---

　　❶ 捂紧"口袋"，地方电视台向版权要效益［EB/OL］. 中国知识产权资讯网，http://www.iprchn.com/Index_ NewsContent.aspx? newsId=73166，2014-05-23.

　　❷ 央视：版权管理大动作［EB/OL］. 中华新闻传媒网，http://news.xinhuanet.com/zgjx/2014-06/17/c_ 133412791.htm，2014-06-17.

99　大学校名 PK 不断，IP 保商业也护智慧

2015年全民最爱玩的游戏恐怕就是"撕名牌"了，从荧屏到生活，全民"乐撕而不疲"，甚至连高校也加入了这场游戏。

2015年6月底，南昌大学发布由江西省教育厅核准的章程，将"南大"定为自己的学校简称，此举引起了南京大学的强烈不满。南京大学表示自己早在2014年12月教育部核准发布的南京大学章程中，已经被认定为"南大"。且早在2001年，南京大学就已经申报"南大"商标，2002年得到国家正式核准，"南大"归属于南京大学。"'南大'，既可能指的是南京大学，也可能指的是南昌大学，还可能说的是南开大学。"一时言论纷纷，对于南大究竟属于哪家未有定论。❶

参与"撕名牌"的高校远远不止这两家：泸州医学院更名为四川医科大学，成为新"川医"，招致老"川医"四川大学华西医学中心反对；"华师"，对于广东人是华南师范大学，对于湖北人是华中师范大学，对于上海人是华东师范大学；河北大学和河南大学在当地人看来，都是"河大"，而山西大学和山东大学也都是当地人眼中的"山大"。❷

一个名称几个学校同时上来撕抢，那么，谁最有权拥有呢？

针对"南大"之争，根据《中华人民共和国商标法》的规定，南昌大学没有自己的注册商标，而南京大学已经率先注册了"南大"商标。这场争战

---

❶ 更多详情请参见：许路阳. 南昌大学自称南大，南京大学不干了：已注册商标 [EB/OL]. 先锋商标网, http://www.tmvan.com/news/2744.html, 2015-07-06.

❷ 郑娃. 盘点大学校名之争，大学简称开撕了 [EB/OL]. 查查吧教育, http://www.chachaba.com/news/html/peixun/xueli/20150709_234826.html, 2015-07-09.

不管最后教育部门之间如何协调,从法律角度,"南大"绝对归属南京大学。❶

高校简称纷争,反映了当下商业社会品牌意识的加强。此类高校"校名PK战",也形象地说明了教书育人的高校也需要重视知识产权。知识产权并非专属于有商业行为的企业,即使不以营利为目的的事业单位也同样离不开知识产权。知识产权不光保护商业行为,同样地,它也保护事业单位的品牌和智慧成果。

事业单位在进行商标注册时要按照《类似商品与服务分类表》对商标进行分类注册,如果申请的类别不对,在面对商标被侵权时将无法维护自身权益,从而造成不可挽回的巨大损失。

一般来说,事业单位可根据生产经营范围、可能拓展的业务范围选择商标注册类别,如有需要,还可在有关联的类别注册防御商标,最大限度地保障自身合法权益。

相关报道显示,清华、北大,就在几乎所有类别注册了商标。"东大"这个商标,东北大学比较用心,注册了不少类别,而东南大学却没什么动作。"西大"的商标,西北大学和西南大学都在不同类别抢注。

【细软说法】

商标之争,将会在企业日益觉醒的商标意识中变得越来越频繁,而每一个商标之争的背后似乎总能获得一些启示。南京大学在这场商标口水战中占据上风,得益于该校较强的知识产权布局意识。

南昌大学核定的章程也让大家看出来审定的不规范和不严谨。但是显而易见的是,事业单位也需了解知识产权和加强知识产权保护,以免出现此类"乌龙案",让制定的政策与国家的法律PK,岂不让外人看笑话?

高校"校名PK战",将给没有知识产权意识的事业单位敲响警钟!事业单位拥有一定的社会影响力,单位名称与LOGO代表着相应领域的权威、信誉与职责,更容易得到人们的信赖,因此抢注者众多。而一旦事业单位的名称、徽记被他人抢注为商标,事业单位日后在拓展业务时将无法使用自己的名称与徽记,其发展也必将受到阻碍。同时,商标抢注者若将事业单位名称与徽记用于不法行为或不适当的领域,还将会对事业单位的声誉造成不良影响。因此,事业单位必须重视商标问题,及时注册商标,提高商标保护意识,将品牌和商标的帽子紧紧戴在自己头上,将知识产权时时记在心中。

---

❶ 中标知识产权评析"南大"归属问题[EB/OL]. 百度百家, http://zbipa.baijia.baidu.com/article/100107, 2015-07-05.

100　名人书信拍卖：当著作权遭遇物权和隐私

文物古籍、名人手札书信开始成为拍卖场的宠儿。2013年6月，中贸圣佳国际拍卖有限公司将拍卖一批藏品，其中包括66封钱钟书书信和《也是集》手稿、12封杨绛书信和《干校六记》手稿、6封钱瑗书信等。钱钟书的书信主要是20世纪80年代与时任香港《广角镜》杂志社总编辑李国强的书信往来，涉及不少对历史和学人的评判。

钱钟书夫人杨绛先生获悉拍卖消息后很震惊，她立即致电香港的李国强，说明此事很不妥。102岁的杨绛表示："此事让我很受伤害，极为震惊。我不明白，完全是朋友之间的私人书信，本是最为私密的个人交往，怎么可以公开拍卖？个人隐私、人与人之间的信赖、多年的感情，都可以成为商品去交易吗？年逾百岁的我，思想上完全无法接受。"❶

尽管杨绛先生不同意拍卖钱钟书的书信，但是，拍卖方认为"名人的东西，只要有价值，我们不太会拒之门外"，而且，因为拍卖的委托方对钱钟书的书信拥有处分权利，而拍卖行"只对委托人负责"，所以"拍卖将如期举行"。❷

2013年5月和6月，杨绛两次发表声明，坚决反对自己和家人的私人书信被拍卖，在中国拍卖界引发热议，同时国家版权局、中国拍卖行业协会、中国作家协会等也纷纷表态支持。杨绛向法院申请责令中贸圣佳国际拍卖有限公司立即停止公开拍卖、展览、宣传杨绛享有著作权的私人信件。

---

❶ 更多详情请参见：私人书信摆上拍卖台，钱钟书夫人杨绛"被逼"维权［EB/OL］．光明网，http：//culture.gmw.cn/2013-05/27/content_7766471.htm，2013-05-27．

❷ "名人书札"拍卖，失去的是什么？［EB/OL］．新华新闻，http：//education.news.cn/2013-06/14/c_124852882.htm，2013-06-14．

2013年6月3日，北京市第二中级人民法院作出诉前禁令裁定，要求中贸圣佳国际拍卖有限公司不得实施侵害钱钟书、杨绛、钱瑗写给李国强的涉案书信手稿著作权的行为。最终，中贸圣佳国际拍卖有限公司于6月6日宣布撤拍。

纵览此拍卖钱钟书书札案，实际上纠缠和综合了多方利益与价值的冲突和博弈。

著作权遭遇物权

中央财经大学拍卖研究中心名誉主任、中国人民大学律师学院兼职教授王凤海认为："创作者通过买卖或其他合法方式，将作品转让给他人时，作品的所有权和著作权就发生了分离，作者保留了著作权，拥有者则依法取得了作品的所有权。作品拥有者对作品享有的是物权，而作者的著作权属于知识产权。当两项权利发生冲突时，应坚持物权优先的原则。"❶

当物权与隐私权发生冲突

根据《中华人民共和国著作权法》的规定，作品原件所有权的转移，不视为作品著作权的转移，但作品原件的所有人应享有作品的展览权和物权。也就是说，杨绛先生拥有信件的著作权，但对信件享有物权和展览权的是目前拥有信件的委托人。❷

依据《中华人民共和国著作权法》，委托人对拍品行使展览权似乎无可厚非。但是与一般拍卖标的不同的是，此次发生纠纷的拍卖标的是信件。作为私人往来信件，其中难免涉及一些写信人和收件人之间的"小秘密"，这些秘密也许是一方不愿意公之于众的隐私。那么在物权与隐私权发生冲突时，谁优先呢？

清华大学法学院副教授程啸博士认为，隐私权是人格权，是维护人格尊严所必需的，是最优先受到保护的。在本案中，李国强享有信件的所有权，但信件上同时还有他人的隐私权和著作权。❸

---

❶❷❸ 杨绛事件背后的思考：私人书信究竟能否上拍 [EB/OL]. 大公网，http://arts.takungpao.com/review/q/2013/0815/1831859.html，2013-08-15.

拍卖文化书札，可以收集整理名人作品，有助于研究。文化书札进入拍卖市场，在市场逐利的本质下，希望文化的内涵不被磨灭，更希望保持著作权人的尊严和隐私。但如何在拍卖时做到不侵害著作权乃至隐私权，实现物权与著作权、隐私权的平衡呢？这是一场法律与道德的较量。谁能占得上风，这不仅是对这个时代的考量，也是对人性的考量。

【细软说法】

通过此案，拍卖公司在进行名人书画或信札拍卖前，应及时与作者或家人联系，听取对方意见，特别是涉及个人隐私的信件。通过各种渠道拥有文化书札的物权人，也应在拍卖前审慎是否侵犯了著作权人的隐私等。在未得到当事人授权许可的情况下，擅自拍卖私人信件，于人情、良知、法律都不符。希望拍卖当事人或拍卖公司追求商业利润的同时，不要忘了交易的底线和良知。

结　语

既有如雷贯耳的名字，如 IBM、华为、小米、王老吉，也有籍籍无名的"小卒"，通过本书对 100 个案例的分析，我国当前企业知识产权运用的现状跃然纸上，直接折射出知识产权之面貌，可谓其情也急，其势也乐。

改革开放 30 多年来，我国经济的快速发展导致社会的产能过剩，财富增长过快，企业创新面临理论供给不足、管理供给不足、文化供给不足，制约了知识产权的管理和运用，在一定程度上影响了企业整体竞争力，影响了中国企业的全球美誉度和振兴民族的能力。我国的企业竞争力的整体形势仍然不足以令人乐观。究其原因，皆因我国沿用已久的"经济开路，文化殿后"策略。如今，在经济上我国已经取得辉煌的成就，文化也应开始提速，知识成为动力。

用知识产权改变中国在全球的话语权，并不是不可能。随着中国达到中等发达国家水平，中国文化和中国价值观开始得到认同，中国人权地位得到提高，可以平等、平和、平常地与世人进行交往，在资本上可以和世界大国平起平坐，不用再仰息别人了。我们进一步期待的是，中国文化成为世界主流文化之一，中国的普世价值成为世界的主流价值观。在这期间，中国古代的一些文化将会重新被挖掘。中国的文化，特别是在至善至美层面，底蕴很厚，这些东西一旦挖掘出来，成为大家的共识，那么文化的张力就会变得很强。表现到知识产权，其依托的背景就更加深厚，土壤更加肥沃，后劲就会更加强大。因此，在知识经济的宏观背景下，研究知识产权、掌握知识产权、利用知识产权来提升企业的核心竞争力具有重大的意义。

"黄金屋"架设"黄金理想"，"黄金屋"搭建"中国梦"。从 100 个案例中，我们可以隐约看到，中国企业正慢慢强大，正走向国际，逐渐成为构建中国梦的中坚力量。而知识产权作为企业发展的核心竞争力，已经越来越成为企业加快自身成长、参与话语权争夺的核心要素。企业的成熟与长青，企业文化的繁荣与和谐，知识产权所推动的乐业与安居、内生与外化、平衡与创新，是推动经济社会发展和文明进步的正能量，关系到能否实现富民强国中国梦的理想。